国家社会科学基金项目（16CGL002）
江苏省高校哲学社会科学专题研究项目（2022ZTYJ07）

赵 霞◎著

"互联网+"背景下零售服务业与制造业跨界融合研究

"HULIANWANG+" BEIJINGXIA
LINGSHOU FUWUYE YU ZHIZAOYE
KUAJIE RONGHE YANJIU

中国财经出版传媒集团

经济科学出版社
Economic Science Press

图书在版编目（CIP）数据

"互联网＋"背景下零售服务业与制造业跨界融合研究／赵霞著．--北京：经济科学出版社，2022.8
ISBN 978 - 7 - 5218 - 3942 - 5

Ⅰ.①互…　Ⅱ.①赵…　Ⅲ.①零售业－服务业－研究－中国②制造工业－研究－中国　Ⅳ.①F724.2②F426.4

中国版本图书馆 CIP 数据核字（2022）第 151276 号

责任编辑：杜　鹏　张　燕
责任校对：孙　晨
责任印制：邱　天

"互联网＋"背景下零售服务业与制造业跨界融合研究
赵　霞　著
经济科学出版社出版、发行　新华书店经销
社址：北京市海淀区阜成路甲 28 号　邮编：100142
编辑部电话：010 - 88191441　发行部电话：010 - 88191522
网址：www. esp. com. cn
电子邮箱：esp_bj@ 163. com
天猫网店：经济科学出版社旗舰店
网址：http://jjkxcbs. tmall. com
固安华明印业有限公司印装
710 × 1000　16 开　15 印张　220000 字
2022 年 11 月第 1 版　2022 年 11 月第 1 次印刷
ISBN 978 - 7 - 5218 - 3942 - 5　定价：79. 00 元
（图书出现印装问题，本社负责调换。电话：010 - 88191510）
（版权所有　侵权必究　打击盗版　举报热线：010 - 88191661
QQ：2242791300　营销中心电话：010 - 88191537
电子邮箱：dbts@esp. com. cn）

序　一

　　制造业是经济发展的压舱石。在我国经济进入高质量发展的新时期，如何抓住数字经济发展的新机遇，实现制造业数字化、智能化、高端化发展，显得特别重要。现代服务业通过专业化要素的供给和客户导向的产品增值，对制造业高质量发展起到了十分重要的支撑作用。作为现代服务业的重要组成部分，零售服务关系到产品的"最后一公里"，是连接厂商和市场的重要环节。互联网新一代信息技术的发展催生了多种零售业态和商业模式的创新，各类电商、网红、直播的异军突起使得零售服务在传统分销功能之外，具备了更多为厂商引流、导流，甚至反向定制、逆向整合供应链产业链的能力。这就导致在"互联网＋"背景下，零售服务业和制造业的产业间互动关系出现新特点，互联网赋能下生产和销售环节在虚拟空间以数字化方式呈现，极大地促进了企业间资源整合和高效利用，驱动零售服务业和制造业通过跨越对方边界实现产业融合创新。

　　赵霞博士的专著《"互联网＋"背景下零售服务业与制造业跨界融合研究》，对互联网数字化情境下制造业、零售业发展及其跨界交融关系作了系统全面的深入探讨。本书从互联网情境下零售服务业和制造业跨界融合的驱动逻辑入手，深入分析了"互联网＋"背景下零售企业和制造企业跨界融合的主要模式及影响因素，并在此基础上从行业和企业两个层面实证检验了跨界对企业绩效的影响，最后分析了当前零售服务业和制造业跨界融合亟需突破的困境以及促进实现的可能路径。本书不仅拓展了产业融合理论的研究，而且其研究成果对于促进我国制造业数字化、智能化转型，通过商业模式的创新实现高质量发展，有重要的实际参考价值。全书研究视角新颖，体系完整，结构合理，逻辑严密，是一部有理论深度和创新价值的著作，特此向读者郑重推荐。

是为序。

2022 年 4 月 20 日于南京大学

序　二

　　当前，以互联网及其应用为代表的新一代信息技术的发展方兴未艾，新的商业组织形态和商业模式层出不穷，促进了生产方式和消费模式的变革，推动产业形态不断创新。在互联网驱动下，位于产销两端的制造业和零售服务业频繁跨界，一方面，零售企业利用互联网整合线上线下需求，通过个性化定制和平台预售等方式与上游生产商整合形成柔性供应链，跨界生产；另一方面，制造企业基于大数据、云计算、区块链等先进信息技术实现与零售企业的无缝对接，通过跨组织流程再造重塑销售渠道，布局线上、跨界零售。

　　伴随着技术变革和分工深化，零售业的功能从最初单纯承担制造业产品分销逐步转变为需求的引导者、生产的组织者，特别是在互联网情境下，大型电商企业逆向整合供应链的能力不断增强，成为畅通经济大循环的重要力量。

　　《"互联网+"背景下零售服务业与制造业跨界融合研究》一书，是赵霞博士多年来对流通和生产关系问题深入思考的结晶，作者基于认识规律从"是什么""为什么""怎么样"几个方面对互联网驱动下的零售服务业和制造业跨界融合问题进行了深入分析，在眼花缭乱的概念丛林中构建出微观企业跨界行为导致宏观产业融合的逻辑框架，并基于此框架进行了理论和实证两个方面的探讨，最后提出了促进两者跨界融合的发展路径。

　　这是一本有思想、有价值的研究著作，值得细细品读。

2022 年 4 月 21 日

前　　言

　　产业融合现象由来已久，近年来零售服务业和制造业的融合问题得到了学界的关注。作为产业链条上产销的两端，制造业和零售服务业的良性互动、融合发展不仅有利于通过提高零售服务能力促进制造业高质量发展，而且对形成供需互促、产销并进的国民经济良性循环机制具有十分重要的意义。"互联网 +"背景下，零售服务业和制造业的产业间融合具有新内涵、新特点，互联网对社会经济生活的全面覆盖和深度渗透驱动零售服务业和制造业通过跨越对方边界实现产业融合创新，互联网赋能下生产和销售环节都可以在虚拟空间以数字化方式呈现，互联网开放、共享、互联互通的特征极大地促进了企业间资源整合和高效利用，加速了企业间合作，同时促进了产业间融合和产业形态创新。

　　本书从探讨互联网情境下零售服务业和制造业跨界融合的驱动逻辑入手，深入分析了"互联网 +"背景下零售企业和制造企业跨界融合的主要模式及影响因素，并在此基础上从行业和企业两个层面实证检验了跨界对企业绩效的影响，最后分析了当前零售服务业和制造业跨界融合亟需突破的困境以及促进实现的可能路径。按照"是什么""为什么""怎么样"的认识规律，本书研究的主要内容如下所述。

　　第一，在对互联网、"+互联网"、"互联网 +"以及跨界、融合等本书所涉及的核心概念进行梳理的基础上，对其内涵和外延进行了清晰的界定并提出本书研究的科学问题，回答"是什么"的问题。"+互联网"和"互联网+"都是互联网与传统产业的融合方式，"+互联网"把互联网作为工具和手段，"互联网+"意味着利用互联网思维对传统商业模式进行全面改造与颠覆，互联网与产业发展高度融合，成为驱动产业发展和创新的重要力量。跨界，即跨越企业或产业边界，跨界是微观企业行为，融合是宏观产业现象。跨界作为企业层面的具体行动，是"互联网+"驱动传统产业融合的基本途径，正是由于企业各种跨越边界活动的出现，导致不同企业所属行业边界发生变化，行业间相互交叉、渗透、融合，形成新的产业形态，融合由此出现。

第二，分析了"互联网+"驱动零售服务业和制造业跨界融合的机制，回答"为什么"的问题。从外部机制和内部机制两方面进行解构，"互联网+"驱动零售服务业和制造业跨界融合的外部机制包括技术进步、商业模式创新、管制放松和消费需求变化，其中，技术进步、商业模式创新和管制放松属于供给侧环境条件的改变，消费需求变化则是从需求侧角度探察外部环境特征。"互联网+"驱动零售服务业和制造业跨界融合的内部机制包括效率提高、能力提升、共同依赖三个方面。外部机制着力刻画互联网情境下的环境条件，内部机制主要围绕企业边界变动的原因展开，重点分析了互联网情境下零售商和制造商的关系结构。

第三，分析了"互联网+"背景下零售服务业和制造业跨界融合的主要模式，回答"怎么样"的问题。"互联网+"背景下制造企业通过开辟电商渠道和服务延伸跨界零售；零售企业则通过自有品牌、定制化生产和柔性供应网络的构建来实现对制造商的引导和控制，跨界制造。这一过程中的互联网赋能体现在制造商的线上渠道拓展和各类电商主导的跨界制造行为。本书从行为方式、动力来源等方面对制造企业和零售企业跨界的行为模式进行刻画，并通过构建数理模型总结各行为发生的影响因素。

第四，实证检验了"互联网＋"背景下零售服务业和制造业跨界融合的市场绩效。以上市公司为样本的企业微观视角的分析表明，与未实施跨界的企业相比，实施跨界有利于制造企业财务绩效的提升和零售企业创新绩效的提高；对于已实施跨界的企业而言，互联网发展水平越高，企业跨界的财务绩效和创新绩效均越好，互联网起到了正向调节作用。行业宏观视角的研究表明，零售服务业和制造业融合（简称零制融合）有效促进了两大行业效率的提升，互联网发展对零售业效率的提升发挥了正向调节作用，对制造业的作用不及预期。分地区来看，互联网发展水平的促效率效应在中部地区显著，在东、西部地区不甚明显。

第五，探讨了阻碍我国零售服务业与制造业跨界融合发展的因素，并针对性地提出了促进我国零售服务业与制造业跨界融合的政策建议。供应链主导权之争导致主动融合的意识不强，零制企业的信息化集成应用尚未完全建立导致融合基础不强，零售业线上线下融而不合、制造业柔性不足导致融合深度不够，以及影响互联网外部性发挥的制度性障碍导致融合进程不畅，是当前阻碍我国零售服务业和制造业跨界融合健康发展的主要原因。本书指出，在培育供应链伙伴关系深化主动融合意识的前提下，以互联网信息建设为基础，加深融合深度，创造有利于两者跨界融合的制度环境，是当前促进我国零售服务业与制造业跨界融合发展的可行路径。

本书的创新主要体现在以下三个方面。

其一，产业融合理论的扩展。传统的产业融合理论研究主要关注了一般意义上融合的概念、动因和方式，并没有把零售业和制造业的融合问题纳入单独分析视域。尤其是当代网络信息技术蓬勃发展，零售业和制造业借力互联网出现了很多新形态、新业态和新模式，推动生产和消费方式发生了巨大变革。在此背景下，零售企业和制造企业作为产业链中具有上下游关系的两端，在交互中也不断涌现出新的产业组织形态和新型组织间关系特征，体现出产业之间融合相向发展的新行为和新表现。本书从两个方面拓展了既有产业融合理论的边界：首先，将数字经济理论应用到产业融合层面，分析互联网驱动下的零售服务业和制造业融合问题，既拓展了数字经济理论的应用外延，也丰富了传统产业融合理论的内涵。其次，从微观企业到宏观产业的贯通夯实了产业融合的微观基础。本书将零售企业和制造企业实施跨界行为从而引致产业融合创新作为切入点，实现了从微观企业到宏观产业的立体理论构建，保证了研究逻辑上的一致性。从企业边界到产业边界，从企业创新到产业创新，本书围绕动力机制、实施路径、绩效后果，试图对互联网情境下的零售服务业和制造业跨界融合做出全景式分析。

其二，学术观点的创新。首先，现有研究关注了互联网对消费者行为的影响及由此带来的供应链结构的改变，但尚未认识到消费者在互联网驱动零售业与制造业跨界融合过程中所起的重要作用；本书指出，互联网情境下消费者与企业的交互构成零售业与制造业跨界融合的驱动逻辑。其次，尽管已有研究指出跨界的本质是一种普遍意义上的开放式创新活动，但却未触及企业行为背后的能力本质；本书分析指出，零售企业和制造企业在互联网技术推动下高效整合内外部资源、实现业务流程的无缝对接，进而形成应对环境变化的动态能力是互联网驱动零售企业和制造企业跨界融合的又一重要逻辑内核。

其三，可能的研究设计和方法上的创新。本书在互联网情境下分析零售企业和制造企业相互跨界并导致产业融合，按照"外部环境——结构特征——企业行为——市场绩效"的思路展开论证。具体研究过程中既通过对零售业和制造业上市公司性质描述文本的分析从微观层面识别了零售企业和制造企业跨界融合行为，也利用耦合协调度模型从宏观层面对零售服务业和制造业两大行业的融合度进行了定量测算，具有一定的新颖性。

赵　霞

2022 年 8 月

目　录

第1章 导 论

本章在对选题的背景和意义进行阐述的基础上，对互联网、"＋互联网"、"互联网＋"以及跨界、融合等本书所涉及的相关核心概念进行了梳理，对其内涵和外延进行了清晰地界定并提出本书的科学问题，回答"是什么"的问题。

1.1 研究背景和意义

1.1.1 研究背景

产业融合现象由来已久，指的是在产业动态发展过程中不同产业或同一产业内部不同部门之间相互作用、相互渗透、相互交叉，最终导致产业边界模糊，并逐渐形成新产业的现象。互联网对社会经济生活的全面渗透和覆盖，不仅表现为信息基础设施升级，更重要的是互联网带来了经济活动的泛数据化，网络信息技术推动下的大数据应用作为新的生产要素改造着传统的生产和消费方式，从物理空间到数字空间，在"互联网＋"背景下，产品的设计、生产、营销、运输（传递）、消费、支付等经济活动全过程、各环节都可以在虚拟空间以数字化方式呈现，在这些海量数据的背后隐藏着有用信息、稀缺知识。

跨界，即跨越产业边界，分属不同行业的微观企业在生产经营活动中进行跨界合作和跨界经营，客观上导致了宏观产业边界的消弭和新型业态的出现。企业间跨界导致产业融合现象的发生，跨界意味着企业边界从清晰、固定走向模糊、开放，企业主体与外部资源进行交互，形成跨企业（进而跨行业）融合、创新的过程。在这个过程中，企业间资源交互共享，企业能力大大增长，传统行业边界一再被颠覆。传统情境下企业跨界现象虽有但并不常见，专业化投资与具备专门化知识与技能的人力资源是企业跨行业经营不得不逾越的障碍。互联网情境下，互联网因其互联互通的开放性和兼容性，无形中延展了企业能力，信息高度化和充分流动在促进企业间合作的同时降低了行业知识的异质化程度，有利于企业实施跨界、促进融合。因此，可以认为，跨界是互联网情境下产业融合的新特征、新现象，基于互联网的生产和交易突破了时空限制，便利了生产者之间、消费者之间、生产者和消费者之间的信息交流和价值转换，也催生了各个行业多种形式的跨界行为。互联网开放、共享、互联互通的特征极大地促进了企业间资源整合和高效利用，加速了企业间合作，有利于创新。

在互联网驱动的产业融合发展趋势下，原本具有产业链上下游联系的零售服务业和制造业关系由单向线性转变为多向迂回，消费者成为连通产销双方的关键节点，产销双方基于消费者展开一系列互动，重塑企业价值，企业边界在频繁交互中趋于模糊。传统视角下理解零售企业和制造企业跨界融合，即零售企业向产业链上游延伸，制造企业向产业链下游延伸①。互联网情境下零售服务业和制造业的跨界融合具有更为丰富的内涵，一方面，零售企业利用互联网整合线上线下需求，通过个性化定制和平台预售等方式与上游生产商整合形成柔性供应链，跨界生产，比如把所有商品统一贴上 UNIQLO 的商标的优衣库，彻底落实自有品牌（PB）商品战略，严格执行从产品企划、生产到销售的商业模式，从而实现将品牌和渠道相融合的所谓制造型零售；另一方面，制造企业基于大数据、云计算、区块链等先进信息技术实现与零售企业的无缝对接，通过跨组织流程再造重塑销售渠道，布局线上、跨界零售，比如海尔早在 2005 年就自建了线上网上商城，销售各个品类全系列的海

----

① 虽然是在传统产业链视角下，但仍要考虑互联网因素。或者说，互联网在促进企业跨界融合时的作用分为两种：一种是对传统产业链延伸的促进；另一种是互联网环境下企业边界（电商企业）的变动。

尔家电产品。互联网视角下理解零售企业和制造企业跨界融合，更加强调这两类企业间信息传递和资源交互（合作）所导致的边界模糊，进而衍生形成新的商业形态的过程，是商业模式的创新。

1.1.2　研究意义

当前企业实践远远走在了理论研究之前，在信息时代，企业的生产和经营都发生了深刻的变革，零售企业和制造企业以互联网为纽带的交互日益频繁，形态日益多样。本书以"'互联网+'背景下零售服务业和制造业跨界融合"为主题，旨在透过纷杂的现象，洞察产业融合在互联网情境下的特征、表现以及缘由，特别是将研究的焦点瞄准于零售服务业和制造业这两大行业，关注零售服务业和制造业如何在互联网驱动下实现跨界融合。这是因为作为产销两端的制造业和零售服务业是当前互联网应用最活跃的领域，无论对生产方式还是消费方式，抑或是生产和消费之间的关系链接，互联网的出现都起到了深刻的变革作用，极大地改变了传统模式，工业互联网和商业互联网交织运行，构成了从生产到消费的通路，形成社会再生产的完整闭环。构建以国内大循环为主体、国际国内双循环新发展格局的当前，形成需求牵引供给、供给创造需求的良性循环，亟需发挥互联网在供给适配需求过程中的促进作用，因此深入理解互联网引导供需动态平衡的作用机制，探究居于产销两端的制造业和零售服务业如何通过互联网介质实现跨界进而引发产业融合和商业模式创新，以期为纷繁的现实现象提供学术层面的理论洞察并进一步更好地指导未来企业经营实践，无疑具有十分重要的意义，这也是本书的立足点和出发点。

本书将从探讨互联网情境下零售服务业和制造业的跨界融合的驱动逻辑入手，深入分析零售商和制造商基于资源整合和业务流程协同的跨界模式及影响因素，并在此基础上从行业和企业两个层面实证考察跨界对市场绩效的影响，最后分析指出了当前零售服务业和制造业跨界融合需突破的困境以及促进实现的可能路径。系统地梳理"互联网+"背景下两类企业实施跨界的行为动机、环境条件和行为特征，不仅是对产业融合理论在互联网情境下的拓展和发扬，而且对于指导企业实践、引导企业创新经营，为政府相关部门制订适宜的产业发展政策，都具有十分重要的意义。

1.1.2.1 理论价值

本书的理论价值在于对产业融合理论的丰富，通过解析零售服务业和制造业在互联网信息化条件下的跨界行为，为产业融合理论提供新的认知维度；将外部环境因素与企业内部创新行为相联系，探讨零售服务业和制造业实现产业间跨界融合的本质、动机、模式和绩效，并指出两者实现跨界融合的关键路径和影响因素。本书的研究丰富了传统产业融合理论的内涵，是基于数字经济视域下对产业发展以及具体产业间关系的审视，从对零售企业和制造企业跨界的微观考察上升到零售业和制造业产业融合的宏观分析。本书研究既兼顾了产业研究的微观基础，也充分考虑到产业整体之间的交互关系，构成了对互联网情境下零售服务业和制造业关系从微观到宏观的完整探察，拓宽了当前研究的视角和内容。

1.1.2.2 实践意义

一方面，在构建国内国际双循环新的发展格局背景下，要形成供需互促、产销并进的良性循环机制，必须提升产业数字化能力，充分发挥互联网、大数据、云计算、人工智能等现代信息技术在促进产业智能化改造和跨界融合方面的作用。互联网加速了全球经济从单一制造业向服务业与制造业融合的转变，促进了制造业向信息化、自动化、网络化、智能化和柔性化的现代模式迈进。另一方面，我国制造业长期以来存在"大而不强"的窘境，如何利用互联网、5G 信息技术发展的契机，实现虚拟经济和实体经济的有效融合，充分发挥零售服务业尤其是数字零售媒介供需的作用，提高零售供给能力、支撑制造业做大做强，从而促进制造业降本提效、实现经济高质量发展是我国新时期面临的重要挑战和重大课题。

在此背景下，利用好工业互联网和商业互联网，通过制造业和零售服务业的深度融合、协同发展、良性互动实现产业升级转型势在必行。本书研究立足产业发展的实践，从现象出发上升到理论抽象，再由理论抽象回归到对产业现象的解释。本书的研究成果和相关结论可以为互联网经济中如何正确认识零售企业和制造企业的跨界行为提供理论指导，为企业在"互联网＋"下实现经营模式创新提供思路，为促进零售业和制造业在互联网环境下的共生、协调发展的产业政策制定提供依据。

1.2　相关概念界定

本书所涉及的主要概念有"互联网＋""跨界""融合"。在展开研究主题之前对相关概念进行清晰地界定，有助于我们厘清研究对象、研究范围，聚焦研究问题，特别是当研究的问题范围过于宽泛从而容易造成误解时，界定概念则显得尤为重要。

1.2.1　互联网、"＋互联网"与"互联网＋"

自李克强总理提出"互联网＋"概念以来，"互联网＋"受到学界的关注，引发了大量的讨论。我们按照认识规律，由浅入深将互联网、"＋互联网"、"互联网＋"这些相关观念加以梳理，并最终得出本书的研究指向和研究内核。

1.2.1.1　互联网

互联网，即 Internet，又称国际网络，是由许多计算机相互连接并沟通而成的网络，这些计算机以一组通用的协议相连，从而实现各设备终端之间的数据传输。这个国际网络不仅包括交换机、路由器等网络设备，还包括各种不同的连接链路、种类繁多的服务器和为数庞大的计算机、各式终端。当前经济生活离不开互联网，所谓"万物皆相连"，互联网是信息技术，是人类通信技术的革命；互联网是基础设施，和公路、铁路一样，成为当前人类生产生活赖以依存的工具和手段；互联网是资源，伴随互联网广泛应用的是各种类型大数据被大量存储，以及用于决策的各类信息的高效、快速传输。

1.2.1.2 "＋互联网"和"互联网＋"

如果说互联网是客观的，是类似机器设备的一类生产工具，是信息能够以网络状生成和传递的载体（赵振，2015），那么互联网在经济生活中的应用则是主观的，对互联网看待和应用的不同逻辑基础产生了"＋互联网"和"互联网＋"。

孙军（2016）从主导者、融合方式、融合结果、竞争方式四个方面比较了两者的差异。从主导者看，"＋互联网"的主导者为传统企业，"互联网＋"的主导者是以BAT为代表的互联网企业；从融合方式看，"＋互联网"以渐进式融入为主，强调传统企业利用互联网逐渐改造自身生产制造模式和经营管理模式，以使企业适应互联网经济发展的需要；"互联网＋"以激进式融入为主，强调企业采用互联网思维和各类创新商业模式实现生产和经营的创造性变革；从融合结果看，"＋互联网"将互联网视为工具或手段，着眼于传统行业如何利用互联网提高为用户服务的效率和品质，从而帮助传统产业实现转型升级，"互联网＋"强调互联网企业向传统产业的渗透和逆袭，是具有互联网基因的互联网企业对传统商业逻辑和经营方式的颠覆，即用互联网思维彻底改造传统思维；从竞争方式看，"＋互联网"是传统企业利用互联网工具在生产方式、销售方式和组织方式上的拓展，仍然符合传统产业组织理论，"互联网＋"通过网络外部性驱动互联网与传统产业快速融合，商业平台的价值十分突出，其产业组织特征已经超出了传统的产业组织理论，网络效应凸显。

赵振（2015，2018）认为，"＋互联网"是互联网1.0，"互联网＋"为互联网2.0，前者根植于PC互联网时代，后者受移动互联网驱动。"＋互联网"企业把互联网视为信息网状化生成与传播的工具，互联网是企业可供利用的资源，具有知识性和渗透性，其功能是提升生产效率和营销效率，而不能带来创新。"互联网＋"是可以给企业带来"新竞争手段"的，互联网不单纯是可供企业利用的资源，而成为企业能力的衍生，这种能力来源于四个方面：基于大数据、云计算的信息获取和整合能力；基于脱媒的与消费直接互动而产生的市场感知能力；企业联系数字化而产生的关系整合能力；基于大数据实时处理和运用的超前预测能力。该文指出，"互联网＋"实质是传统产业价值链环节解构并与互联网价值链"跨链"重组而形成的全新的价值创造方式，正是基于这一点，该文认为"互联网＋"实际上是一种跨界经营现象①，是互联网与传统产业深度融合进而催生出新经济形态的过程。

从上述表述可以看出，当前研究中无论是"＋互联网"还是"互联网＋"，都被视为互联网与传统产业的融合方式，从把互联网作为工具、手段的1.0阶段，到利用互联网思维对传统商业模式进行全面改造与颠覆的2.0阶段，互联网与产业发展高度融合，成为驱动产业创新的重要力量。"＋"的过程体现了对互联网的利用能力和水平，也是不同地区互联网经济存在巨大差异的原因。当今经济社会，互联网早已不仅是连接终端的网状信息通路，它被赋予了更多的含义，互联网生态下不仅孕育出了阿里巴巴、腾讯、百度这样的富有创新精神的互联网企业，也使得传统企业纷纷触网，借助互联网改造原有价值链。

不同于既有研究大多关注互联网改造传统产业、与传统产业的融合，本书的侧重点在于揭示互联网是如何促进传统企业之间发生跨界进而实现产业间融合的，换句话说，传统企业是如何利用互联网介质实现产业链彼此交叉融合，继而进行跨界整合的。更具体地，本书将研究对象聚焦于零售服务业和制造业两大产业，正是看到了互联网力量对居于产销两端的这两大产业产生了深远的影响，互联网赋能下的新制造和新零售早已颠覆了传统的价值创造和传递方式，消费互联网和工业互联网交织运行的背景下，制造企业的生产方式和零售企业的销售方式借力互联网孵化出多种创新形态，从而也引致制造企业之间、零售企业之间、制造企业和零售企业之间在组织结构、竞争生态和交互方式等方面发生了重大变化，深刻地改变着社会生产模式和人们的消费方式。

本书以"互联网＋"背景为题，将关注点聚焦于零售业和制造业，探讨互联网与这两大产业的融合发展，以及由此引发的这两大产业之间的跨界行为和类型，分析其质变原因、过程和结果。本书所称"互联网＋"，既包含互联网1.0，也包括进阶后的互联网2.0，是传统和新兴、局部变革和全面创新的统一。

---

① 跨界一定会产生新的经济形态、新的商业模式，而多元化则不能（赵振，2018）。

1.2.2　跨界、融合及相互关系

1.2.2.1　跨界

跨界，顾名思义即跨越边界。那么，何为边界？对边界的深入理解是我们研究的逻辑起点。

（1）边界。

理解跨界的内涵首要明确所要跨越的边界，对边界的不同理解关系到跨界活动的目的和类型。边界一词最早出现在组织理论和组织行为文献中，通常将边界笼统地理解为组织边界。汤普森（Thompson，1967）指出，边界是正式组织的一项最基本、最典型的特征，其反映了组织与环境的关系，是组织为了维持自身和长期生存而与环境互动的领域或范围，边界能够将组织内部成员与组织外部成员区别开来。莱费尔和迪拜克（Leifer & Delbeco，1978）指出，边界是组织的基本特征，他们将边界定义为两个系统或区域的分界线，指出边界充当组织和环境的界限，保护组织免受环境的威胁。斯科特（Scott，1992）也认为，边界的本质是将组织与它周围的环境区分开来。奥尔德里奇和赫科尔（Aldrich & Herker，1977）指出，"边界往往被定义为一个组织成员和非成员之间的区别，边界决定了谁被承认的同时谁被排除"。

由于组织本身是个多层次的概念，后续研究在将跨界引入战略管理（Rosenkopf & Nerkar，2001）、组织学习（March，1991）、创新管理（Katila & Ahuja，2002）等领域的过程中，对边界的理解越来越丰富，衍生出对于此概念外延的诸多划分。

在组织学习和战略管理领域中，米勒和赖斯（Miller & Rice，1967）首次将边界划分为任务边界和知觉边界，其中任务边界是一种有形可见的、详尽具体的工作边界，而知觉边界则是一种无形不可见的、隐含的边界；赫希乔姆和吉尔莫（Hirschom & Gilmore，1992）提出，柔性化组织面临着由权威边界、身份边界、政治边界和任务边界构成的新的心理边界，这四种心理边界并非独立的，而是相互作用的。罗森克夫和内卡（Rosenkopf & Nerkar，2001）将边界分为组织边界和技术边界两种类型，前者是组织与外部环境的界限，后者意味着新领域的知识活动，他们还认为跨越组织边界往往就会导致跨越了更多的技术边界。赫恩斯（Hernes，2004）将组织边界划分为三种，分别是物理边界、社会边界和心智边界。其中，物理边界反映了组织执行任务时的实现程度和对资源的自由支配程度；社会边界是组织与其他组织基于各种社会联系而形成的，在一定程度上界定了该组织与其他组织的边界；心智边界针对组织成员而言，指的是组织成员形成的对组织环境间关系的理解、观点和信念，并以此来引导组织成员的未来行动。卡莱尔（Carlile，2004）、桑托斯和艾森哈特（Santos & Eisenhardt，2005）则将组织边界划分为效率边界、势力边界、能力边界和认同边界。科恩和利文索尔（Cohen & Levinthal，1990）根据组织的职能和所从事的活动，将组织边界划分为四类：职能边界、等级边界、与客户的边界、与供应商的边界。与科恩和利文索尔的分析相关联，阿什克纳斯等（Ashkenas et al.，2002）划分了四种类型的企业边界：垂直边界、水平边界、外部边界和地理边界。所谓垂直边界，主要体现在组织内部的等级制度上，是组织职能部门内由上而下的层级界限；水平边界存在于组织的不同职能部门、不同产品系列或不同项目组之间；外部边界包含了上述与客户的边界和与供应商的边界，是组织与政府、供应商、顾客，以及社区等各类外部主体的界限；地理边界存在于跨国公司此类结构复杂的跨国家、跨地区的组织中。可见，阿什克纳斯等所分析的组织边界既包含企业内部职能部门的界限，也包含了企业与外部主体的界限。

创新领域的跨界搜索（搜寻）相关研究出于对跨界搜索类型的探讨，着重分析了企业间的知识边界。知识边界包括知识距离边界和知识类型边界。知识距离边界基于搜寻知识与企业既有知识之间的相对距离来界定知识边界类型，包括认知、地理和时间三个维度（Li et al.，2008）：基于认知维度的相关研究从相似技术（熟悉技术）和非相似技术（非熟悉技术）来划分跨界搜寻（Katila & Ahuja，2002；Ahuja & Lampert，2001）；基于地理维度的研究将跨界搜索分为区域内搜索和区域外搜索（Knoben & Oerlemans，2001；Bas & Sierra，2002），具体的地域标志可以是省、市，也可以是国家；基于时间维度的研究将组织搜寻分为新知识和旧知识搜寻（Katila & Ahuja，2002；Nerkar，2003）。知识类型边界则主要考察企业搜寻的不同知识类型，如科学知识、技术知识和市场知识（Li et al, 2008；Gilsing & Nooteboom, 2008；Grimpe & Sofka, 2009；Sofka & Grimipe, 2009）。企业进行知识搜索时，往往同时跨越多个边界，从而形成多维度跨界搜索模式（多重跨界搜索）。

综上可以看出，既有研究对边界的理解由于各自研究领域和研究角度的不同而呈现出多元化的特征，如果说边界的内涵尚可以较为统一地理解为组织（或组织内某种要素，如知识）与外部环境系统的分界线的话，那么，对于边界外延的理解则由于学者们不同的研究角度和研究侧重而体现出千人千面的特征。这也对我们的研究造成了困扰。

基于本书的主题，我们关注的是"互联网 +"背景下零售企业和制造企业在互联网赋能下的企业跨界行为以及由此引致的零售服务业和制造业融合创新的现象。互联网大数据赋能下，传统零售企业变身为制造型零售，传统制造企业演变为零售（服务）型制造，两大产业的价值链相互交叉，纵横延伸，从而突破了原有的产业边界，实现融合发展。在此研究主题下，我们回到对边界的最本源的认知，将边界定义为组织系统与外部环境的界线，这里的组织是广义的，可以是任何一种机构形态，营利性和非营利性团体、企业或企业集团，也可以是企业的集合形态即产业。因此，本书当中的"边界"包含企业边界和产业边界两类，前者为区分企业经营活动范围的界限，后者为区分产业活动的界限，由于产业活动是由产业内部所属各企业的活动集合所体现，所以可以认为后者为前者经营活动的加总，企业经营活动的总体则表现为产业的经济活动。

基于上述认识，本书聚焦于分析互联网驱动下，零售企业和制造企业跨越各自边界，实现产业链重构和要素重组，并最终催生各种创新经营形态和经营方式进而引致两大产业间发生融合的过程。

（2）跨界。

跨界，顾名思义即跨越边界，根据前文的阐述，由于边界的类型过于庞杂，我们倾向于从最本源的意义来理解边界及跨界。本书中所谓跨界，即跨越组织边界，从行为发出的主体来看包括两个维度：企业边界跨越（企业边界跨越里包括企业人员、企业资源、企业知识、企业能力等，从这一点上看，跨越企业边界事实上包含了上述各种知识边界类型，认识归于统一①）和行业边界跨越。

　　跨界最早出现在 20 世纪七八十年代组织理论和组织行为文献中，简单理解即指跨越组织边界的活动。马罗内、泰斯洛克和卡森（Marrone，Tesluk & Carson，2007）将组织边界跨越描述为"组织旨在与外部参与者建立关系和互动的行为，目的是帮助一个团队实现其总体目标"；莱赫托宁和马丁苏斯（Lehtonen & Martinsuo，2008）指出，边界跨越是将组织与其周围环境联系起来，并需要对组织和环境的关系加以协调；安德森、克拉格和莱特尔（Andersen，Kragh & Lettl，2013）认为，对跨边界知识的整合是边界跨越活动的主要目的，有效的边界跨越能帮助组织整合内外部创新输入，形成资源合力。由此可见，边界跨越的本质是组织与外部环境之间的信息交互（资源交换）行为或者活动，跨越组织边界、使组织与其所处的环境相联系，实现信息在内部组织和外部环境间的高效率交换（Aldrich & Herker，1977；杜荣等，2012；杜晓君等，2015；刘鹏程，2016）。

　　有一类文献从跨界主体/边界跨越者（boundary spanner）、跨界载体（boundary object）、跨界能力（boundary ability）三个方面对跨界行为进行了研究。其一，跨界主体。边界跨越者是推动边界跨越的主体，指定或者非指定的个人、组织均可承担这一角色（Levina & Vaast，2005；Tushamn，1977）。针对跨界主体的研究聚焦于对人的分析，关注人与人之间的交互和跨边界知识获取的能力，将边界跨越过程中的各类社会关系作为分析重点。其中一支文献将跨界主体聚焦于团队层面（team/project），讨论了团队跨界行为，指出团队跨界活动是团队努力建立和管理与组织中其他团队（如营销团队、生产团队）或跨越组织边界过程中和外部主体（如供应商、顾客）的联结的过程（Ancona，1990；Marks et al.，2001）。安科拉和考德威尔（Ancona & Caldwell，1992）将团队跨界行为分为三个维度：使节行为（与高阶团队进行的跨界活动）、协调行为（与平行团队进行的跨界活动）、侦测行为（与拥

────────────

① 跨越企业边界和行业边界都是针对组织形态的有形描述，跨越知识边界是针对资源获取的无形描述。其实，跨越有形边界的目的往往是获取有形界限外的无形知识，两者是统一的。

有特定知识的相关方进行的跨界活动）。其二，跨界载体。斯塔尔和格瑞史莫（Star & Griesemer，1989）首次介绍了边界跨越载体的概念，认为许多实物或电子信息系统都可以视为被用来推动跨越的客体，如报表、设计图纸、公司邮件系统等。雷姆和乔（Rehm & Goe，2015）将边界跨越的载体理解为连接不同利益群体的人工制品，可以是虚拟的也可以是实体的。其三，跨界能力。勒维纳和韦斯特（Levina & Vaaste，2005）认为，边界跨越能力是在跨越各类边界时表现出的一种组织能力，这种能力由实施跨界的组织成员所体现，被嵌入组织成员的实践中。科赫（Koch，2010）则指出，边界跨越能力是一种动态能力，是多种能力的集成和综合，其中最为核心的边界跨越能力体现为由内向外的内部驱动性（内部分析）和由外向内的环境适应性（外部分析）。刘鹏程等（2016）将边界跨越能力分为吸收能力、IT 能力和网络能力三个维度。

跨界主体、跨界载体、跨界能力可以视为组织（企业或者行业）实施跨界行为的三个要素。互联网赋能跨界主体，网络虚拟化、社群化的社交特征增强了主体跨界获取知识的能力；互联网赋能跨界载体，为组织实施跨界提供信息技术支撑，不仅是邮件系统，各类局域网、广域网、工业应用 APP、微信小程序、公众号等都可以成为帮助组织跨界的载体；互联网提升组织跨界能力，分布式交互便利了组织成员间的交流，海量资源有利于其学习实践。总之，互联网情境为组织跨界提供了滋生的土壤和成长的养分。

还有文献按照跨界活动实施的内容将跨界分为跨界搜索（知识）、跨界经营、跨界合作和跨界营销。

其一，跨界搜索。这类研究聚焦于企业跨越边界进行外部知识搜寻以提升自身创新绩效，因此，跨界搜寻被认为是企业继组织内部研发和外部收购之后第三条提高组织竞争优势的路径（Katila & Ahuja，2002）。在这类研究中，众学者关注了跨界搜索的宽度/广度（search breadth）和搜索深度（search depth），并基于此提出探索（exploration）和开发（exploitation）双元能力，围绕跨界搜索的前因（如吸收能力、历史经验、技术可用性等）、后果（创新绩效、产品市场绩效、财务绩效等）、情境因素（环境动态性和竞争性、消费者偏好等）展开了大量研究。还有一些学者关注了跨界搜索与制造企业服务创新的关系（张文红，2013；彭本红，2017；王琳、魏江，2017），指出跨界知识搜索尤其是对市场知识的搜索能够有效促进制造企业服务创新；王琳等（2017）还指出，网络关系强度、关系质量、关系数量与关系多样性这些网络嵌入特征与制造企业服务创新间呈显著的正相关关系。另有学者分析了跨界搜索对商业模式创新的影响，朱益霞等（2016）指出，跨界搜索是跨越组织边界、获取异质性知识的有效途径，也是企业实现知识转移和知识吸收的重要前置阶段，不同类型的知识跨界搜索对商业模式创新的影响存在异质性；王素娟等（2016）依据知识类型划分了跨界搜索战略，研究表明不同的商业模式应匹配不同的跨界搜索战略，技术知识跨界搜索战略匹配效率型商业模式、市场知识跨界搜索战略匹配新颖型商业模式，此两种跨界搜索战略均能对创新绩效有积极的促进作用。此外，还有学者按照跨界搜寻的动力驱动机制不同，将跨界分为科技驱动型跨界活动和市场驱动型跨界活动（肖丁丁、朱桂龙，2016），并分析了不同维度搜索行为对组织探索能力（exploratory capability）和开发能力（exploitative capability）的影响差异。

其二，跨界经营。国内关于此问题的研究源起于对电商和快递企业跨界经营的关注（徐振宇等，2014；王宝义，2015）。陈晓春（2017）指出，跨界经营的本质是企业从事不同的业务领域，本书也认同这一定义，跨界经营是公司涉足除主业外的其他行业领域的现象，是企业业务扩张、多元化经营的一种方式。因此，基于此定义，跨界经营中所跨越的是业务边界，当业务分属不同行业时，跨界经营往往是跨行业（产业）经营。袁博、李永兵（2017）将跨界经营分为有关联跨界和无关联跨界，当所跨行业与主业在同一产业链上时为有关联跨界，否则为无关联跨界。现有研究指出，跨界经营一方面可以给企业带来更多市场选择的机会，促进形成新的增长点（陈晓春，2017；许剑雄，2014）；另一方面也可能面临跨行业的周期风险、流动性冲击风险和大企业病（胥爱欢，2016）。

其三，跨界合作。薛会娟（2010）指出，相对于内部活动而言，跨界合作行为更侧重于外部行为的主体关系。张虹（2014）将跨界合作分为行业内横向水平跨界合作和行业间垂直互补跨界合作。张旭梅等（2019）以易果生鲜和海尔的跨界合作为案例，探讨了生鲜电商跨界与家电厂商跨界合作的创新模式的运行机理，指出生鲜电商基于"互联网＋"工具或思维，与行业外其他企业主体进行合作，通过获取和整合外部资源实现了商业模式创新。徐翔（2017）举例分析了物流业与零售业、互联网企业（京东、饿了么）、金融行业的跨界合作，指出当前物流业跨界合作主要仍集中在大城市，尚未形成可以全面推广的样板。王丽平、陈晴晴（2016）的实证研究表明，跨界合作对企业创新绩效有显著的正向影响，并且这一影响受到企业战略柔性的调节。此外，朱惠斌（2014，2015）则从经济地理的角度分析了区域跨界合作的模式与特征；司晓甜等（2013）研究表明，服饰时尚界的跨界合作有利于提升消费者的尊重需求和自我实现需求。

其四，跨界营销。伴随着全球化和互联网尤其是移动互联网的广泛应用，不同行业开始异构融合，跨界营销的概念应运而生，并得到了业界的不断实践。阿尔德（Alder，1966）提出了共生营销，被认为是跨界营销的早期雏形，他指出两个或两个以上独立组织之间可以建立诸如研发、生产、渠道、销售、人力、财务等方面的资源或行动联盟，这种基于资源共享角度的共生可以形成优势互补，实现和谐共生。在共生营销的基础上，后续学者逐步提出联合营销、合作营销和营销联盟等概念。霍特（Hult，2011）认为，营销职能本身具有跨界合作的属性和特征，这个角色重新定义了营销组织的构成，整合了企业内外部的价值创造流程和网络。从上述学界和业界对合作营销概念的探讨中可知，跨界营销更多地强调基于消费关联纽带而形成的不同组织间基于资源共享的营销合作。国内学者黄嘉涛（2016，2017）分析了跨界营销对共创体验及顾客价值的影响，结果表明，跨界营销显著正向影响共创体验，共创体验在跨界营销与顾客价值的关系中起中介作用。

可以看出，上述按照活动内容划分的各类跨界行为，尽管形式多样、称谓不一、活动内容重点不同，但究其本质，各种类型的跨界实质上都是对外部资源的搜寻、利用和整合，是企业越过边界和外部环境接触以实现资源交换、信息交互的活动或行为，此行为可以是搜寻知识、合作营销、业务扩展。本书将跨界视为企业层面的具体行为，聚焦于零售企业和制造企业在互联网情境下的跨界行为，但并不具体特指跨界经营、跨界营销抑或跨界合作，本书认为，只要出现了资源的协同和信息的交互，跨界便产生了。

1.2.2.2　融合

（1）产业融合。

融合是针对产业而言的，当前学界对产业融合的定义尚未取得广泛一致。罗森伯格（Rosenberg，1963）对产业融合的洞察始于技术在不同产业间的扩散。他在对美国机器工具产业演化的研究中发现了同一技术存在向不同产业扩散的现象，从技术视角出发，罗森伯格将其定义为"技术融合"。格林斯坦和汉娜（Greenstein & Khanna，1997）突破了技术扩散的限制，指出产业融合是"为了适应产业增长而发生的产业边界的收缩或者消失"。植草益（2001）将对产业融合的研究推进了一步，他指出产业融合通过技术创新和放宽限制来降低行业间的壁垒，加强了不同行业企业间的竞争合作关系。早期的产业融合现象发生在信息行业之间，数字技术的出现导致信息通信领域的电信、广播电视和出版三大行业相互交叉、发生融合，植草益进一步指出，随着互联网信息技术的广泛应用，产业融合将在更大范围内拓展。现实情况印证了这一点，产业融合不仅在信息通信行业，还在农业、制造业、能源业、服务业等各个行业中也不断涌现出各式各样的异构融合现象。

国内学者通常基于产业边界和产业属性对产业融合进行定义。周振华（2004）认为，产业融合意味着传统产业边界的模糊化。厉无畏（2002）、陈柳钦（2006）等指出，产业融合就是不同产业或同一产业内部不同子行业间相互交叉、渗透，形成具有新产业属性或新型产业形态的动态发展过程，他们将产业融合理解为产业在属性上的创新。余东华（2005）认为，产业融合的本质是传统产业的组织形态在技术创新推动下实现了突破和创新，形成新产业形态的过程。马健（2006）试图将以上视角综合起来，将产业融合概况为由于技术进步和放松管制发生在产业边界和交叉处的技术融合。

综上，我们指出，产业融合是产业边界收缩或消失的现象，是为了适应发展与增长的产业自适应现象，产业融合的出现使得原本界限清晰分明的处于分立状态的产业边界变得逐渐模糊，甚至消弭。导致产业融合的原因很多，既有研究多归结为技术进步、规制放松和管理创新（植草益，2001；张磊，2001），后续研究区分了经由企业行为的内部动因和外在于企业的外部动因，指出外部动因构成了产业融合的必要条件，但企业行为才是推动产业融合实现的充分条件，外因经由内因发挥作用；外部动因包括全球化与自由化、产业管制政策的放松、消费需求变化，内部动因即企业行为主体，包括技术创新、管理创新或战略联盟（赵霞，2014）。

（2）跨界与融合。

根据前文所述，跨界是微观企业行为，融合是宏观产业现象。跨界作为企业层面的具体行动，是"互联网＋"驱动传统产业融合的基本途径（吴琴、巫强，2020），正是由于企业各种跨越边界活动（跨界搜寻、跨界营销、跨界合作、跨界经营）的出现，导致不同企业所属行业边界发生变化，行业间相互交叉、渗透、融合，形成新的产业形态，融合由此出现。基于此逻辑，在互联网驱动下，零售企业和制造企业在价值链上连接，跨越组织边界进入对方领域，从而导致产业融合现象的发生。本书探讨"互联网＋"背景下零售服务业和制造业的跨界融合问题，关注的焦点为两大产业在"互联网＋"驱动下跨越边界的动力机制、实现模式、发生路径和由此带来的后果绩效，由于跨界和融合存在逻辑上的因果链接，因此我们的研究对象也解构为两个互相关联的层面——零售企业—制造企业的跨界行为分析和零售服务业—制造业的产业融合分析，前者是行为主体，后者是聚合表现，后者以前者为基础。

1.3　研究思路和研究框架

1.3.1　研究思路

本书从现实现象出发——互联网经济中零售企业和制造企业紧密交互、频繁跨界，成为产业融合化发展的新特征、新趋势，借鉴产业组织理论经典的"SCP"研究范式，按照环境条件（动力）—结构特征—行为分析—经济绩效（"ISCP"①）的思路展开研究，具体为：基于经济实践中零售商和制造商以互联网为纽带频繁跨界互动、推动两大产业融合发展的特征性事实，通过对现有相关研究的回顾和梳理，提炼本书研究的核心科学问题——互联网情境下零售商和制造商组织间关系在何种环境条件下会发生怎样的变化，从而触发何种跨界行为的产生，带来产业间融合。围绕这一核心议题，本书按照"是什么""为什么""怎么样"的认识规律逐渐深入，拟从以下四个方面展开研究：（1）"互联网＋"驱动零售服务业和制造业跨界融合的外部和内部机制，主要分析互联网信息技术引致的内外部环境改变以及此种变化对零售商和制造商的组织结构、组织间关系的影响。（2）内外部环境特征改变下零售服务业和制造业跨界融合的主要模式，主要分析互联网情境下制造企业跨界零售和零售企业跨界制造的行为方式、作用路径和影响因素。（3）制造企业跨界零售和零售企业跨界制造的市场绩效，互联网驱动下的跨界是否促进了企业创新。（4）"互联网＋"背景下零售服务业和制造业跨界融合的障碍因素分析和促进策略，主要分析目前状况下零售服务业和制造业实施跨界融合所面临的困境，并进一步探讨解决的思路和路径。围绕上述问题，本书的研究思路如图 1－1 所示。

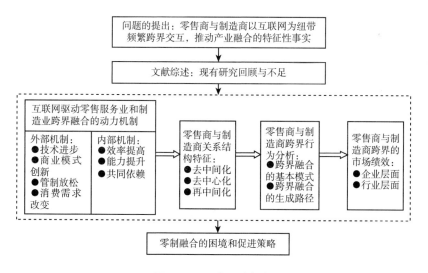

图1－1　研究思路框架

---

① ISCP：Incentive-Structure-Conduct-Performance.

1.3.2 结构体系

根据上述思路，本书的结构体系安排如下。

第1章为导论。本章首先对选题的背景和意义进行阐述，针对本书的研究对象，在对互联网、"＋互联网"、"互联网＋"以及跨界、融合等本书所涉及的核心概念进行梳理的基础上，对其内涵和外延进行了清晰地界定并提出本书的科学问题，回答"是什么"的问题。其次，阐述了本书的研究思路和研究框架，指出了本书的理论价值和现实意义。最后，对本书的研究方法、创新及不足之处进行了概况性说明。

第2章为文献综述。围绕"'互联网＋'背景下零售服务业和制造业跨界融合"这一研究主题，本书从两个层面对现有研究展开梳理，第一个层面是关于产业融合的相关研究，第二个层面是关于互联网对产业发展（融合）的影响研究。通过文献梳理我们发现，当前对产业融合的研究缺乏对互联网在产业融合中作用的足够关注，并且大量针对服务业和制造业融合的研究结论未必适合于具有特殊属性的零售服务业；对零售服务业和制造业跨界融合的微观基础的探讨大多停留在"零供关系"的分析上，较少从跨越组织边界的角度解读企业跨界行为所引致的产业融合现象，尤其是互联网对跨界行为的影响路径和机制尚不明确。

第3章分析了"互联网＋"驱动零售服务业和制造业跨界融合的机制，回答"为什么"的问题。从外部机制和内部机制两方面进行解构，"互联网＋"驱动零售服务业和制造业跨界融合的外部机制包括技术进步、商业模式创新、管制放松和消费需求变化，其中技术进步、商业模式创新和管制放松属于供给侧环境条件的改变，消费需求变化则是从需求侧角度探察外部环境特征。"互联网＋"驱动零售服务业和制造业跨界融合的内部机制包括效率提高、能力提升、共同依赖三个方面。外部机制着力刻画互联网情境下的环境条件，内部机制主要围绕企业边界变动的原因展开，内外部环境条件的变化使得零售商和制造商关系在互联网情境下表现出去中间化、去中心化和再中间化特征。

　　第 4 章分析了"互联网＋"背景下零售服务业和制造业跨界融合的主要模式，回答"怎么样"的问题。"互联网＋"背景下制造企业通过开辟电商渠道和服务延伸跨界零售，这是制造商互联网情境下去中间化的表现；零售企业则通过自有品牌、定制化生产和柔性供应网络的构建来实现对制造商的引导和控制，跨界制造，这是具有互联网基因的电商企业再中间化的表现。这一过程中的互联网赋能体现在制造商的线上渠道拓展和各类电商主导的跨界制造行为。本章从行为方式、动力来源方面对制造企业和零售企业跨界的各行为模式进行了刻画，并通过构建数理模型总结各行为发生的影响因素。

　　第 5 章实证分析了"互联网＋"背景下零售服务业和制造业跨界融合的市场绩效。以上市公司为样本的企业微观视角的分析表明，与未实施跨界的企业相比，实施跨界有利于制造企业财务绩效的提升和零售企业创新绩效的提高；对于已实施跨界的企业而言，互联网发展水平越高，企业跨界的财务绩效和创新绩效均越好，互联网起到了正向调节作用。行业宏观视角的研究表明，互联网发展促进了零售服务业和制造业的融合，并且对零售业效率的正向影响大于制造业。

　　第 6 章是研究的落脚点。本章在对阻碍我国零售服务业与制造业跨界融合发展的因素进行分析的基础上，针对性地提出了促进我国零售服务业与制造业跨界融合的政策建议。指出在培育供应链伙伴关系深化主动融合意识的前提下，以互联网信息建设为基础，加深融合深度，创造有利于两者跨界融合的制度环境，是当前促进我国零售服务业与制造业跨界融合发展的可行路径。

1.4　研究方法与研究创新

1.4.1　研究方法

　　(1) 案例研究法。结合企业经营现实，本书以阿里犀牛智造平台为例探讨了互联网赋能下的平台型电商主导的柔性供应链的特征、运行机理和实现路径，为分析零售企业在互联网情境下跨界上游制造提供了参考样本。

（2）耦合协调度模型。为了从行业层面实证检验零售服务业和制造业跨界融合的绩效，本书利用耦合协调度模型，从产业结构、产业规模、增长潜力、产业效益四个方面确定相应指标，对零售服务业和制造业的融合程度进行了测度。

（3）计量分析方法。本书利用多元回归模型，定量分析零售企业和制造企业跨界融合对企业绩效的影响，并进一步以互联网发展水平作为调节变量进行了分类检验。

1.4.2 研究创新

（1）产业融合理论的扩展。传统的产业融合理论研究主要关注了一般意义上融合的概念、动因和方式，并没有把零售业和制造业的融合问题纳入单独分析视域。尤其是当代网络信息技术蓬勃发展，零售业和制造业借力互联网出现了很多新形态、新业态和新模式，推动生产和消费方式发生了巨大变革，在此背景下，零售企业和制造企业作为产业链中具有上下游关系的两端，在交互中也不断涌现出新的产业组织形态和新型组织间关系特征，体现出产业之间融合相向发展的新行为和新表现。本书从两个方面拓展了既有产业融合理论的边界：其一，将数字经济理论应用到产业融合层面，分析互联网驱动下的零售服务业和制造业融合问题，既拓展了数字经济理论的应用外延，也丰富了传统产业融合理论的内涵。其二，从微观企业到宏观产业的贯通夯实了产业融合的微观基础。本书将零售企业和制造企业实施跨界行为从而引致产业融合创新作为切入点，实现了从微观企业到宏观产业的立体理论构建，保证了研究逻辑上的一致性。从企业边界到产业边界，从企业创新到产业创新，本书围绕动力机制、实施路径、绩效后果，试图对互联网情境下的零售服务业和制造业跨界融合做出全景式分析。

（2）学术观点的创新。其一，现有研究关注了互联网对消费者行为的影响及由此带来的供应链结构的改变，但尚未认识到消费者在互联网驱动零售业与制造业跨界融合过程中所起的重要作用，本书指出互联网情境下消费者与企业的交互构成零售业与制造业跨界融合的驱动逻辑。其二，尽管已有研究指出跨界其本质是一种普遍意义上的开放式创新活动，但却未触及企业行为背后的能力本质，本书分析指出零售企业和制造企业在互联网技术推动下高效整合内外部资源、实现业务流程的无缝对接，进而形成应对环境变化的动态能力是互联网情境下零售企业和制造企业跨界融合的内在生成机理。

（3）可能的研究设计和方法上的创新。本书在互联网情境下分析零售企业和制造企业相互跨界并导致产业融合，按照外部环境—结构特征—行为方式—创新绩效的思路展开论证，此外，通过对零售业和制造业上市公司性质描述文本的分析识别零售企业和制造企业跨界融合行为，具有一定的新颖性。

第 2 章　文献综述

本章围绕研究主题，按照从一般到特殊、从传统情境到互联网情境的思路，基于产业融合的相关研究和互联网情境下的产业发展两个方面，对当前研究成果进行了梳理与归纳，并进行了简单的述评。

2.1　产业融合的相关研究

2.1.1　产业融合的宏观视角：从服务业—制造业融合到零售业—制造业融合

2.1.1.1　服务业（尤其是生产性服务业）与制造业的融合

出现在信息通信领域的电信、广播电视和出版三大产业的融合引发了早期对产业融合现象的关注，数字技术的出现导致信息行业之间的相互交叉与融合引起了学界的热议。宏观视角下的产业融合理论涉及的问题包括融合的类型、融合的动因、融合的途径、融合的效应等理论问题。

关于融合的类型。从产业间融合方式看，具有三种形式的产业融合：其一，渗透融合，主要是高新技术及其相关产业向其他产业渗透，形成新的产业形态，渗透融合通常是由技术扩散引起的；其二，延伸融合，主要通过产业间的互补和延伸实现融合，延伸融合通常发生在具有产业链上下游关系的产业之间；其三，重组融合，即原本各自独立的产品或服务在同一标准元件束或集合下通过重组完全融为一体的整合过程，主要发生在具有紧密联系的产业或同一产业内部不同行业之间（胡汉辉、邢华，2003；厉无畏，2002；陈柳钦，2006；郑明亮，2007）。还有学者从产品性质角度，将产业融合分为替代型融合、互补型融合以及结合型融合（张磊，2001；曹卫、郝亚林，2003；余东华，2005；周振华，2004）。

关于融合的动因。国内外学者从政府规制、技术创新、商业模式和价值链等角度分析了产业融合的动因。（1）政府规制放松导致了产业融合。对于一些具有自然垄断属性的行业，政府往往设置了各种措施限制外部企业进入，产业进入障碍客观上阻止了产业融合。周振华（2004）指出，政府的经济管制是形成产业进入障碍的主要原因，管制的放松降低了市场准入壁垒，可能导致其他相关行业的企业加入本产业的竞争中，从而造成产业融合的现象。（2）技术创新与扩散。雷（Lei，2000）认为，产业之间拥有共同的技术基础是产业融合发生的前提条件。汉克林（Hacklin，2005）也指出，技术进步和创新是信息技术产业融合的主要驱动因素，其中技术融合是产业融合的引发器。普雷什切切克等（Preschitschiek et al.，2013）指出，首先是信息技术的扩散为不同产业之间奠定了共同的技术基础，其次创新技术和市场需求相结合改变了产业之间的关系，从而驱使原有产业部门实现更替，产业之间的边界趋于模糊。（3）商业模式创新。罗伯（Rob，2015）分析指出，技术创新不足以推动产业融合，产业融合是技术创新和商业模式之间互动的结果。这是因为新技术会面临市场的不确定性，而商业模式能够减轻技术的市场不确定性，当技术扩散到某个企业，而这个企业恰好能够设计出与之相匹配的商业模式时，那么该项创新技术就有可能成为推动产业融合的动力。（4）价值链创新。艾森曼（Eisenmann，2011）指出，企业通过多元化经营，形成差异化产品和服务，并在此基础上对顾客的消费习惯和消费内容加以引导形成基于价值链的创新，从而最终促成产业间的融合。

关于融合的路径。大多数研究都把产业融合看作产业之间相互交叉、相互渗透的动态发展过程，这个过程中还会伴随产业的退化、萎缩，乃至消失的现象（陆立军、于斌斌，2012）。斯蒂格利茨（Stieglitz，2003）运用产业生命周期理论描述了产业动态演化的阶段：第一阶段，不同产业之间供需不相关，偶然的外部因素激发导致了产业融合的产生；第二阶段，企业内部行为和外部市场结构开始发生变化，不同产业间逐渐出现正式融合现象；第三阶段，两个产业的产品市场具有相关性，或者所提供的服务的对象具有重叠性，则产业间融合趋于稳定。汉克林等（Hacklin et al.，2010）以信息通信技术（ICT）企业作为样本案例进行分析，把融合理解为技术变革的演进过程，他们基于此认识将产业融合分为三个阶段：知识融合、技术融合和应用融合，指出产业融合最开始由产业间的知识溢出所引致，发生在边界清晰的不同产业之间，然后扩展到应用性越来越强的部分，最后扩大到整个产业间融合的发生。

关于融合的效应。大量研究关注了产业融合对制造业的影响效应，实证研究表明，制造业的进一步发展有赖于与信息业、生产性服务业等产业的融合，信息产业与制造业的融合对制造业绩效提升和企业成长有显著的促进作用，产业融合度越高，产业绩效越好（顾乃华等，2006；汪芳、潘毛毛，2015；李晓钟等，2017）。近年来，较多文献探讨了制造业与互联网融合发展的问题，分析了产业融合背景下制造业数字化转型的绩效（熊磊、胡石其，2018；潘毛毛、赵玉林，2020；孙军、高彦彦，2017）。

随着研究的深入，近年来学者们大量关注了服务业尤其是生产性服务业与制造业的融合问题。对该问题的研究主要从制造企业服务化（Vandermerwe，1988；Pappas & Sheehan，1998）和服务活动外部化（Beyers，1996；Coffey & Bailly，1992；Karaomerlioglu & Carlsson，1999）两个方面展开。

（1）制造企业服务化，即制造企业向服务型企业转型成为服务型制造，又称制造企业服务增强（服务扩展/服务深化/服务创新）。这一概念最早由范德梅鲁（Vandermerwe，1988，1993）等提出，既有研究对制造企业服务化的理解逐渐分化为投入服务化和产出服务化两个角度。随着市场竞争的加剧，制造企业不仅要进行产品创新，还要进行服务创新，服务产出收入在企业营收中的比重越来越高，越来越重要，企业由单纯生产物质产品向提供服务转变。基于产出服务化，既有研究指出，服务创新体现在服务内容以及与顾客的交互关系两个维度（Gallouj &Weinstein，1997；Penttinen & Palmer，2007），张文红（2013）提出，制造企业服务化/服务创新主要包括三种基本形式：

新的服务内容的增加、新的交互关系的建立、同时增加新的服务内容和建立新的顾客关系。彭本红（2013）将制造企业服务化分为三个阶段：第一个阶段，企业在有形产品上增加服务功能使产品增值；第二个阶段，企业可以向别的企业提供服务；第三个阶段，企业的产品是信息、商品和服务的综合体。理解制造企业服务化的另一个角度是从投入角度来看，投入服务化带来了制造业的"软化"现象，即在制造业生产活动中服务产品的投入比重不断上升。这些服务投入包括产前服务（金融、研发）、产中服务（金融、质量控制、安保）、销售服务（后勤、分销）、使用服务（维护、租赁、保险、售后服务、修理），以及产品和系统使用以后的各类服务（回收、废物管理）（李美云，2007）。

（2）制造企业将原本自我提供的服务活动外包（outsourcing）是推动生产性服务业迅速发展的一个重要原因。制造企业中间投入的服务化增强会引发另外一个与之相关的问题——如果制造业将大量服务活动外包，引入外部服务供应商就会带来制造业和生产性服务业的相互渗透进而引发产业融合。对于服务外包的原因，现有研究将其归结为成本因素（Beyers，1996；Scott，1987）、生产柔性化（Coffey & Bailly，1992；Goe，1990）和其他非成本因素（主要包括市场的不确定性和竞争，需求多变条件下管理的复杂性增加、政府管制和贸易壁垒）。此外，互联网技术的发展使得信息成本不断下降，生产性服务提供者可以更方便、有效、可靠地提供各类专业化服务，从而制造企业更倾向于从外部购买此类服务，而不再是自己提供（Karaomerlioglu & Carlsson，1999）。为了专注于核心环节和专业化成本的节约，制造业企业将原来内置的服务活动外部化（制造企业服务外包），制造业内部服务投入的增加成为外部专业化生产性服务的引致需求，引发生产性服务业作为外部供给方和制造业实现协同，专业化生产性服务嵌入制造的各个环节，形成服务业向制造业渗透的"制造业服务化"（servitization）；与此同时，服务业在生产方式、市场推广和服务产品的标准化等方面越来越像制造业，形成制造业向服务业渗透的"服务业制造化"（manufacturization）。

国内学者早期致力于对制造业和生产性服务业的互动模式、互动机理等进行理论探讨，后来利用中国数据进行了大量实证分析，并从价值链角度探析生产性服务业与制造业的融合过程，指出生产性服务业与制造业融合过程实质上是价值链分解和重构整合的过程（李美云，2007；刘明宇，2010；杨仁发、刘纯彬，2011）。陆小成（2009）提出了生产性服务业与制造业融合的知识链模型，认为建立交互性学习平台是生产性服务业和制造业融合的关键之所在。顾乃华（2010）对生产性服务业发展和工业获利能力进行了实证研究，结果表明工业企业通过将生产性服务外包，能提升自身的获利技术效率。张晓涛等（2013）从分工、价值链、产业升级三个方面分析了生产性服务业与制造业互动融合的机理并进行了实证研究。

2.1.1.2 零售服务业与制造业的融合

近年来，零售服务业和制造业的融合问题得到了学者们的关注。零售业是服务业的子类，制造业当中的几乎全部消费品和部分资本品[①]均需通过零售渠道才能实现商品的市场价值。作为直接与顾客接触的终端服务，零售服务业不同于其他为消费者服务的行业，后者以满足个人需要为目的，服务产品的生产和消费同步发生并直接完成（王晓东、谢莉娟，2020），零售服务不仅是制造业和顾客的媒介，更重要的是其提供的增值服务有利于商品最终价值的实现。因此，承载着商品价值实现功能、具有生产性和价值增值性的零售服务业是供需匹配不可逾越的中间阶段，具有特殊价值。既有研究中专门针对零售业和制造业关系的探讨尚不多，多数研究将焦点集中在商业和制造业关系上。周勤、朱有为（2004）将中国制造业与商业关系存在不同的阶段归因于中国特殊的政治、经济制度环境，认为目前工商关系已经进入以商业为主导的时期，表现为商业对市场势力的滥用以及其较强的渠道纵向控制能力。牛全保（2006）把中华人民共和国成立以来的中国工商关系划分为三个阶段：计划经济时期的批发商主导时期、转轨时期的生产商主导时期和全

---

① 按照制造业产品的用途划分，消费品是直接进入消费领域、供人消耗的产品，比如牙膏、毛巾等；资本品不进入消费领域而是进入生产领域，用来生产其他工业产品，如机床、吊车。联合国商品贸易数据库 BEC 分类中还增加了一类"中间品"，定义为使用原材料和劳动力生产的，不用于直接消费，而是在世界市场上进行贸易的产品，包括投入生产的初级品和加工品，后者又包括半成品和零部件。

面买方市场下的零售商主导时期。武芙蓉（2006）研究了中国制造业与零售业的利益关系趋向，指出现阶段中国工商关系表现出零售业主导的特点，并指出供应链整合、平等有效的合作是实现制造业与零售业的长远协调发展的途径。王惠芬（2010）指出，制造企业和零售企业沿产业链相互渗透出现了商业模式趋同趋势。汪寿武、王燕（2018）分析了制造业和零售业基于大数据的融合机理，他们指出零售业以对消费需求大数据的深度透视和解读为基础来推动制造业升级转型，而依托工业互联网的智能制造则通过快速反应、柔性制造、成本控制反过来对零售业形成支撑。

综合以上文献分析可以看出，近年来国内外学者围绕产业融合的概念、类型、动因、路径、效应等问题进行了比较系统的探讨，研究成果主要集中在工业化与信息化融合、制造业与服务业（尤其生产性服务业）融合等领域，我们将其归为产业融合的宏观视角。现有研究尽管已较为丰富，但仍存在明显的不足。其一，未考虑或足够关注互联网在产业融合中的作用。尽管有文献涉及 ICT 是产业融合的基础，但是缺乏对互联网的聚焦，具体地，互联网如何作用于引发融合的各项因素（技术进步与扩散、商业模式创新、产业管制等）进而促进产业融合的机制尚不明确。其二，不同产业之间的融合具有共性，同时也存在特有的原因和规律，当前对工业化和信息化、生产性服务业和制造业融合研究的理论成果在其他领域的适用性有待证实，特别是对于具有特殊属性的零售业而言，其与制造业的融合过程有其自身特征，尤其在互联网驱动下，互联网赋能改变了传统产业间原有的连接方式，使得零售业和制造业的融合路径与融合方式表现出新特点，这也是既有研究所未触及的。

2.1.2　产业融合的微观视角："零供关系"研究的本质

鉴于制造商（商品的生产商）和零售商本身具有供应链中的上下游关系，营销管理和供应链管理均从微观角度涉及了对零售商和制造商关系（简称"零供关系"）的探讨。

2.1.2.1 营销渠道中的"零供关系"研究

市场营销学者基于营销渠道成员分析了零售商和制造商之间的关系（buyer-seller relationship），指出渠道权力结构和权力的运用是决定制造商与分销商关系的核心因素（Robicheaux & El-Ansary，1975；Keith & Skinner，1989；Brown et al.，1995；Kim & Hsieh，2006），并从契约角度提出了对渠道成员关系的治理（Heidel，1994；Lusch & Brown，1996）。国内学者对"零供关系"的关注源起于国内一度愈演愈烈的渠道冲突。夏春玉（2004）分析了营销渠道冲突的实质、类型、成因以及管理方式。朱如梦、樊秀峰（2004）认为，工商竞争是市场上诸多竞争关系中最重要的一种，指出工商之间建立长期稳定的合作关系才是解决工商矛盾的最终出路。陈阿兴、赵黎（2006）基于演化博弈论的分析方法，对建立在供应链基础上的新型工商长期合作关系进行了可行性分析。周殿昆（2008）认为，渠道权力结构严重失衡是引发超市连锁公司与供应商渠道冲突频发的内因，而制度环境缺陷则是其外因。

2.1.2.2 供应链中的"零供关系"研究

基于供应链角度考察制造商和零售商关系的文献，大致可以分为两类：一是供应链整合中的制造商和零售商关系（Frohlich & Westbrook，2001）；二是供应链纵向一体化（又称纵向整合）中的制造商和零售商关系，前者强调契约和合作伙伴关系（马文聪，2012），后者往往通过并购、投资等方式进入（李佩等，2020）。

从供应链整合来看，现有大量研究讨论了供应链各节点企业间的伙伴关系及其绩效。众学者指出，通过实施供应链整合建立工商企业间的合作伙伴关系，实现相互信任、信息共享和利益分享是消除冲突、构建和谐零供关系的重要途径（续秀梅，2003；王瑜，2004；李颐，2006；陈亮，2003）；通过整合企业内外部资源可以有效降低成本，扩大盈利空间，创新流通企业商业模式（刘圣春，2011；王丽，2011）。通过梳理文献我们发现，大量研究聚焦于企业内部流程整合以及外部供应商、客户整合对供应链绩效的影响，缺乏从制造商或零售商角度的探讨①。必须指出的是，制造商和零售商作为供应链上的重要节点必然存在各种形式的交互，制造商为主导的前向整合和零售商为主导的后向整合体现了不同的整合方向和主导权力，属于企业外部整合，无论谁主导或方向如何，都体现为制造商和零售商之间在产品、信息、资金和服务等方面的协同，以创造最大价值、提升供应链竞争力（Levary，2000）。

从纵向一体化来看，现有研究一般通过数学建模讨论了零售商和制造商之间的交互关系。林（Lin，2014）等基于产品质量和质量成本，研究了制造商的纵向整合策略选择。李佩等（2020）指出，当零售商选择后向一体化时，其往往通过对制造商的兼并、收购、投资等行为进入产品的生产环节，如此不仅能减少产品从生产到销售的中间过程，还能通过对产品定价权的控制减少价格竞争，增加利润，并以两家制造商、一家零售商和一家服务提供商组成的供应链进行建模，研究发现零售商是否选择后向一体化依据不同的经营模式（分销、平台、混合）而取决于不同因素。崔晶（2019）分析了两个差异化竞争制造商和一个零售商组成的供应链在市场竞争和市场并购情形下制造商的并购策略以及不同主导权结构对并购价值的影响。李晓静等（2018）考察了创新驱动下三级供应链的纵向一体化策略以及两条链竞争对制造商利润的影响，并识别出每种一体化策略选择的条件及其均衡特征，研究表明制造商一体化策略选择的动态过程不仅与创新投资成本系数相关，还受到两条链间竞争强度的影响。

通过文献梳理我们发现，纵向一体化研究大多针对制造商，对零售商的分析较少。

2.1.2.3 电子渠道的"零供关系"研究

近年来，随着互联网应用的不断加深，各类电子商务新形态层出不穷，具体到零售商和制造商关系而言，出现了新兴线上电子渠道和传统线下实体

---

① 以制造企业为样本的实证研究并未将零售商作为其外部客户而单独列出，以零售企业为样本的实证研究则更为鲜见。

渠道并存的双渠道供应链，营销管理和供应链管理在这一问题的研究上趋于统一。

第一类情形是制造商采取混合多渠道分销战略，即在保持传统零售商销售其产品的同时，开辟网上零售直销渠道。一些文献探讨了制造商的渠道选择策略，研究发现，只有在满足一定条件下，制造商采取开辟电子渠道的混合策略才会实现双赢（Hendershott & Zhang，2004；Dong-Qing Yao et al.，2005；朱翠玲等，2006）；另一些文献研究了传统渠道、电子渠道和混合渠道三种情况下制造商和零售商的利润分配情况，得到的结论并不一致（Seong et al.，2003；Chiang，Chajed & Hess，2003；Arya，Mittendo & Sapping，2007）。制造商是否采取混合双渠道，与产品本身的特点、网络的普及性以及消费者的偏好等有关，大多数研究认为，制造商的网上零售行为通常会使线下传统零售商利益受到损害，从而带来渠道的冲突。鉴于此，大量文献探讨了减少或者避免此类渠道冲突的协调策略，包括制造商混合渠道下的价格协调策略（Cattani，Gilland & Swaminathan，2004；Cattani et al.，2005；晏妮娜、黄小原，2006）、数量协调策略（谢庆华、黄培清，2007）、考虑了零售商促销投入和对其进行促销激励补偿的协调策略（曲道钢和郭亚军，2008；Tsan et al.，2004；陈树桢等，2009）。

第二类情形是传统零售商转战线上，增加线上渠道，其与制造商的交互呈现出新的关系内容。传统零售商在承接制造商生产产品的销售过程中，有两种"触网"方式：一是选择接入电商所建立的平台（国内头部电商平台如天猫、京东、拼多多、唯品会）；二是自建电子网络渠道，建设企业官网商城或移动 App（比如麦德龙、沃尔玛、大润发都有自己的电商渠道，苏宁从最初自建电商渠道苏宁易购后期转型为既做平台也做自营）。现有研究集中在以下方面：对零售商网络零售模式/类型的划分和特征探讨（陈钦兰，2016；郭馨梅、张健丽，2014）；零售商线上线下定价策略（杜两省、刘发跃，2014；孙红霞等，2020）；实体零售和网络零售的协同（刘文纲、郭立海，2013；汪旭晖，张其林，2013）；基于顾客选择的双渠道竞争（刘畅等，2015）；还有新近文献研究了零售商双渠道下的横向并购（陈静、计国君，2017）、不同实体和网络渠道关系下双向"搭便车"行为对产品售价和服务努力水平的影响问题（巩永华等，2020）。

　　第三类情形是制造商 B2B 电子商务[①]。B2B（business-to-business）电子商务是企业通过内部信息系统平台和外部网站，将上游供应商（upstream suppliers）的采购业务和下游代理商（downstream agents）的销售业务有机地联系起来。制造企业 B2B 电子商务可分为企业自建网站的单边模式（私有平台）和中立第三方或龙头企业营建的双边模式（公共平台）。私有平台一般是由某一企业创建，为企业自有资源，通常表现为单一企业所有，这类平台只是为了强化自身与供应商或买方企业之间的联系，方便交易、降低交易成本，而不对市场上其他企业开放，因此不具有真正意义上的"双边"性质。众学者主要针对公共平台展开研究，围绕 B2B 平台功能、平台所有者结构、影响因素等方面展开。从 B2B 平台功能看，多数学者认为，B2B 电子市场具备聚集、便利、匹配、信用和制度基础建设的功能（Bailey & Bakos，1997；Bakos，1998），还有学者从实证角度探讨了 B2B 电子商务的价值和网络效应（Subramani & Walden，2000；Bonner & Calantone，2005），指出 B2B 平台的网络效应是价格效应、产品多样性以及有效性的集合。从 B2B 平台交易机制的实现看，马哈德万（Mahadevan，2003）把 B2B 电子商务市场的交易机制区分为清单汇聚、单方谈判、在线反向拍卖和交易中心。王和米歇尔（Wang & Michel，2004）则在市场交易机制的基础上以所有者结构将 B2B 电子商务市场区分为买方导向型（主要是在线反向拍卖采购契约）、卖方导向型（主要是清单汇聚、正向拍卖等）、中性市场（主要是双向拍卖、单方谈判等）。从 B2B 电子商务的影响因素看，包括买方行为（Edwards，Gut & Mavondo，2007）、买方企业和卖方企业之间的承诺和信任（Andrew Lancastre & Luis Filipe，2007）、移动信息技术的发展（Thae Min Lee & Cheol Park，2008）、技术进步和规模经济（陈祥和仲伟俊，2003）、企业家精神（杨以文，2015）、物流服务（Randall & Netessine，2002；Rutner & Langley，2001；潘正权、陈伟斌，2010）。王田金和林莹麟（Tien-Chin Wang & Ying-Ling Lin，2009）研究

---

　　① 一般意义上的 B2B 网站是企业对企业间电子商务活动的平台，故而通常适用于资本品（生产资料）交易。由于零售服务业本身处于销售终端，连接制造商和消费者，因此，本书主要立足于对消费品（生活资料）的分析，限于研究对象我们暂时只关注上述前两类情形下的制造商新形态。

表明，管理支持、行业特点和政府政策是三个影响中小企业 B2B 实施成功与否的关键因素；赵静、王珊和黄（Jing Zhao、Shan Wang & Huang，2008）则指出，缺乏基本的业务基础设施建设拖延了中国 B2B 市场的发展。另有大量研究聚焦于 B2B 平台的定价策略，大多认为平台结构的调整会影响到双边用户的市场需求，因此大部分 B2B 平台应该对外部收益较低的一方实施补贴或设置零价格，从而促使其参与到平台交易中，对外部收益高的另一方收费，实现盈利（Katsamakas & Bakos，2004；Bhargava & Choudhary，2004；汪漩、仲伟俊和梅姝娥，2006）。

综合以上文献分析，现有研究从不同学科角度出发关注了零售商和制造商的关系（及其协调）问题，我们将其归结为产业融合研究的微观视角。可以看出，当前研究缺乏从产业融合角度对零售商和制造商组织间关系的解读和认知，换句话说，没有将零供关系拓展到产业融合的层面，这就导致产业融合的宏观研究和微观研究相互割裂，大量研究集中探讨产业级融合现象，却忽视了导致产业融合发生的背后微观行为基础；而涉及零供关系的微观研究又因过于具体化而导致对产业级宏观融合现象的理解"只见树木不见森林"。有鉴于此，本书试图弥合聚焦于零售服务业和制造业跨界的产业宏观和企业微观层面对于融合认识的鸿沟，我们指出，正是互联网情境下的零售和制造企业间跨界行为引致了零售服务业和制造业的融合，跨界是连接产业融合宏微观研究的桥梁。

2.2　互联网情境下的产业发展

2.2.1　互联网对产业发展的影响

有学者将互联网本身归为服务业之列，称之为"互联网信息服务业"或"互联网服务业"。王婷（2012）分析了互联网服务业的内涵和创新模式；黄天龙等（2015）认为，互联网具有平台式泛服务化特征，他们构建了平台式泛服务体系构成模型与平台式泛服务化过程机理模型，并阐释其内在含义；

卢安文等（2013）研究了互联网信息服务业的管制策略；邱均平等（2001）研究了互联网信息服务业的价格问题；吴伟萍（2018）研究了互联网服务业的省际竞争力指数。

新近文献将互联网或"互联网＋"视为产业发展的外部条件，探讨了互联网对农业（李瑾、郭美荣，2018；祁欢，2017）、生产性服务业（卢福财、徐远彬，2018）、物流运输业（刘小明，2015；张建军等，2017）的创新及转型升级的推动作用，分析各有侧重。还有学者关注了互联网发展对消费者行为的影响（李富，2014；戴德宝等，2015）、互联网对地区贸易与市场一体化的影响（李秦等，2014；谢莉娟、张昊，2015）以及基于互联网的开放式创新研究（江积海，2009；董洁林等，2014；黄娜等，2014；陈红花等，2013；杜晓静等，2014）。

鉴于本书的研究主题，我们将着重就互联网情境下的制造业和零售业发展的研究现状进行综述。

2.2.1.1　互联网情境下的制造业发展

互联网如何影响制造业的研究集中在互联网促进制造业转型升级和高质量发展（卓乘风等，2019；李琳、周一成，2019；胡俊，2019；石喜爱等，2018）、促进企业进出口（李金城、周咪咪，2017；佟家栋、杨俊，2019）、推动制造业创新（王可、李连燕，2018；李晓钟、何晨琳，2019；平新乔，2019；罗序斌，2019）、提升制造业生产率（黄群慧、余泳泽、张松林，2019；卢福财、徐远彬，2019；肖利平，2018；王娟，2016）等方面。也有文章探讨了"互联网＋"背景下制造业与其他产业（主要是服务业）的协同、融合问题（崔向林、罗芳，2017；魏艳秋，2020；黄启斌等，2019；熊磊、胡石其，2018；段海燕等，2017）；孙玥璠、宋迪（2016）从组织双元能力的微观视角分析了互联网对我国制造业的影响。

互联网情境下的制造业发展的另一支文献围绕工业互联网与智能制造展开。李君、邱君降（2019）探讨了工业互联网平台的演进路径、核心能力建设及应用推广；李燕（2020）分析了工业互联网平台发展的制约因素与推进策略；王君泽等（2020）探讨了我国工业互联网实施的影响因素；另有学者分析了工业互联网评价指标体系（李君等，2018；赵彦云、车明佳，2020），基于工业互联网企业价值共创机理（魏津瑜、李翔，2020；马永开等，2020）、创新模式、智能制造模式（吕文晶等，2019）、商业模式（朱宗乾等，2019）等。

2.2.1.2 互联网情境下的零售业发展

众学者一方面关注了零售商的全渠道和线上线下融合问题，另一方面聚焦于互联网时代的流通组织变革和商业模式创新。

传统零售商的线上经营。在电商的冲击下，一些传统零售商为了增强自身的市场竞争力，实行线下线上双渠道销售，在开展实体经营的同时进行网络零售。大量研究关注了由此带来的线上线下业务的协调问题，包括零售业线上线下融合模式（郭馨梅等，2014；林小兰，2014）、融合策略（刘文纲等，2013；李桂花、刘铁，2011）、融合动力（顾国建，2013；李骏阳，2015）。李飞等（2012，2013，2014，2018）、齐永智（2014，2015）提出全渠道零售的概念，他们指出，互联网时代零售企业组合和整合各类零售渠道类型，实现跨渠道销售的行为，满足了顾客购物、娱乐和社交的综合体验需求，实现了零售渠道的新变革。刘向东（2014）将产品分为标类和非标类两种，分析了电商和店商各自的优劣势。黄天龙等（2014）分析了传统零售商向电商转型过程中品牌权益的提升机制和路径。

互联网时代的流通组织变革和商业模式创新。互联网引发了零售革命/新零售（王成荣，2014），专业化电商平台的出现是电子商务背景下的零售新形态。肖静华等（2014，2015）研究了电商企业与消费者的供应链协同及动态能力演化；张昕（2013）、魏国辰（2015）、孟金环（2015）关注了电商企业的物流模式问题；周文辉等（2015）探讨了电商平台的网络效应；杜丹清（2014，2015）考察了大数据时代零售市场变革和结构变迁；谢莉娟（2015）指出，供应链逆向整合是流通组织应对互联网时代的"脱媒"冲击、推动产业组织整体再造的新路径，并提炼了零售制造商（制造型零售）的基本模式和关键优势；李安渝等（2014）对上市电商企业经营管理绩效进行了评价；李骏阳（2014）分析了"互联网＋流通"的内涵及其创新意义，指出"互联

网 + 流通”体现为模式创新、技术创新和效率提升，其会带来流通业的诸多变革。顾国建（2015）认为，电子商务催生流通革命，一方面因为互联网时代消费者主权的增强，另一方面源于制造商的"去中间化"策略对传统零售商生产空间的挤压，从而形成零售商变革的双向倒逼机制。李冠艺、徐从才（2016）指出，在互联网经济背景下，流通组织具有网络外部性和内部层级性，搜索能力、挤出效应和市场规模将决定流通效率。齐永智等（2015）分析了移动互联时代消费行为的特征，并指出了零售业应对消费变革所应采取的措施。

在新近文献中，王诗桪（2019）分析了零售企业"电商"或"实体"的战略选择，通过构建包括消费者与零售企业在内的一般均衡模型，分析了消费者选择电商抑或实体店铺的依据，并探讨了零售企业的应对之策。研究结果表明，消费者对线上电商或线下店铺的选择取决于零售商店提供服务组合的相对效率，对零售企业而言，其选择网络零售还是实体零售，本质上取决于对品类专业化与区域专业化收益之间的比较。谢莉娟、庄逸群（2019）基于马克思流通理论重新解读了互联网、数字经济背景下的零售本质及其创新机制。他们认为，零售的本质是媒介产销，互联网和数字化技术并没有突破马克思对社会再生产基本规律的认识，也并不改变零售的媒介本质，而是在互联网环境下具体的媒介机制发生了变化。零售深度媒介供需的新机制主要体现在对互联网长尾需求和拉式产销逻辑的适应与转化，以及利用数字化驱动引导形成高度适应需求动态的柔性生产等方面。汪旭晖等（2019）采用案例研究探索了互联网背景下传统零售企业转型升级的一般路径。此外，还有学者实证检验了互联网对零售企业经营能力、营销效率的影响（荣朝和、韩舒怡，2018；冯燕芳、陈永平，2018）。

2.2.2 互联网对产业跨界融合的影响

2.2.2.1 互联网情境下的产业融合

互联网思维下的产业融合研究内容更为丰富。赵振（2015）指出，"互联网＋"实质是实体经济与互联网虚拟经济相融合的"跨界经营"现象，对传统产业和市场基础造成"创造性破坏"，该文基于"互联网＋"模式在商业生态圈、制造生态圈及研发生态圈的三重报酬递增循环解释了"互联网＋"跨界经营的价值创造机理。任媛媛（2015）分析了以互联网为纽带的产业跨界融合的生成机制、作用层次和推进策略，指出互联网企业产业链纵向整合、传统企业横向跨界整合、互联网平台经济引发的产业跨界融合是互联网经济下引发产业跨界融合的三种机制。童有好（2015）指出，服务业与制造业的融合发展必须利用快速发展的互联网，通过互联网促进两大产业渗透的广度和深度。安建伟（2014）指出，互联网向传统行业的渗透引起生产力的变革，基于互联网的全新规则改变了原有的商业规则，从而引发产业融合。罗月江（2014）对互联网与传统零售业的融合度进行了测算并分析了影响因素，研究发现互联网对传统零售业的渗透率较低，两者的融合度受到互联网用户规模、企业家信心指数和第三方支付规模的影响。孙军（2016）指出，互联网与传统产业融合的模式有"互联网＋"和"＋互联网"两种，并理论分析了两种融合模式的差异和现实困境。赵振等（2018）从价值识别、价值生成、价值获取三个维度讨论了在"互联网＋"跨界经营下的价值创造方式，指出传统产业要通过"脱媒"、顾客社群、新型信任机制以实现价值主张精准化，凭借平行互动、价值商店、改变产品性质以谋求更强的外部经济性，进而通过资产置换、信息积累和关系积累获得连接红利。张伯旭、李辉（2017）在阐释"互联网＋"的主要内涵和特征的基础上，分析了"互联网＋"与制造业融合的机制。熊磊、胡石其（2018）基于价值链、组织链、空间链三个维度，探讨了制造业与互联网融合发展的路径。孙军、高彦彦（2018）指出，随着"互联网＋"时代的到来，产业融合的范式正逐步发生改变，通过构建模型探讨了互联网通过直接外部性和间接外部性对传统产业增长所带来的"外溢效应"和"极化效应"，提出应通过加强互联网基础能力建设、提升制造业互联网化水平、破除各种人为障碍等措施深化互联网与传统产业融合。

综合上述文献研究可以看出，当前对互联网情境下的产业融合的研究主要集中在对互联网与传统产业的融合分析上，即互联网如何实现"＋"的过程，而对于互联网如何作用于传统产业之间的跨组织融合的探讨则十分有限，尤其是在互联网情境下，一方面，传统产业本身无论从形态还是结构都发生了变化，生产逻辑由推到拉和消费逻辑长尾化的转变，对传统理论提出了挑战；另一方面，互联网催生了许多产业新形态，技术创新和商业模式创新交织互促，这些都使得传统产业融合理论的解释力变得十分有限。

2.2.2.2　互联网情境下的企业跨界

互联网对企业跨界的影响越来越受到关注。凌永辉、徐从才、李冠艺（2017）分析了大规模定制下流通组织的网络化重构问题，他们从纵向供应链逆向整合和横向流通过程再造的角度出发，指出生产方式在互联网驱动下由大规模生产向大规模定制逐渐演化是推动零售商和制造商交叉跨界进而引发融合的主要动力。冯文娜（2019）指出，在互联网经济条件下的跨界是企业在面对外部动态"开放价值系统"时所作出的静态产业布局，是与"开放价值系统"互动的动态升级过程，企业跨界的本质是融合式创新，支撑企业跨界的微观基础则是特定的组织惯例与组织过程设计。张骁等（2019）将组织跨界颠覆分为三个时序阶段：知识内化阶段、组织边界跨越阶段和颠覆阶段，并基于尚品宅配跨界历程进行了纵向案例剖析。刘川（2019）分析了互联网跨界经营的隔绝机制，指出基于顾客的竞争性隔绝是最本质的隔绝机制，一方面提升顾客的转移成本，这主要利用产品、平台和顾客间关系黏性来实现；另一方面对顾客实施垄断，这主要通过将互联网高效嵌入企业经营中，以此提升企业的创新、反应和营销能力来实现。鲁彦、曲创（2019）关注了对互联网平台跨界的监管问题，他们指出，平台跨界一方面可以获得基于用户的范围经济和规模经济，但另一方面也存在跨界成本，受到跨界成本的限制，因此存在理论上的边界，为降低跨界成本，互联网平台可能会通过排他性协议、非中立、强制搭售等不正当竞争行为实现市场势力的跨市场传递，因此有必要对其进行监管。王旭超等（2018）利用扎根理论实证研究了互联网企业跨界搜索对企业绩效的影响，发现在跨界搜索影响企业创新绩效的作用路径中，探索与开发双元创新能力会起到部分中介作用，同时企业的网络嵌入性对双元创新能力有一定影响。

2.2.2.3 互联网情境下的零售服务业与制造业跨界融合

具体探讨互联网对零售服务业和制造业跨界融合影响的文献不多。汪寿武、王燕（2018）分析了零售业和制造业基于大数据融合发展的机理和路径，指出零售业以对消费需求大数据的深度透析为基础来推动制造业升级转型，进而从整体上优化供给侧，而制造业可以从快速反应、柔性制造、成本控制三个方面对零售业形成支撑，大数据是制造业与零售业深度融合发展的纽带。汪旭晖、陈佳琪（2021）选取三家正在转型升级且流通引领作用凸显的制造企业作为案例研究对象，分析如何利用互联网优势，发挥流通业助推制造业转型升级的作用，研究结果表明，制造业流通化、流通驱动的价值链升级与布局优化可作为制造业转型升级战略的有效手段，促进消费升级。

2.3   几点评述

从上述文献回顾可以看出，当前与这一主题相关的研究内容卷帙浩繁，角度各异。通过梳理既有文献，我们发现当前研究尽管从多个角度对"互联网＋"背景下的零售服务业与制造业跨界融合这一研究主题已有所涉及，但在研究对象上仍存在一些偏离，在研究内容上仍出现了一些空白。

其一，产业融合的宏观视角属于经典理论范畴，传统的产业融合分析主要关注了一般意义上融合的概念、动因和方式，着重探讨了由制造企业内部服务外化形成的生产性服务业和制造业的互动关系以及制造企业服务创新所引致的产业边界的模糊，但并没有把零售业和制造业的产业融合问题纳入单独分析视域，尤其缺乏互联网维度的考察。制造业和零售业居于产销两端，是具有上下游关系的两大产业，分别承担着价值生产和价值实现的功能，在实现供需互促、产销并进的国民经济循环新发展格局中，制造业和零售业在频繁交互中走向融合是必由之路。尤其是在互联网经济下，数字赋能制造和零售，出现了基于工业互联网的智能制造和基于商业（消费）互联网的智慧零售/新零售，使得两大产业的发展表现出前所未有的创造力，工业互联和商业互联的交织运行催生出产业融合的新特征、新现象。为此，探讨互联网情境下零售服务业和制造业融合发展的特征规律，提炼现象背后的本质，就显得十分必要。

其二，产业融合的微观视角无论是营销渠道还是供应链整合，都聚焦于传统的"零供关系"，对零售商和制造商关系内容中的组织跨界行为关注不足，既有研究虽然涉及跨界搜索，却没有将组织跨界和产业融合相联系，故而也就无法从组织跨界角度得出产业融合的相关有益结论。此外，微观视角下涉及企业的研究大多忽视了电子商务应用及其对企业间关系的影响，新近文献虽然探讨了制造商电子渠道和零售商线上经营等问题，但其以单个企业为分析对象，对以互联网为纽带的制造商和零售商纵向跨界行为及其市场绩效的探讨涉及不多。

其三，互联网对产业发展的影响，无论是互联网情境下的新零售，还是工业互联网下的新制造，大多数研究都只分析了互联网对单一产业的影响，而普遍缺乏互联网对产业间关系影响的关注，尤其是对互联网本身具有促跨界的介质属性的认识不深导致具体分析中很容易产生割裂，而使得多数研究局限于单一产业。此外，从企业微观跨界行为到产业宏观融合现象的割裂也是当前研究的空白，产业融合有其微观基础，从微观到宏观的贯通式研究逻辑是认识互联网情境下产业融合现象的正确方式，既有研究将两方面割裂开，没有形成有机联系，也是一大缺憾。

其四，当前研究对"互联网 +"下跨界的认识存在一定的偏差，认为跨界是互联网与传统产业的渗透和融合（冯文娜，2019；赵振，2018），更多关注的是传统产业如何获取连接红利，而忽略了对产业融合过程本身的分析。跨界不仅是互联网产业与传统产业的融合和渗透，更是互联网经济催生下的传统产业组织嬗变的结果，产业之间技术交叉、知识渗透，均体现为不同形式的跨界。当前研究对跨界认识的局限导致过多关注互联网本身，而对互联网及其创新形态引致的其他产业间组织行为和关系的变化聚焦不足，而后者正是我们感兴趣的领域。

第3章 "互联网+"驱动零售服务业和制造业跨界融合的机制

本章分析"互联网+"驱动零售服务业和制造业跨界融合的机制,即回答"为什么"的问题。传统的产业融合理论将融合的动因归结为技术创新和进步、商业模式创新、管制放松、市场需求改变等。本章基于既有研究,将产业融合的动因在互联网维度下加以拓展,分析互联网如何作用于上述融合机制,并聚焦于零售服务业和制造业,从互联网情境下的零售商和制造商行为出发,试图从微观行为主体视角解读零售服务业和制造业跨界融合的互联网驱动机制。

按照上述分析逻辑,我们将零售服务业和制造业跨界的动因区分为外部机制和内部机制。外部动力来源于外部环境,包括供给侧的技术进步(大数据、云计算、人工智能、5G等现代信息技术和新基础设施建设的飞速发展)、商业模式创新、政府管制放松以及需求侧的消费者驱动;内部动力来源于零售企业和制造企业自身出于效率、能力和权力最大化而实施的组织边界管理行为,用上述经典的企业边界理论来解释互联网情境下零售企业为何会对制造企业实施逆向整合,以及制造企业为何会向零售业延伸。

3.1 "互联网+"驱动零售服务业和制造业跨界融合的外部机制

促进零售服务业和制造业跨界融合的外部动力来源于企业外部环境,互联网情境下零售企业和制造企业对外部环境的动态适应推动其高效整合资源,促进跨界。我们从供给侧的技术进步、商业模式创新、政府管制放松、需求侧的消费者驱动四个方面来分析"互联网+"驱动零售服务业与制造业跨界融合的外部机制。

3.1.1 技术进步促融合的"互联网+"驱动机制

技术进步和技术创新是产业融合的根本动因,其逻辑在于技术本身具有扩散性(传播性)和外溢性(正外部性),当一个产业内的技术进步扩散到与该产业相关联的其他产业时就会引发技术融合,共同的技术是产业间发生融合的前提条件,技术融合进一步带来业务融合、需求融合,最终导致产业融合。周振华(2003)指出,工业化时期技术进步大多发生在产业边界内部,而信息化进程则使得越来越多的技术进步与创新发生在产业边界处,促使产业边界模糊,从而有力地推动了产业融合,正是在这个意义上,他指出"产业融合是信息化的产物"。

互联网是信息技术发展和应用的典范,此处我们将对上述融合机制中的互联网作用展开深入讨论,并具体到零售服务业和制造业,基于互联网赋能下的零售企业和制造企业的信息化实践探讨技术进步促融合的互联网驱动机制。

3.1.1.1 基本原理

(1)"互联网+"使得技术进步更容易发生在产业边界处,驱动产业融合。

首先,互联网扩大了企业进行跨界知识搜寻的范围,推动技术进步在产业边界处发生。产业创新发展离不开技术进步,企业技术进步的来源有两个,即内部研发和外部知识。搜寻并充分利用外部有用知识是解决核心刚性、突破能力陷阱、取得技术进步的重要来源,在"互联网+"背景下,企业获取外部知识更加便捷,并且反过来促进内部研发。互联网促使企业改变了既有知识搜寻的目标、方式和范围,通过各类互联网平台,有用的信息和知识不仅可以以较低的成本迅速传播,还可以进行实时分享和交流。与传统方式相比,互联网平台上知识获取和传播具有明显的正外部性,这是因为平台上数量巨大的用户群体所带来的低边际成本和网络外部性会进一步刺激企业的内部研发投入，并推动后者向产业边界处移动以更好地匹配外部知识，这就使得技术进步更易在产业边界处发生。其次，互联网改变了传统的商业逻辑，强调以顾客需求为中心的协同创新、产业联动，从而推动技术进步由产业内部向产业边界移动。互联网环境为以顾客为中心的协同创新的实现提供了渠道，互联网通过大数据将人、货、场更加紧密地连接起来，基于内容开放共享的互联网用户协同创作活动可以采取异步异地的工作模式，传统的产品主导逻辑被服务主导逻辑所取代，企业技术创新从以往提升生产效率为导向逐渐转变为以顾客需求为导向。由于消费者需求在不断发生变化，互联网赋能下的企业根据用户反馈相互协作和迭代更新会变得更加高效，推动技术进步向产业边界移动。

（2）"互联网＋"为技术进步的扩散和外溢创造了有利条件，驱动产业融合。

技术进步在产业间的扩散和外溢是有约束条件的，包括成本、收益、技术平台和基础设施。以互联网为载体的信息平台作用于上述两个因素，一方面降低了技术扩散和外溢的成本、倍增了收益；另一方面提供了"连接一切"的广泛的平台基础设施，为技术进步的扩散和外溢创造了有利条件，驱动产业融合。

首先，"互联网＋"降低了技术扩散和外溢的成本，提高了收益。不管在哪个产业部门或企业，一旦选择了某种技术系统，并向其投入各种补充耐用性资产和用于生产的相关人员服务时，就会产生因沉默投资而面临的锁定（lock-in），锁定程度越深，新技术更新的转换成本就越高。需要指出的是，除了采用新技术的企业需要承担转换成本外，对于特定的供应商、顾客或合作伙伴而言都存在转换成本。顾客承担的转换成本包括改变消费习惯的心理成本、鉴定新供应商所花费的时间和精力、选择未知供应商所带来的风险等；潜在供应商所承担的接触和获得新顾客的转换成本包括促销费用、实际完成交易的费用、设立新账户的费用和处理未知顾客的风险等。除了转换成本，新技术在使用过程中还会产生学习成本，包括购买新技术本身的有形成本和吸收学习使用新技术所花费的时间和努力等此类无形成本。我们指出，互联网信息平台可以有效降低上述转换成本和学习成本，这是因为互联网的普遍接入、统一兼容提高了新旧技术系统间的兼容性，能将不同信息技术结构的元件以更加合理化标准化的商业运行方式有效结合起来，几乎实现了与所有既有资源之间的互补，从而大大提高了其潜在收益率。

其次，互联网普遍接入的基础设施属性为技术进步的扩散和外溢创造了有利条件。互联网通过一种共同的地址界定方式和开放的数据传输协议将计算机联接在一起，当前各产业、各企业之间均通过互联网实现了高度连通，互联网成为各产业运行平台的基础，以"云、端、网"为特征的新基础建设广泛普及，分布式计算和开放性决定了其广泛的使用性和用途的多样性。其一，"云计算＋数据"的模式提高了计算资源的专业化提供水平和企业的生产效率，加速了传统产业转型的步伐。2013年6月天弘基金与支付宝合作推出了"余额宝"理财产品，大规模计算能力强力支撑了余额宝产品良好的用户体验，在阿里云计算平台上可以实时请求处理的订单高达每秒11000笔，30分钟就要完成之前需要8个小时的清算工作，工作效率比传统架构提高了11倍。① 依托阿里云计算平台，德澜科技实现了物联网与云计算、大数据的紧密配合，其与美的、海尔携手，将智能家电推向商用，增强了产品的功能，提升了消费者的体验。其二，物联网、互联网基础设施的快速渗透，撬动了企业在智能终端、移动App软件应用上的市场潜力和无限创意，在提供更为全面、丰富的基础数据的基础上通过网络效应放大了数据价值。随着智能手机的全面普及，以智能终端为接入界面，互联网内容逐渐从门户网站主导的网页形式向异彩纷呈的App应用程序转变。App应用程序具有后台数据驱动、云计算服务支撑、开发和发布的门槛较低等特点。这些经由各类App收集到的终端数据通过网络链接、分享、叠加，数据价值不断放大。

（3）"互联网＋"构建了不同产业间的通用技术平台，组织模式云端制使得产业边界开放化，驱动产业融合。

信息时代的企业组织模式是"云端制"，即以后端坚实、广泛意义上的云平台（管理或服务平台＋业务平台）支持前端的灵活创新，并以"内部多个小前端"实现与"外部多种个性化需求"的有效对接。这种云端制或"大平台＋小前端"的机构，已成为企业组织变革的原型结构。从网络的视角

---

① 资料来源：环球网. 阿里研发实时计算平台 每秒运算量将超千万［EB/OL］. https://teach. huanqiu. com/atricle/9CaKrnJFN7j, 2014－11－06.

看，云端制实际是三张网：消费者个性化需求，相互连接成一个动态的需求之网；企业之间相互协作形成协同网；单个企业的内部组织结构形成以流程为核心的网状结构（如图 3-1 所示）。

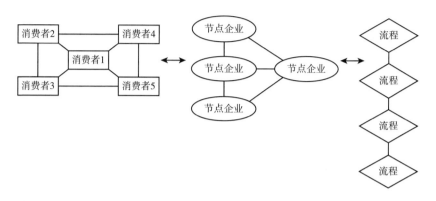

图 3-1　消费者协同—企业间协同—企业内协同

组织模式的云端制使得产业边界更加开放，从价值链视角看，研发、设计、制造等多个商业环节都出现了一种突破企业边界、展开社会化协作的大趋势。比如宝洁公司把内部员工解决不了的问题放到网上公开招募，谁能给出解决方案谁就将获得报酬，这一做法体现了研发环节的开放。从企业和消费者的关系来看，在互联网 C2B 模式下，价值不再单向由企业提供，而是由消费者与企业共同创造，消费者售前参与产品设计，售中追踪物流节点，售后撰写消费体验等，均体现出消费者参与产品价值创造全过程的特点。从产业组织视角看，越来越多的产业走向"云平台＋小前端"的组织方式，众多小型机构将自身的很多职能留给平台，催化出了更多专业的服务商，从而实现了社会化大分工。

3.1.1.2　零售服务业和制造业基于技术创新的"互联网＋"驱动跨界融合机制

互联网时代，零售服务业和制造业基于技术创新的跨界融合机制主要表现在新技术带来的零售企业和制造企业信息系统的互联互通，形成消费数据上行和商品生产数据下行的双向数据通道。

历史地看，零售业在发展过程中的每一次技术创新都对制造业造成了深远的影响。传统店铺实施单项经营，百货商店的出现将其转变为综合经营；超级市场的出现首次推出了开放式货架和明码标价的模式，实行统一收银的制度；当代零售业进行了金融手段创新，从信用卡消费到花呗、京东白条等借贷消费，零售业的创新大幅提升了销量，提高了消费者的购物效率，提升了消费体验，同时也直接推动了制造业在商品重量、型号、包装等方面的标准化水平的提高，带动制造业增加产量、提高销售规模和收入。在互联网情境下，电商通过大数据、物联网等技术对运营流程进行全面数字化，提高了所有运营环节决策与调配的智能化水平，通过移动通信技术和云计算实现全网连接，有效降低了运营成本。电商基于这些新技术赋能制造业，通过大数据分享促进制造企业实现精准研发和精益生产，通过信息系统的互联互通，制造商和网络零售商展开基于技术创新的深度合作，一方面表现为网络零售商推动制造企业数字化转型，为制造企业提供数字化运营的落地通道，电商平台将自身的技术支持系统开放给制造商供其使用，与制造商实现数据共享，根据线上订单需求，及时调整制定生产计划，合理安排库存，帮助其进行产品销量和库存的数字化管理，令其产能管理更加科学，运转更高效；另一方面，制造企业利用先进信息技术实现柔性化生产，快速响应前端需求，通过智能物流解决"最后一公里"问题，极大地提升了消费体验。图 3 - 2 显示了零售服务业和制造业基于技术创新的融合机制。

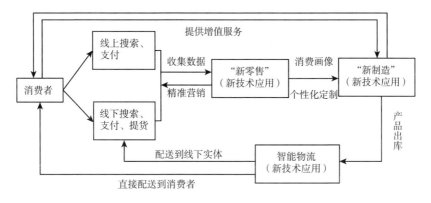

图 3 - 2 基于技术创新的零售服务业和制造业融合

3.1.2 商业模式创新促融合的"互联网 +"驱动机制

3.1.2.1 基本原理

商业模式主要包括价值主张、产品和服务的提供方式、盈利模式。黄浩(2020)指出,商业模式创新在产业融合过程中发挥着十分重要的作用,甚至有时会超越技术因素。产业融合是技术和商业模式之间互动的结果,新技术会面临市场的不确定性,而商业模式能够减轻技术的市场不确定性,当技术扩散到某个企业,而这个企业恰好能够设计出与之相匹配的商业模式时,那么该项创新技术就有可能成为推动产业融合的动力(Rob,2015)。商业模式创新是技术创新创造经济价值的重要载体,是新技术走向市场的重要途径,而技术创新则是商业模式创新的基础。正因为如此,商业模式创新促进产业融合的逻辑在于,企业利用新价值主张的提出、新产品或服务的提供以及新盈利模式的实现将产品创新、技术创新、服务创新和组织创新有机结合起来,促进新技术的转换应用和扩散,将新技术转化为现实生产力。王翔、肖挺(2015)指出,当同一产业链的不同企业进行商业模式的协同创新时,就可以促进相关产业的跨界融合。在上述过程中,"互联网 +"通过促进商业模式创新引发产业融合的作用机制表现在以下三个方面。

(1)"互联网 +"催生了企业的新价值主张。

企业的价值主张即企业能够向顾客提供什么样的价值。目标顾客不同,企业相应的价值主张也应该不同,也就是说企业的价值主张应该根据目标顾客来确定。互联网时代,消费者的需求越来越个性化,传统的以产品为导向的价值主张开始转变为以用户为主导的价值主张,互联网可以帮助企业更加精准地了解客户需求,定位目标客户。商业模式一方面为了满足和适应个性化消费需求而创新,另一方面也创造出新的市场需求,开辟新的市场空间。

(2)"互联网 +"丰富了企业提供产品和服务的方式。

"互联网 +"通过 AI 人工智能、区块链、物联网(IoT)、射频识别技术(RFID)等信息技术的应用从价值链的各个环节不断优化企业为顾客创造价值的方式,并且持续提升了服务效率,"互联网+"的平台模式具有显著的网络外部性,消费者在平台一侧的集聚带来了"流量为王"的时代,以吸粉引流为主的平台思维不仅改变着价值链各环节之间分工协作的体系,而且也改变了价值链各环节的相对重要程度,在用户至上原则下,任何产品和服务都必须以能够解决用户痛点为目标,与吸引流量相关的免费经济、补贴经济层出不穷,企业提供产品和服务的方式不断创新。

(3)"互联网+"推动新的盈利模式。

传统企业通常通过规模经济效应、范围经济效应等来获得盈利,但无论是规模经济抑或范围经济,均是以对产品或服务的出售为最终目的。"互联网+"应用下的大数据利用使用过程、频率、强度的实时监控和记录,将传统的出售模式改为出租模式。此外,免费经济通过扩大用户规模、获得用户流量来为企业带来连接红利,共享经济通过平台将供给方和需求方直接匹配,并实现动态定价,这些均是基于互联网平台带来的数据红利,"互联网+"推动了多种新的盈利模式在现实中的广泛应用。

3.1.2.2 零售服务业和制造业基于商业模式创新的"互联网+"驱动跨界融合机制

在"互联网+"背景下,零售服务业和制造业基于商业模式创新实现跨界融合的一个重要机制便是平台制。平台企业早已有之,早期平台式企业的雏形是实现交易撮合的各类中介组织。奥斯瓦尔德等(Osterwalder et al.,2011)认为,平台式商业模式是将两个或者更多有明显区别但又相互依赖的客户群体集合在一起,它们作为连接这些客户群体的中介来创造价值,包括只有两方参与的双边平台和有多方参与的多边平台。互联网时代赋能出现了平台电子化趋势,与生活服务密切相关的各行业都出现了头部电商从事平台化经营的现象,如零售服务方面的阿里、拼多多、京东[①],出行服务方面的滴滴,在线旅游服务方面的携程、飞猪,求职服务方面的猎聘,社交服务方面的腾讯(QQ、微信)、字节跳动(抖音),生活服务方面的美团、饿了么,等等。

---

① 京东除了做平台也做自营。

互联网孕育下的电商平台利用大数据赋能驱动零售服务业和制造业实现跨界融合。首先，互联网技术应用在生产制造环节，形成工业互联网下的新型智能制造；下游零售、分销环节的互联网化和数据化所催生的 C2B 商业模式，也倒逼制造业加速推进柔性化生产，便于企业之间实现低成本的数据和信息协同，制造商和零售商共建柔性供应链。一方面，对于电商企业而言，交易、营销活动的在线化使得企业可以精准地进行市场预测，锁定目标顾客群，合理安排生产周期进行多频次小批量补货，以便厂商可以在需求突变时及时做出响应；另一方面，对于制造企业而言，数据驱动的柔性供应链使得企业可以将产能在线化，比如阿里巴巴淘工厂把服装工厂的生产线、产能、档期搬到互联网上，打包作为一种服务出售，为下游的电商卖家和上游的优质工厂之间牵线搭桥，利用数据化和在线化打通了生产和销售之间的鸿沟。互联网电子商务就像一张大网，把越来越多的零售、物流、制造企业连接在一起，通过数据协同的方式促使它们相互融合、共创价值。图 3-3 显示了企业间数据协同的方式，可以看出，商品数据、销售数据、物流数据和供应链其他数据相互串联并双向流动，链上任何一家企业均可与其他企业在线共享各自数据，形成完整的闭环。

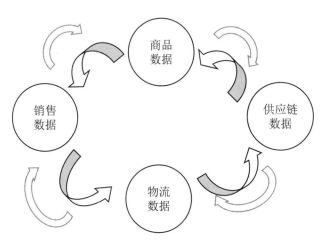

图 3-3　大数据赋能的柔性供应链

其次，互联网赋能下的平台担负着聚合长尾需求、消除产销间信息不对称，实现数据和信息协同的功能，是互联网情境下的"再中间化"。现实中

的淘宝、京东、苏宁易购、微店等电商平台均为此类。阿里研究院（2017）
发布报告指出，以移动互联网的广泛应用为代表的数字经济 2.0 时代，其典
型特征是平台经济体的崛起。平台经济体的基本功能是"连接"，它一方面
整合上游资源，另一方面创造下游需求。我们以阿里巴巴公司的电商平
台——淘宝为例，该零售平台吸引了全世界 240 多个国家和地区的数千万经
营者和数亿的消费者，此外平台上还集聚着大量各种各样的服务提供商（比
如第三方物流）。平台为买卖双方提供了基础、标准化的服务，大量个性化
的商业服务则由系统内的服务商所提供。在淘宝的零售平台上，基于电商、
支付和信用体系，数亿的消费者和千万级的在线商家，共同构成了一个超大
规模的电商分工协作体系。阿里的犀牛制造体系便是电商平台利用大数据实
现跨界整合上游制造商的生动例证，犀牛工厂试水新制造，意味着用户直连
制造（C2M）模式下的各类电商平台正在全面融入工业互联网。苹果应用平
台则显示了制造商对下游零售服务的跨界能力。苹果公司是智能手机技术的
开创者，其推出的应用程序商店（App Store）平台吸引了成千上万的软件公
司，作为平台拥有者苹果公司为无数的独立软件开发商提供开发工具，鼓励
他们把应用软件上传到苹果应用商店；苹果公司要求所有开发商的应用程序
都必须通过应用商店渠道销售，苹果公司从中提取 30% 的版税。以平台为基
础的生态系统使苹果获得了手机行业一半以上的利润。

总之，数字经济带来了更大、更开放的平台体系，互联网将各种资源广
泛分布到整个网络的末端，动员了更多的社会资源，带动了更大规模的协作，
推动了零售服务业和制造业跨界。

3.1.3 管制放松促融合的"互联网 +"驱动机制

3.1.3.1 基本原理

政府管制放松是产业融合的外部环境因素。不同产业之间存在着进入壁
垒，除了技术因素、自然垄断外，政府管制是形成产业进入障碍的主要原因
之一。政府管制包括普遍服务管制、多样化管制、竞争管制和内容管制，无论

哪种形式的管制，在客观上都会起到固化产业边界的作用（周振华，2003）。张余（2020）分析了外部管制放松推进产业融合的原因主要有：第一，管制的放松降低了其他企业进入该行业的壁垒；第二，管制的放松能够鼓励产业之间通过技术创新实现技术融合和范围经济；第三，新技术的溢出效应因管制放松而更加明显；第四，管制的放松还可能导致其他相关行业的业务加入本产业的竞争中，激励企业扩展市场边界，从而造成产业融合的现象。

"互联网＋"背景下通过管制放松促进产业融合的作用机制在于互联网的分布式开放特征倒逼行业壁垒被一一破除，行业之间、企业之间的互联互通客观上要求政府放松管制，为了适应信息化发展，各国政府在实践中都实施了不同内容的管制放松。如西方国家对运输业管制的放松促进了物流产业的融合发展；美国政府放松对电信产业的管制，促成了电信业和电视业的产业融合；我国政府对现代服务业管制的放松，持续推进简政放权、放管结合、优化服务等改革措施，推进了制造业和服务业的融合。

3.1.3.2 零售服务业和制造业基于管制放松的"互联网＋"驱动跨界融合机制

伴随着互联网数字经济的蓬勃发展，政府相关部门陆续出台了一系列促进电子商务发展和产业融合的相关文件和法律法规（规章），这些文件及法规在推动我国电子商务健康发展、促进产业发展方面起到了十分积极的作用，客观上也有力地促进了零售服务业和制造业的跨界融合。本书整理了2000年以来我国电子商务、产业融合以及针对制造业和零售业的国家及各部委层面出台的相关规范、文件、法规和法律，如表3-1所示。

表3-1 我国政府出台的有关促进电子商务发展和产业融合的文件及法规

项目	年份	部门	内　　容	备注
电子商务	2005	国务院办公厅	《关于加快电子商务发展的若干意见》	
	2005	中国电子商务协会	《网络交易平台服务规范》	我国电子商务首个行业规范
	2007	商务部	《关于网上交易的指导意见（暂行）》	
	2009	商务部	《电子商务模式规范》和《网络交易服务规范》	

续表

项目	年份	部门	内　　容	备注
电子商务	2011	商务部	《第三方电子商务交易平台服务规范》	
	2011	商务部	《商务部"十二五"电子商务发展指导意见》	
	2013	国务院办公厅	《关于实施支持跨境电子商务零售出口有关政策的意见》	
	2013	国务院	《关于促进信息消费扩大内需的若干意见》	
	2014	商务部	《商务部关于促进电子商务应用的实施意见》	
	2015	国务院	《关于大力发展电子商务加快培育经济新动力的意见》	
	2015	国务院办公厅	《关于促进农村电子商务加快发展的指导意见》	
	2015	国务院办公厅	《促进跨境电子商务健康快速发展的指导意见》	
	2016	全国人大	《中华人民共和国网络安全法》	
	2018	国务院办公厅	《关于推进电子商务与快递物流协同发展的意见》	
	2018	全国人大	《中华人民共和国电子商务法》	
	2019	国务院办公厅	《关于促进平台经济规范健康发展的指导意见》	
	2020	市场监管总局	《关于平台经济领域的反垄断指南（征求意见稿)》	
产业融合	2010	国务院办公厅	《关于印发第一批三网融合试点地区（城市）名单的通知》	
	2011	国务院办公厅	《关于印发三网融合第二阶段试点地区（城市）名单的通知》	
	2014	国务院	《关于推进文化创意和设计服务与相关产业融合发展的若干意见》	
	2015	国务院办公厅	《关于印发三网融合推广方案的通知》	
	2015	国务院办公厅	《关于推进线上线下互动加快商贸流通创新发展转型升级的意见》	
	2016	国务院办公厅	《关于深入实施"互联网＋流通"行动计划的意见》	
	2016	国务院办公厅	《关于推动实体零售创新转型的意见》	
	2016	国务院办公厅	《关于推进农村一二三产业融合发展的指导意见》	
	2016	国务院	《关于深化制造业与互联网融合发展的指导意见》	
	2016	国务院办公厅	《关于支持返乡下乡人员创业创新促进农村一二三产业融合发展的意见》	

续表

项目	年份	部门	内　容	备注
产业融合	2016	国务院办公厅	《关于转发国家发展改革委营造良好市场环境推动交通物流融合发展实施方案的通知》	
	2017	国务院	《关于深化"互联网＋先进制造业"发展工业互联网的指导意见》	

资料来源：根据国务院、商务部等网站搜集整理。

从表 3-1 可以看出，我国政府在 2015 年、2016 年相继发布了多部促进商贸流通和零售业创新转型的实施指导意见，2017 年国务院发布了发展工业互联网的指导意见，鼓励先进制造业与互联网"联姻"，利用互联网实现数字化转型和升级。政府管制的放松有力地促进了零售服务业和制造业经由互联网的跨界融合的产生。

3.1.4　消费需求改变促融合的"互联网＋"驱动机制

不同于传统工业经济消费者处于被满足被服务的被动状态，互联网经济下消费者是企业价值创造的主动参与者。数字化情境下需求出现了很多新的变化，互联网赋能下的消费新特征驱动产业融合，尤其对位于产销两端的制造业和零售服务业的促融合作用更为明显。

3.1.4.1　基本原理

（1）竞争环境改变。

在传统工业经济时代，企业间的竞争以产品竞争为主，无论以价格竞争为手段，还是以服务等非价格竞争为手段，企业竞争的逻辑均是建立在企业所能提供的产品或服务的基础上，消费者是被服务和被满足的对象，厂商为中心的逻辑基础导致产（B 端）销（C 端）始终站在分离的两端，消费者一直未被真正纳入企业价值链条当中。在数字化经济时代，企业间不仅追求产品（服务）的特异性，还要看谁能给消费者带来极致化的体验，那些能够迅速利用新技术，并能动地适应顾客需求，做出快速响应的企业才能在竞争中胜出。现代信息技术的应用，使得几乎所有的环节都能被"互联网化"，消费者权力增强，企业的竞争逻辑从产品转移到消费者自身，消费者成为企业价值创造的共同参与者，从研发到生产再到销售。在云计算和大数据的赋能下，产销双方正在以消费者为中心开始新一轮的协同演化，一方面消费者借助互联网获得了便捷的参与渠道，另一方面企业则获得了消费行为所产生的大数据，以及由数据所支撑的流程协同。在产销协同的互动过程中，柔性化生产、个性化营销、社会化供应链应运而生。

第一，柔性化生产，即"制造系统灵活、快速地应对外部环境变化"。柔性化生产是应对 C2B 模式下企业对速度、质量和成本的平衡，实现多品种、小批量的范围经济的保障。当前在互联网环境下，云平台所汇聚的海量需求正倒逼整个社会生产过程进一步柔性化。

第二，个性化营销。基于互联网行为数据沉淀和海量数据挖掘等手段，企业可以利用内容、用户行为和社交关系网络的多种算法，为用户推荐其喜欢的商品和服务，实现个性化营销。这种高性价比、高效率的个性化营销手段，能够直达无数分散化、个性化的消费需求，进而使之聚合成为具有一定规模的细分化市场。而消费者也可以借此向企业表达个性化需求，以不同形式参与到定制的各个环节中去。

第三，社会化供应链。网络化数据的共享大幅度提升了协同和决策的效率，传统的"推式"供应链是线性的，其以核心厂商为主导、以降低成本为导向，协作范围相对有限，互联网环境下供应链正逐步转变为网状实时协同的价值网络，在这个网状链中，消费者是主导者，既是供应链的始端也是末端，传统的"推式"也转变为"拉式"。表 3-2 比较了生产者驱动的供应链（"推式供应链"）和消费者驱动的供应链（"拉式供应链"）的异同。

表 3-2　　　　　　生产者驱动的供应链 VS 消费者驱动的供应链

项　　目	生产者驱动的供应链	消费者驱动的供应链
产生背景	传统工业经济	互联网数字经济
企业目标	以企业为核心	以消费者为核心
消费者作用	消费者是被服务和被满足的对象	消费者是价值创造的参与者

续表

项　目	生产者驱动的供应链	消费者驱动的供应链
消费者在供应链中的位置	消费者处于供应链的末端	消费者成为供应链的始端和末端
协同方式	企业之间协同	企业与消费者之间协同
信息交互方式	信息在企业间交互	信息在企业之间、企业和消费者之间交互

根据上述分析，我们绘制了消费者驱动的供应链特征示意图，如图 3 - 4 所示。

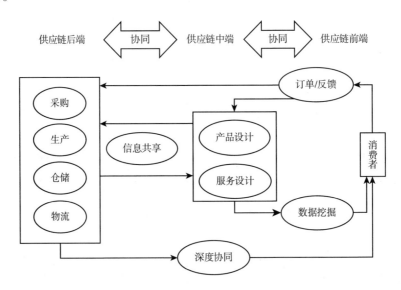

图 3 - 4　消费者驱动的供应链特征

（2）消费者主权增强。

互联网赋能消费者，使后者主权增强，不仅反映在供应链结构中以消费者为核心，关注消费者价值，更体现为消费者"用脚投票"，成为和企业价值共创的重要互补性异质资源。首先，互联网去中间化的"脱媒"效应促进消费者增权。互联网去中间化使得供需双方可以直接见面，降低了双方的搜寻成本，提升了信任，提高了供需双方匹配的概率，信息加速流动，信息不对称被打破，原有交易结构中的"黑箱"消失，消费者的知情权和选择权得到了前所未有的保护，消费者"用脚投票"的权力大增。其次,互联网去中心效应促进消费者增权。互联网是信息传递的新形式,具有开放、扁平、平等的特点,消费者和企业一样,是互联网分布系统众多节点中的一员,拥有平等的话语权,去中心化让每个个体都有机会成为中心,而每个中心都依赖于个体,特别是网络社群的出现让消费者能以联盟态势对抗企业,提升了其议价能力(赵振,2015)。总之,在互联网环境下,消费者自组织、自生产、自协调、自渠道,使得产销边界消弭,生产出极致个性化产品,驱动跨界。

(3)消费者行为社群化、碎片化。

互联网时代,社群化成为消费者的显著特征。微信、脸书(Facebook)、博客、各大论坛网站等为消费者和厂商之间,以及消费者之间搭建了互动的价值新界面(罗珉、李亮宇,2015)。在社群中,市场不再只是厂商与消费者价值交换的场所,而成为厂商与社群网络各成员间的知识碰撞、信息交流与增值的场所,消费者既是知识创新的来源,也是参与者、建设者和受益者。例如小米手机建立大众创意平台,米粉们在这个平台上能够根据自己的意愿进行设计、生产、定价,消费者直接参与到产品设计生产中。除此之外,在各大电商平台上,消费者还可以直接对商品进行评价、互助问答;在一些品牌商进行的直播销售过程中,直播间内各潜在消费者可以面对面互动,这些消费者都以某种形式形成了虚拟化的聚集。上述消费者行为的社群化导致分享、经验、口碑效应显著,这就要求互联网情境下企业要格外关注消费评价和反馈,主动与消费者对话沟通,形成对虚拟聚集的线上消费者的正向引导。

行为碎片化是互联网时代消费的另一特征。互联网时代信息爆炸,人们很难拥有整块的时间去专心地做一件事,因此,才有了在下班回家的地铁上看书、回邮件的现象。随着时间成本的提高,消费者越来越不愿意花费一个下午或者周末去逛街,消费行为被碎片化肢解,特别是当移动互联网普及以后,随时随地购物成为常态,轻轻的指尖滑动便完成了一次购买行为,交易在任何时候、任何地点都有可能发生。互联网突破了传统交易在时间和空间上的限制,极大地满足了(支持了)消费者行为的碎片化,为此,供应链上的企业必须保证无缝对接才能及时响应客户需求,从而客观上驱动跨界。

（4）消费需求个性化。

消费需求是指消费者在一定历史时期内有支付能力的需求。消费需求的变化是影响零售服务业和制造业关系的重要因素，20 世纪初的现代工业化早期，福特生产的黑色 T 型车之所以可以轻易占领市场，是因为它面对的是一个均质、无差异的大众市场，资源和产品的匮乏使得消费者无从选择，只能被动接受。20 世纪 70 年代精益生产和敏捷制造日渐兴起，其背景是各类产品供过于求，市场买方权力陡增，企业在拼效率的同时必须开始关注需求端的变化，此时消费者对商品的种类和层次已有一定的要求，消费个性化出现端倪。进入 21 世纪，伴随着工业化商品的极大丰富和互联网各类移动终端的普及，整个社会消费开始升级，个性化消费的浪潮席卷而来，越来越多的消费者，尤其是年轻的消费群体从"我想做正常人"转向"我想与众不同"。

在市场环境从大众化进入小众化背景下，个性化消费的一个自然衍生便是"定制/客制"（customization），消费者想要表达自己对产品独到的见解，希望生产厂家能够采纳自己的意见，从而生产出定制化的产品、提供定制化服务。实践中已有厂商提供平台让消费者直接参与到产品设计和生产决策中来，比如美国的礼品定制商城 CafePress，用户在此平台上可以直接选购由其他用户设计并授权出售的产品，也可以自己用 CafePress 的辅助设计工具去设计和订购个性化产品，或者建立专卖店出售自己的设计品。在上述情境中，消费者已然从纯粹的消费角色演变为产销合一的角色，托夫勒将其称为"产销者"。互联网从两个方面促进了个性化定制生产的实现：其一，互联网聚合了分散的个性化需求，使原本的长尾商品规模化呈现，满足了工业生产规模化的要求。这是因为，在互联网环境下，买卖双方可以十分容易地实现对接，互联网不仅降低了企业间的协作成本，也降低了企业与消费者之间以及消费者之间的沟通成本，消费者虚拟聚集在各类社交群体中，如 QQ、微博、微信、钉钉、旺旺，分享和转发随手可来。协同成本的普遍下降，使得互联网和电子商务可以更容易地汇集、分类那些零散分布的个性化需求，实现与企业的有效对接，并使之成为对于企业而言的可观生意，这使得原本受制于市场规模的个性化小生意越来越成为可能，因此互联网社会"人人都可以做老板"。其二，互联网赋能下，借助于各类形式多样的移动互联端口以及云计算、大数据、区块链技术，生产端可以实时、便捷地获得消费端的行为大数据并积极响应；消费端则依靠移动互联网和各类社交网络平台参与设计、研发、生产的各个环节，制造业和零售业实时协同的价值网络就此形成。

工业化时代中消费者主权缺失，价值转移遵循供应商——生产商——零售商——消费者的单向流动，消费者是商品的被动接受者，零售商和制造商边界分明，产业间分工明确，从分工前的产销一体到分工后的产销分离，零售商承担了原本置于制造商内部的产品分销功能，制造商销售渠道变得间接，两者处于简单的分工协作阶段，各自实现价值。信息化时代中消费者增权，价值转移遵循消费者——供应商——生产商——零售商——消费者的双向流动，消费者成为供应链的始端和末端，以消费者为中心的 C2B 模式使得链上企业不得不为了共同的价值创造而频频越界互动，以弥补自身资源不够和能力不足的问题。图 3-5 和图 3-6 分别描绘了传统工业化时代和现代信息化时代的价值转移路径，从中可以看出两者存在显著差异。

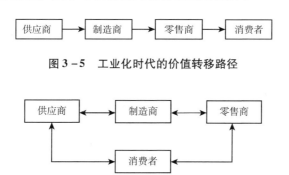

图 3-5 工业化时代的价值转移路径

图 3-6 信息化时代的价值转移路径

3.1.4.2 零售服务业和制造业基于需求改变的"互联网+"驱动跨界融合机制

前面的论述已经涉及"互联网+"背景下消费需求的改变及其影响零售服务业和制造业融合的诸多观点，此处我们进一步指出，对于零售业而言，"互联网+"重塑了"人——货——场"三者的关系，强化了以消费者需求为核心的同时，丰富了场景内涵、提升了货物品质，进而提升了整个供应链效率，促进零制融合。

其一，互联网为以消费者为中心的商业逻辑提供了落地的通道和入口，消费者基于线上渠道便捷地参与产品设计、组装，实现售后反馈评价。新零售时代对"人"的重构，核心在于是否能够洞察消费者的需求，将消费者的需求作为行业一切价值活动的起点。对消费者需求的深刻洞察需要企业贴近消费者，当前得益于互联网技术的发展，消费者行为海量数据得以在云端沉淀，无限贴近消费者已经成为可能。企业通过充分利用线上线下的数据，对消费者进行清晰画像，让消费者的一切行为都能够得到串联，实现由点到面的质变。在此背景下，消费者需要什么企业就能提供什么，快速响应和柔性供给成为新零售最大的核心竞争力，而如何实现"小单快反"的柔性供给则取决于背后生产的应变能力，零售和制造的打通则是破解困局的重要突破口。

其二，互联网时代对"货"的重构，体现在商品成本与价值内容的延伸以及以消费者为中心的供应链管理效率的提升。重构"货"就是打破产品品种及品类边界，优化重组商品与服务产业链，形成为顾客创造更好生活的解决方案。互联网时代商品的价值不单纯指商品可供使用的效用，还包含了社交符号、自我实现与其他服务等，消费者不再满足于商品本身，而是更在意其背后的新内容。因此，企业想要了解消费者在商品使用背后的更多意图，需要与消费者对话。互联网助力零售企业"同消费者对话"，提高了与消费者"对话"的频次与质量。消费者在线上实时反馈他们到底想要什么，通过对话商家帮助对方理解消费痛点，明确商品的设计、研发、运输、销售各个环节的重点分别在哪里。此时，企业的能力也不再是追求生产与流通的效率，而是升级为如何高效率、低成本地设计出满足不同消费者需求的商品，并快速地送至他们手中。

其三，"场"指消费的场所或场景，互联网时代的消费场景早已不局限于线下的商超抑或线上购物平台、网站，一切消费者能够与商品接触的终端都能被称作"场"，比如 App、小程序。互联网新技术的应用对"场"进行了重塑和改造，延伸出更加多元的场景。从消费者角度来说，当前消费者越来越具有"SoLoMoPe"（社交化、本地化、移动化、个性化）属性，他们不仅热衷于高品质的商品，而且追求包括人物、事物、剧情在内的综合性消费场景，愿意为能够触动自己内心的场景而付款买单。换句话说，表面上看是在购买自己心仪的商品，实际上是在购买由商品引申而来的能够满足脑中想象与内心需求的消费场景。场景多元驱使零售企业必须融合线上线下多种渠道，致力于线上线下渠道的高度整合协同，进入零售的无边界时代，也意味着供应链上商品流、客流、资金流、物流、信息流的自由流通，为零售企业向供应链上游整合提供动力。因此，互联网时代对"场"的重构，在于对消费者购物社交化、个性化诉求的满足，场景的代入感和介入感越深，与消费者的共情就越多，场景驱动的消费转化率就越高。当前很多"80 后怀旧食品小店"便是以场景驱动的消费模式，在市场上很受欢迎。

对于制造业而言，"互联网 +" 基于消费需求改变促进零制融合的机制在于互联网为制造企业省去中间渠道、直接与消费者接触提供了便利和可供实现的条件。制造企业线上自营抑或入驻第三方电商平台的去中间化方式，是对消费者驱动的拉式供应链的适应，互联网海量信息传输和汇聚使得制造商直接面对消费者时不仅不会大幅度提高交易费用，还能使终端信息直通直达到制造商，制造企业通过在下游排除中间环节，实现以需定产的精准和快速反馈，跨界零售。此外，互联网各类即时通信工具的出现，特别是近年来区块链技术的发展，让原来信息由单一向外按层级传递的方式，向多中心、无层级、同步快速的信息传递方式转变，去中心化使得为互联网生产或贡献内容更加简便、多元化，提升了消费者参与贡献的积极性、降低了生产内容的门槛，也使信息的流动和传输成本大大降低，驱动制造企业向下游跨界。

3.2 "互联网 +" 驱动零售服务业和制造业跨界融合的内部机制

"互联网 +" 驱动零售服务业和制造业跨界融合的内部动力来源于零售企业和制造企业出于自身效率、能力和权力最大化而实施的组织边界管理行为。企业边界的变动是产业融合的微观表征，对于零售服务业和制造业而言，当零售企业拓展边界移向生产后端，或者当制造企业拓展边界移向销售前端，那么普遍意义上的产业融合便出现了。经典的解释组织边界变动的理论有基于效率导向的交易成本论、基于能力导向的资源基础论和基于权力导向的资源依赖论。本书将在上述经典理论基础上加入互联网维度，探讨"互联网"在企业分别实施效率导向跨界、资源导向跨界和权力导向跨界过程中的影响机制，并具体到零售服务业和制造业揭示零制跨界融合的内部动力源泉。

3.2.1　跨界融合是企业提高效率的内在要求

3.2.1.1　基于效率提高的企业跨界与零制融合

交易成本理论（TCV）认为，决定组织边界变动的核心因素是效率，组织边界实际是内部科层和外部市场的界限。当企业组织一项生产活动的外部市场效率和内部科层效率相等时，企业的边界便被确定。在"make or buy"的决策过程中存在两类成本的比较——内部成本和外部成本。内部成本包括内部制造成本和内部交易成本（管理成本），外部成本包括外部制造成本和外部交易成本（市场交易成本）。当外部成本高于内部成本时，企业倾向于扩张规模、扩大边界以取得效率最大化，否则企业则会缩小规模、收缩边界。因此，从交易成本理论出发，成本是决定企业效率高低的关键，效率最大化决定的生产规模即企业边界取决于外部成本和内部成本在边际上的比较，企业是否应该进一步扩张取决于企业边界能否产生效率。

从成本出发，处于不同行业的企业边界扩张即意味着跨行业融合的产生，这是因为对企业而言，基于产业链的"make by myself"都代表着行业触角的延伸，从而与原行业在位企业形成竞争关系。（垂直）扩张的方向可分为前向扩张和后向扩张，零售企业前向扩张，进入与消费者接触的前端服务行业，比如京东自营物流；零售企业后向扩张，进入商品生产行业，比如阿里的犀牛制造。制造企业前向扩张，直接面对消费者进入产品销售领域，比如各大品牌商的官方商城；制造企业后向扩张，进入原材料供应行业，比如为了获得光气资源，众多农药化工企业展开了收购光气产能的争夺。零售企业后向扩张和制造企业前向扩张所导致的后果就是本书所要讨论的零售服务业和制造业的跨界融合问题。

3.2.1.2　互联网对企业边界的影响机制：成本考量

（1）互联网降低了交易成本（外部市场交易成本 & 内部企业管理成本）。

互联网的发展降低了外部市场交易成本。交易成本理论认为，市场交易成本取决于三个因素——资产专用性、交易的不确定性和交易频率。资产专用性指的是一项资产能够被用作其他用途或者被其他使用者使用而不至于产生高额代价的程度（Williamson，1985），资产专用性越高，交易的一方越容易因投资锁定而被对方敲竹杠，则交易成本越高。交易的不确定性来源于交易双方的机会主义倾向和信息不对称，交易的不确定性越高则外部交易成本越大。交易频率即双方交易的次数，交易频率越高则外部交易成本越大。互联网通过作用于上述交易的三个维度影响交易成本。

首先，互联网有效降低了资产的专用性程度。资产专用性高是由于其他可替代的、有价值的资产无法找到，这主要存在于三种情形：一是资产的潜在其他使用者缺乏信息，不知如何恰当地利用该资产嵌入价值网络；二是资产不易移动，使得潜在的其他使用者由于地理位置限制无法触及该资产；三是该项资产无法被其他更通用的资产所取代，具有无可替代性。因此，互联网可以降低资产专用性的机制也存在于以下三点：一是互联网可以以较低的成本提供充分的信息给潜在使用者或新所有者，这是由互联网的开放性所决定的，互联网上信息可以充分自由流动，电子商务 B2B、B2C 等可以使得有关资产的信息以很低的成本传递给潜在新使用者或者购买者；二是互联网降低了资产（尤其是关系性资产）移动的必要性，过去资产可能受地理限制而移动受限，特别是人力资产，但是在互联网时代，人们坐在家里就可以办公，远程会议、云协作等线上方式大大增强了资产移动的可能性，降低了专用性程度；三是互联网取代了过去的专营性网络系统（比如 EDI 技术），使得任何交易的双方都可以实现互联互通。传统信息技术具有专有性特征，以电子数据交换（EDI）技术为例，只有获得专用设备的交易双方才可实现数据传输，而互联网则不需要，只要接入互联网遵守网络协议，任何企业之间都可以实现信息互联互通。这就大大扩展了信息传递的范围，降低了资产专用性。

其次，互联网通过降低信息不对称和机会主义倾向，降低了交易的不确定性。互联网的应用提高了信息共享的机会、弹性与能力（Rapp et al.，2009），电子商务的发展使得买卖各方均可便捷地获得产品信息，大大改观了传统交易方式下交易双方信息不对称的情况，尤其是基于互联网而出现的平台强化了信息的流动，为平台上成员间互动提供了机会，成员间通过互联网平台可以充分实现信息共享，降低信息的不对称性。此外，大数据分析技术的发展使得信息解析能力得到突飞猛进的提升（罗珉、李亮宇，2015），信息搜寻成本的下降也为不确定性的降低创造了条件。互联网降低机会主义倾向的机制在于电子商务可以追溯买卖双方交易的历史记录、购买反馈等，特别是基于互联网创新技术的区块链的应用，形成了强大的产品追溯能力，大大增加了买卖双方的违约成本，从而降低了机会主义倾向。

最后，互联网在提高交易频率的同时不会带来交易成本的额外增加。威廉姆森（1985）指出，多次发生的交易相较于一次性交易而言，更容易抵销治理结构的成本。这是因为交易双方的频繁接触会带来高昂的交易成本，因此企业更倾向于采用一体化结构来代替外部市场交易。互联网的出现使得交易双方基于平台的交互比以往任何时候都更便捷、更频繁，按照威氏的理论，这必然会导致高昂交易费用的产生，但是这一结论在互联网情形下有所改变，这是由于互联网高效的信息处理能力消弭了频繁交易而带来的交易成本，即互联网在提高了交易频率的同时使得额外交易成本不会增加太多（或基本不增加），这一切源于信息高速通道下的供需快速匹配，以及互联网对零散需求的有效聚合。如此，既满足了个性化需求又保证了供给端生产的规模经济性。

互联网除了有效降低外部市场交易成本外，也降低了企业内部管理成本。这是因为，互联网便利了信息和数据的交换，互联环境下企业组织结构趋于扁平化，信息传输效率的提高减少了组织冗余，降低了内部管理成本。第一，组织结构扁平化减少了行政管理层级，裁减冗余人员，各层之间联系更紧密，提升了组织运行效率，有利于企业适应快速变化的市场。第二，组织机构扁平化缩短了企业上传下达的链条路径，信息反馈更及时，提高了服务质量。第三，企业内部通过信息与办公自动化系统，提高运营效率，实行目标管理，让每一个员工都变成组织的主人。互联网在企业内部的作用主要体现为利用企业内网（intranet），所有的员工可以同时使用系统信息，由于突破了时空限制，大大提高了活动的协调性。例如，在研发过程中任何产品设计上的改变，都可以实时地提供给其他项目组成员。由此可见，互联网同样降低了企业内部管理成本。

（2）互联网降低了制造成本（外部制造成本 & 内部制造成本）。

不管是外部制造成本还是内部制造成本，都主要由劳动力成本和资本成本构成。互联网对制造成本的降低其原因在于信息获取、搜集、查找的便捷和快速。

首先，互联网通过高效的信息处理降低制造成本。从企业生产流程来看，假设有两个价值增值活动 A 和 B，与传统信息技术相比，互联网可以以很低的成本高效地完成 A 和 B 之间信息的协调、交换和处理，价值增值就体现在从外部获得、搜寻和收集信息的便利和快速上。

其次，互联网通过降低生产的不确定性降低生产成本。基于互联网的智能制造通过大数据分析与应用可以快速响应市场需求，对市场趋势做出判断从而降低了生产的不确定性。在传统制造的大批量生产时代，由于产品供不应求，市场犹如海绵，企业生产多少就能卖多少，市场不存在不确定性，这使得制造业处于激进营销和激进生产的状态，企业只要能够保证生产效率提升和产品质量稳定基本就可以占领市场。在当代制造的个性化定制时代，生产过程中的不确定性主要来自市场需求端的复杂性和变化性。由于供远大于求，用户的话语权越来越大，市场的不确定来自客户的偏好，行业的竞争要素由供给转向需求，谁能精准、有效地快速满足客户需求，谁就是赢家。产能不再是企业自身能力，而应从满足客户需要角度重新定义，传统基于生产效率的竞争正演变为基于市场效率的竞争，企业比过去更需要协作，企业与客户的关系需要通过更多的数据和服务来链接（曹晖，2017）。

需要指出的是，对于制造成本而言，无论是企业内部自行生产（make），还是外包给外部专业化厂商生产（buy），互联网都能发挥降成本的作用，对专业化制造厂商的效应有可能更大，这就进一步强化了交易成本理论的核心假设①。

（3）互联网对企业边界的影响取决于内外部成本的比较。

外部成本（外部制造成本＋市场交易成本）高于内部成本（内部制造成本＋企业管理成本）时企业边界扩张，反之，企业边界收缩。考虑到互联网因素后，由于互联网同时降低了制造成本和交易成本，因此，互联网对企业边界的影响仍然取决于扣除降成本效应后的内外部成本的比较。阿拉夫（Aluaf，2003）认为，互联网扩散对于降低外部市场交易成本的效应是十分明显的，此时企业是否扩张应该比较制造成本，当互联网对内部制造成本的降低效应足以抵销外部制造的规模经济时，则企业垂直边界扩张。

对于零售服务业和制造业而言，无论是零售企业的后向扩张还是制造企业的前向扩张，都是企业出于效率最大化考虑进行成本比较的结果，作为产销两端的制造企业和零售企业本身就具有产业链上的供需关系，因而互联网的降成本作用尤其是对内部成本的显著降低将有力地促进产销一体的实现，特别是基于互联网的电子商务的出现，使得制造商可以方便地在网上销售自家产品，变身零售商；零售商也可以利用互联网便捷地涉足生产，变身制造商。

此外，需要指出的是，交易成本理论对企业边界的讨论限于产业链垂直方向上的扩张（前向一体化和后向一体化），与企业的现实规模息息相关，我们将其称为有形边界。实际上，企业边界的扩张不仅仅是"make"决策下基于产权联结的规模增大，在"buy"决策下基于契约或合作关系的企业间联结形成企业间价值网络，也是企业竞争优势的重要来源和能力扩张的表现（Dyer & Singh，1998；Gulati et al.，2000），比如在产业链上主导作用的增强，与交易方伙伴关系的拓展，动态能力的提升等，我们将其称为无形边界。

---

① 交易成本理论通常都假定外部制造成本小于内部制造成本，这是因为外部专业化提供者通常享有规模经济效应，因此制造成本比企业内部自行生产要低（Monteverde，1995；Monteverde & Teece，1982；Williamson，1975，1985）。

在现代经济分工体系下，无形边界更为普遍。互联网的出现和扩散对企业价值网的作用体现为分工的深化（谢莉娟，2015）和专业化集成（刘向东、陈成漳，2016），以及基于互联网形成的平台所具有的网络外部性对企业边界的影响（Aluaf，2003）。刘向东、陈成漳（2016）指出，互联网为企业提供了一个相互协作的开放平台，这个平台可以聚合分销采购、供应链金融、公交化物流、信息化管理等多种职能，企业通过嵌入平台展开与上游供货商、下游分销商、消费者以及其他同类企业的合作，实现专业化集成。互联网通过节约交易成本促进了分工深化，提高了交易效率。分工越深入，产业间的交互越频繁，则越容易形成企业间价值网络，产业边界在频繁互动中逐渐由清晰走向模糊，形成"你中有我、我中有你"的状态，进而也促进了产业间的融合创新。正是基于以上两点，我们指出"互联网+"促进了零售服务业和制造业的跨界融合。

下面本书将从企业资源和能力角度出发，探讨互联网通过对企业能力提升而促进零制跨界融合的机制。

3.2.2 跨界融合是企业实现能力提升的内在要求

3.2.2.1 基于能力提升的企业跨界和零制融合

资源基础理论（resource-based view，RBV）于 1984 年由沃纳菲尔特（Wernerfelt）提出，该理论把企业看作资源的集合体，关注资源特性，其目的是解释企业竞争优势的来源，认为企业竞争优势来自企业所拥有的资源和基于资源的能力。其基本假设为企业具有不同的有形资源和无形资源，这些资源可转变成独特的能力，资源在企业间不可流动（或流动不易）且难以复制，因此这些独特的资源与能力是企业持久竞争优势的来源，也是拥有优势资源的企业能够获取经济租金的原因。

RBV 将资源定义为"与企业紧密联系的半永久性资产"，具有价值性、稀缺性、无法仿制性、难以替代性的特点，即所谓 VRIN 框架。多种原因导致企业拥有资源的独特性和无法仿制性：其一，要素市场的不完全。迪雷里克斯和科尔（Direrickx & Cool，1989）指出，企业声誉和商誉这类无形资产根本无法通过市场交易获得，只能以内部积累方式获得，所以构成企业间绩效差异。其二，因果关系模糊。企业面临的环境具有不确定性，日常活动具有高度复杂性，企业的租金是企业活动的综合结果，由于无法辨识各项活动与经济租金的关系，因此劣势企业难以模仿。其三，路径依赖。资源优势是环境相依的，环境发生变化，导致模仿企业很难以低成本获得同样的资源。其四，模仿成本。包括资金成本、时间成本，不菲的模仿成本为模仿企业获取资源设置了障碍。鲁梅尔特（Rumelt，1991）指出，其他企业难以模仿是因为存在隔离机制，信息不对称、因果关系模糊和高昂的搜寻成本等都是形成隔离的机制。彼得雷夫（Peteraf，1993）从市场竞争的角度将资源差异区分为不同的竞争战略，并通过竞争战略的选择寻求对企业绩效差异的解释，形成"资源——战略——绩效"分析逻辑。此外，RBV 理论还指出了特殊资源的获取途径，包括组织学习、知识管理和建立外部网络。

对于企业边界而言，资源基础理论认为，企业的能力在很大程度上会影响企业的边界选择。资源基础观强调企业竞争优势来源于独特的、不可模仿的资源和被企业所拥有和控制的能力。因此，企业边界取决于企业所拥有的异质性资源和能力，边界决策围绕组织如何开发和利用其特有的资源基础优势（Penrose，2009），以及如何掌控所拥有的核心能力和关键性资源展开。由于资源优势是环境相依的，为了有效利用资源，组织需要作出边界选择以使其内部资源和环境中的机会相匹配，并进而通过边界的动态变化不断汲取外部有价值的资源形成企业独特能力，最大化资源组合价值，实现能力提升目标（Brusoni et al.，2001）。

从能力出发，企业跨界的目的是从外部环境获取独特的、不易模仿的资源。当企业对知识和资源的搜索跨越了组织本身，甚至逾越了企业所在行业，则有形的跨界便产生了。前面的论述已经指出，从资源和能力角度考察企业边界，其实质是企业所能掌控和利用的关键资源的边界，战略性资源边界决定了企业能力高度，因此事实上，此处的边界并不限于有形组织规模界限，当企业跨行业获取异质性资源时，其无形能力边界也伴随扩大，两者是内在统一的。对于零售服务企业和制造企业而言，为了获取竞争优势适时地根据环境动态性调整组织边界策略，寻找外部机会开发和利用资源束，最大化资源价值，提升企业能力，成为驱动跨界的基本动力。破除上述隔离机制，则是零售企业和制造企业实现基于资源和能力扩张的跨界融合的关键。

3.2.2.2　互联网对企业边界的影响机制：资源考量

互联网有利于提升企业获取资源的能力，从而拓展企业边界，推动跨界的产生。

（1）互联网消除了信息不对称，降低了搜寻成本，增强了企业获取资源的能力。

企业获取资源通常有两种方式——外部搜索和自我培育。相对于自我培育，外部获取可以帮助企业快速获取竞争优势，跨界搜索则是企业从外部获得异质性资源和知识的重要途径（张文红等，2013）。互联网通过消除信息不对称降低了搜寻成本，扩大了企业外部知识搜寻的广度，增强了企业获取资源的能力。互联网的发展改变了传统的交易环境，互联网信息技术将厂商和消费者的行为全部数据化，通过实时数据传递，有效降低了信息的搜寻成本，解决了信息不对称问题。过去市场竞争中企业之间由于信息不对称可能会造成价格不透明、成本不可比、技术不可知等现象，在互联网情境下，企业只要接入商业互联网平台[①]，便可获得海量消费数据，从而精准捕捉需求，增强了企业洞察市场的能力。相类似的，当企业接入某工业互联网平台[②]，便可共享该平台上所有的技术资源，打通原有企业数据孤岛，得到一体化解决方案，获取企业所需的异质性知识。此外，互联网缩短了时空距离，使得地理位置限制不能再成为企业之间资源交流的障碍，线上协同研发、协同设计、协同办公等各类模式应用层出不穷，大大拓展了企业知识搜寻的广度和深度，增强了获取资源的能力。

[①]　现实中存在这类运营数据平台的互联网企业，比如天猫、美团、京东。这类平台上沉淀了大量买方和卖方的数据，这类平台利用数据分析撮合交易，获取数据红利、连接租金。

[②]　2019 年工信部公布了十大跨行业跨领域工业互联网平台，海尔、东方国信、用友网络、树根互联、航天云网、浪潮云、华为、工业富联、阿里云、徐工信息排名前十。

（2）互联网促进了企业间资源的流动性，网络开放性使模仿变得相对容易，增强了企业获取资源的能力。

互联网的出现不仅降低了搜寻成本，也降低了资金成本和时间成本，增强了资源的流动性，使模仿变得相对容易。信息赋能下，传统资源优势的路径依赖被打破，互联网便利了各类资源的流动，企业资源不再是固定于企业内部的静态资源，而将其变成可以移动的动态资源。此外，互联网的开放性也使得模仿变得相对容易，这是因为互联网情境下企业的网络依赖性日益加深，各种知识的可编码性不断提高，这就大大促进了知识在企业间的传播，使得传统资源理论当中资源的不可模仿性大大降低，从而增强了企业获取资源的能力。

对于零售服务业和制造业而言，零售企业和制造企业拥有互补性异质资源，零售企业是商品的销售服务商，其拥有渠道资源，掌握市场需求及变化；互联网时代零售企业（网络零售商）还具备聚合长尾需求，提供消费场景、为消费者"画像"进而精准瞄准市场、提供交流平台进行互动进而增强消费体验的功能。制造企业是商品的提供商，拥有专业化的生产知识和经验，互联网赋能的智能制造使信息技术和制造技术深度融合与集成，实现制造的数字化、网络化、智能化。智能生产下的网络协同制造模式以移动互联网与物联网在信息物理生产系统的应用为基础，一方面通过开放式和即插即用的制造体系结构，以项目方式迅速集结资源组织生产，灵活应对市场需求；另一方面通过互联工厂，实现用户个性化需求直达工厂，实时互联进行定制化生产，完成了生产模式由"推式"向"拉式"的转变。

由上述分析可知，零售企业和制造企业各自拥有的资源都是对方所需要的，且无论是销售专门知识还是生产专门知识都不可能被孤立使用，两者必须组合才能最大化资源价值，因此零售企业和制造企业彼此拥有互补性异质资源，这就决定了两者之间的交互方式成为影响跨界的重要因素。互联网拓展了零售企业和制造企业获取资源的能力，扩大了企业搜索异质性资源的广度和深度，提高了零售企业和制造企业的匹配度，使得两者可以跨越地理界线实时交互（北半球的订单瞬时可以被南半球的工厂响应便是最好的例证），从而促进了两者的跨界融合。

3.2.3 跨界融合是企业实现共同依赖的内在要求

3.2.3.1 基于权力控制的企业跨界和零制融合

资源依赖理论（resource dependence theory）认为，组织是个开放的系统，与外界环境有着千丝万缕的联系，该理论强调无论哪一个组织想要维持生存，都需要从外部环境中获取资源，与外部环境进行资源交换与互动是组织赖以生存的根本，这些外部因素中通常包含其他组织。组织生存建立在一个控制它与其他组织关系的能力基础上。由于任何企业都不可能完全拥有所需要的一切资源，因此为了获得这些资源，企业就会同它所处的环境内控制着这些资源的其他组织之间进行互动，从而导致组织对资源（进而控制这些资源的其他组织）的依赖性。组织与环境的关系，实质上是拥有不同资源的组织间的关系，组织间因资源依赖导致权力不平等，依赖性决定了组织的相对权力位置。组织对控制有其所需资源的其他组织的依赖程度取决于三个因素：重要性、自主性（控制力）和稀缺性。重要性指资源对组织生存的重要程度；自主性指组织在多大程度上能够对资源的分配和使用做自主裁决；稀缺性指替代资源的存在程度。资源依赖理论认为，组织会设法降低对特定资源的依赖程度，以增强自身权力，或者设法掌握该资源以维持存续，采用的具体策略包括垂直整合、水平扩展、多元化发展、构建联盟等，此外还可以通过其他非市场战略活动改变和控制外部环境。

基于"资源依赖——权力不平等"范式探讨组织边界的变动，其核心是组织对外部关系的控制，通过对外部战略性关系的管理来确定组织施加影响的领域，从而确定组织边界。在权力视角下，组织需要通过对外部战略性关系的管理来减少不确定性，因而边界决策围绕对外部战略性关系的管理展开，其核心是减少外部依赖、扩大权力范围、降低不确定性。

从权力出发，企业跨界的目的是获得企业所需维持生存的重要资源的控制权，由于组织边界是组织与环境之间依赖关系的认知（Whitford & Zirpoli，2014），组织进行边界管理活动主要是为了减少外部依赖，组织边界的设置应最大化对关键外部力量的战略控制，因此，当企业需要加强对供应链上其他企业的控制或者想要避免过度依赖单个领域内的主导企业时，跨界施加权力影响就会出现。对于零售服务业和制造业而言，出于权力之争的跨界时有发生，比如20世纪90年代我国商超零售商和供应商之间频繁爆发的"零供冲突"导致一些大型零售商大量开发自有品牌，以前店后厂的模式加强对产品的控制，而制造商则绕开零售商自建销售渠道，形成跨界。

3.2.3.2 互联网对企业边界的影响机制：权力考量

在互联网经济环境下，组织间资源依赖发生了变化，从原来的"外部控制"转向"共同依赖"，企业间的合作机制凸显，大量协同的出现导致组织间边界模糊，产生融合。邱泽奇、由人文（2020）指出，在决定依赖程度的三个因素——重要性、自主性和可替代性中，重要性是最核心的，自主性和可替代性都是重要性的不同维度，而支撑重要性和可替代性成立的条件其实是"信息不对称"，在竞争性市场中，资源需求方没有获得充分信息进而形成对资源供给方的依赖（Casciaro & Piskorski，2005）。互联网最大限度上减少了信息的不对称性，从而消除了传统权力依赖产生的土壤，网状环境下每一个节点都不可或缺，企业间共同依赖、相互协作成为常态，组织间大量协同活动的出现模糊了组织边界、促进了融合。

首先，互联网情境改变了信息传递结构和沟通方式，信息传递透明化大大降低了不对称性，拥有极大差异性资源的企业之间唯有合作才能实现目标协同。其次，互联网情境使得消费者的个性化需求发挥到极致，组织的资源特异性让任何一方都无法完全满足用户高度差异化的需求，组织间谋求合作、整合各自优势资源与对方实现连接，成为赢得用户的必由之路。最后，互联网信息透明化降低了沟通成本，用户的积极反馈巩固了组织之间的信任，为产业间融合提供了便利条件。

具体到零售服务业和制造业，从传统视角看，零售业和制造业分别位于供应链下游和上游，两者本身具有合作伙伴性质，制造商生产产品交由零售商销售，当然，实践中，零售商上游还存在各个层次的经销商，一般制造商不直接与零售商接触，而经由各层级的分销商实现。在传统的产销关系中，制造商拥有专业化生产知识，而销售服务商则拥有用户资源、掌握市场需求动态，并很多时候负责客户维护，双方各自拥有上述互补性异质资源，实现产品流自上而下和市场信息流自下而上的交互。互联网打破了上述均衡，需求驱动改变了以往的单向路径，消费者通过订单、评价、各类社群和自媒体影响企业产品和服务设计，有些产品甚至实现了消费者自主设计。互联网一方面强化了消费者群体互动，促进了基于社交网络的知识分享和信息传播；另一方面强化了企业和消费者实时交互，推动制造商将生产端前移，与消费者直接对接，衍生销售职能，零售商将销售服务端后置，聚合个性化需求参与产品设计和生产，实现了产品流和信息流的闭环交互，促进了两者跨界融合。

我们对以上论述做一个简单的小结。企业边界的变动暗含了产业融合的发生，当企业边界变动发生在不同行业之间，则促成了企业跨界融合行为的出现。既有理论从效率（成本）视角、资源（能力）视角、权力（依赖）视角解释了企业边界变动的原因，本书引入互联网维度，在既有理论框架基础上进一步探究"互联网＋"背景下企业边界变动的内在机制，分析互联网如何驱动企业实现效率提升、资源（能力）扩张、权力控制，进而作用于企业边界，并具体到零售服务业和制造业进行了分析。

上述三种视角从不同角度解释了企业跨界的动因，三者之间存在区别但也具有一定联系。效率（成本）视角强调外部交易成本是企业跨界的核心因素，企业可通过所有权机制控制专有性资产，因此企业边界变动意味着跨行业并购（纵向），这是有形边界的硬性扩张；资源（能力）视角和权力视角则强调企业所拥有和掌握的异质性资源是企业边界的关键，企业可通过联盟、长期合约、交叉持股、供应链整合等非所有权机制来获得战略性资源或影响重要的外部组织，从而实现能力扩张、改变原有依赖关系，因此企业边界变动意味着更多的合作和伙伴关系的建立，这是无形边界的软性扩张。三者之间的联系表现为共同演化关系，无论是所有权机制还是非所有权机制，本质都是通过对专有资产资源的控制，降低交易成本。此外，三者之间存在互补性，组织对外部关系施加控制的过程离不开对战略资源的合理配置，同时，组织也需要通过进一步更新资源和能力来扩大控制范围和影响力。

需要指出的是，现有理论对企业边界的讨论仍局限于"传统的边界"，尤其忽略了互联网平台模式下存在网络外部性时企业边界的变化，本书接下来将对互联网平台模式下的企业边界进行分析。

3.3 互联网平台模式下的企业边界

3.3.1 平台制是互联网经济的显著特征

互联网的出现和应用带来了新经济的迅速发展，一大批互联网平台企业（platform）顺势崛起。以电子商务为代表的交易平台企业的迅速发展，是互联网经济的显著特征。

互联网经济催生了三类平台——交易平台、媒体平台和分享平台，其中互联网交易平台是市场活动中最重要的主体。互联网交易平台是指通过互联网平台直接实现供需双方对接和交易的商业应用，利用互联网实施供需交易撮合并提供相关服务的企业即互联网平台企业。互联网交易平台企业是平台企业的电子化、信息化。平台式企业并不是互联网经济下的特有组织形式，平台早已有之，早期的各类中介组织都可以认为是平台式企业，其以实现交易撮合，赚取佣金为主要盈利手段。"平台"一词虽然在学界被广泛使用，但迄今并无统一的说法和明确的定义。早期研究确立了"A市场＋平台＋B市场"作为平台企业的基本架构，后期研究主要关注了平台成长机理、信任机制和平台治理等方面。朱晓红等（2019）归纳出平台型企业具有双边/多边市场、网络效应和开放性三个主要特征，本书将探讨平台企业在电子化、信息化条件下在上述三个维度方面的表现，以此归纳互联网平台企业的主要特征。

（1）双边或者多边架构是平台的基本属性，互联网为双边或者多边架构的搭建提供了前所未有的便利条件。

产业组织理论将平台视作双边或多边市场之间的交易接口，即所谓平台一定代表着有两个或多个市场群体或利益相关群体参与，平台企业作为一种连接双边或多边用户的组织架构，依靠连接获利，通过定价策略和组织创新，解决主体间商业逻辑冲突；作为平台网络搭建者，平台企业通过为双边用户提供信息、服务或互动机制，促进用户交互并达成交易，平台企业通常并不直接参与交易，而是通过提供服务获得佣金。互联网赋能平台，为参与交易的各方双边（多边）架构的搭建提供了前所未有的便利条件。首先，互联网打破时空限制，更容易调动各方资源，从而将平台价值发挥到极致。在企业平台化过程中，如何实现交易双方的无障碍交流，是平台资源供给端和使用端之间达成交易的必备要素，互联网将资源的供给方和需求方连接起来，极大地便利了供需双方的直接交互，提高了交易匹配成功的概率。其次，互联网通过后台沉淀的大数据，靶向瞄准目标市场，有利于为客户提供更加优质的服务。平台在连接资源供需双方的过程中，会积累大量交易数据，通过对数据的分析把握供求双方需求痛点，有利于提升平台效能。例如对电子商务平台而言，其可以依据消费者历史购买和浏览数据分析出消费者的产品偏好、消费习惯等关键信息，从而更准确地了解客户需求并将此信息提供给平台另一边的供应商，以减少后者不必要的投资。现实中淘宝、京东等的电商平台均会为入驻的商家有偿提供数据分析服务，帮助企业准确把握市场。

（2）网络效应是平台的另一个基本属性，互联网增强了平台的网络效应。

网络效应又称网络外部性，指网络中的一边会因其他边的规模的增大而获益，即消费者是否购买或使用某些产品或服务，在很大程度上取决于其他消费者是否已经购买或使用了这些产品或服务。网络外部性描述了消费行为的相互依赖性（interdependency），其实质是需求方规模经济。网络外部性可以分为直接网络外部性和间接网络外部性（Michael Katz & Carl Shapiro，1985；Nicholas Economides，1996）。直接网络外部性是指由于消费相同产品的用户数量增加而直接导致平台价值的增大，比如移动通信网络；间接网络外部性是指随着某一产品使用者数量的增加，该产品的互补品数量增多、价格降低而产生的价值变化。著名的梅特卡夫法则（Metcalfe Law）描述了网络的价值以网络节点数平方的速度增长的经济现象，这意味着平台一旦被供需双方采用并形成匹配，当用户数量增长时会吸引更多供方、需方，进一步提升平台价值，从而形成正反馈循环（Parker et al.，2005）。

互联网对平台网络外部性的增强主要体现在三个方面：其一，因商品信息分享所带来的外部性。传统经济下商品信息分享主要体现为"口碑"，消费者之间口口相传的传播距离和范围十分有限，随着互联网的普及和应用，口碑的力量被成百、成千倍地放大，特别是互联网虚拟社群的出现使得网络传播十分迅速，任何一次商品信息的分享都被纳入一个由物理网络和社会关系网交织而成的巨型网络之中，从而增强了网络外部性。其二，因谈判能力增强所带来的网络外部性。互联网应用和普及的另一个重要后果是极大地增强了消费者谈判和议价的能力，一个突出表现是网络团购这一新兴购物方式的出现，消费者通过网络组团凝聚分散的购买力，以大批量交易为手段，同企业达成价格上的优惠或商品上的特别定制服务。随着加入"团购"的消费者数量的增多，企业越来越难以拒绝网络团购提出的价格优惠或特别定制的服务条款。参加"团购"的消费者也因为参团的其他消费者数量的增多而获得了更多的让渡价值。其三，因企业采购、工艺流程优化所带来的外部性。互联网的应用和普及使得企业的采购、工艺流程得以优化，这是因为互联网打破了企业原有的信息孤岛状态，互联网"端——云——用"一体化数字化能力赋能企业可以简单、快速、低成本地实现产品、生产设备及IT/OT系统的互联互通。由于企业进行信息化改造的单位成本随着消费者数量增多而减少，企业有很强的动力再造企业采购、工艺流程，消费者也将享受到更充分、及时和便利的网络服务，吸引更多企业集聚在平台上。

（3）平台企业具有开放性，互联网强化了开放性。

所谓开放性，即平台型企业拥有支持不同市场群体交互以及影响其机会识别的开放性系统（Satish et al.，2018），开放性是企业平台发展的题中之意。平台企业以客户为中心，围绕客户需求，从组织结构、薪酬激励、规范制度、人力资源等各个方面全面开放，从而可以最大限度地满足消费者需求。互联网的普及和应用不仅打破了企业内部界限，而且使得企业与外部连接更为紧密，平台方、供给方和需求方全面实现资源有效整合，提高效率、促进开放。

3.3.2 互联网平台企业的边界拓展及其对零售服务业和制造业跨界融合的影响

3.3.2.1 互联网拓展了平台企业边界

对于传统单边企业而言，其边界要么被认为是最小化交易成本的规模确定，要么是获取资源、取得权力目的下的规模确定。区别于传统单边企业面对单一市场，平台式企业突破了传统单边企业科层的限制，具有"企业——市场"二重性，这是因为平台企业连接双边甚至多边市场，通过提供一系列服务撮合双边市场交易来盈利，自身并不参与到交易当中。其市场属性表现在其像市场一样组织、发展、撮合交易；其科层属性表现在其仍像单边市场的企业一样从事经营、获取利润。

平台企业的特殊性使得对平台企业的规模边界分析较传统单边企业更加复杂，传统的解释企业边界的理论变得不再适用。埃文斯（Evans，2019）指出，平台企业的基本特征即是解决了阻碍各方聚集在一起交换价值的交易成本问题；此外，在科斯定理所构建的单边市场中，交易双方的收益取决于价格水平，与价格结构无关；而在双边市场中，平台价格水平和价格结构都会影响平台利润和交易量，上述问题都映射了科斯定理的失败性。

互联网数字经济赋能下的电商交易平台，其边界的决定因素发生了变化，不再取决于传统的交易成本和资源权力。新古典企业理论认为，企业边界（规模）取决于边际成本曲线和边际收益曲线的交点，但是互联网时代企业的边际成本曲线可以呈现递减或水平形状，边际收益曲线却可以呈递增或水平形状，从而导致边际成本曲线和边际收益曲线未必相交，信息产品的边际成本甚至可能为零（李海舰和原磊，2005）。可以从三个方面来理解互联网对平台企业边界的影响：一是互联网同时降低了平台作为企业的内部管理成本和作为市场的外部交易成本，这就使得平台双边聚集越来越多的供应商和用户的可能性增强，从而有利于平台企业规模的扩大，这也是现实中头部电商平台得以不断做大的原因。二是互联网增强了平台的网络外部性，使得需求方规模经济较传统情境下更为显著，在正反馈机制下，平台一边用户规模的增长会引致另一边用户数量的增多，进一步提升平台价值，促进平台规模扩大。三是互联网增强了平台上资源的流动性，降低了交易各方信息不对称性，电商平台上交易匹配成功的概率提高，无形中也促进了平台规模的发展。

3.3.2.2　电商交易平台边界的拓展促进零制跨界融合

互联网电商交易平台不断做大，促进了零售服务业和制造业跨界融合。这是因为数字经济下，电商平台作为交易的中间组织者出现，一边连接制造商，为制造商产品提供展示和销售的电子空间，提高产品的网络可见度；另一边连接零售商，为零售商寻找货源和可靠的商业合作伙伴。电商平台在此过程中提供诸如仓储、物流、金融、加工、数据分析以及其他的一些增值服务，通过匹配供需进行交易撮合是该类平台企业最底层的逻辑，随着信息技术的普及和应用，电商平台逐渐把 IT 能力下沉为基础设施提供给平台上的企业使用，为其业务提升效率，显著提升了制造商和零售商之间的协同效应，促进了零制跨界。比如厂商通过在电商平台上入驻开设品牌直营店，跨界零售；平台商通过聚集下游大量小单需求向上游形成规模效应，增加议价能力的同时对上游厂商产品提出定制化需求，跨界制造。

第4章 "互联网＋"背景下零售服务业与制造业跨界融合的主要模式

本章分析"互联网＋"背景下零售服务业和制造业跨界融合的模式和路径，即回答"是什么"的问题，探讨互联网驱动下零售商和制造商实施跨界的行为方式和可能的影响因素。通过归纳识别不同方式下的关键资源、关键流程和生成路径，在此基础上进一步探讨零售企业和制造企业跨界并实现融合创新的价值创造模式，总结影响零制跨界的因素。

4.1 "互联网＋"背景下的制造企业跨界零售

前面论述已经指出，企业既可以通过所有权机制纵向整合控制专有资产，实现物理有形边界跨越，也可以通过非所有权机制利用供应链整合建立亲密伙伴关系实现资源和能力的无形边界扩张。对于本身具有产业链上下游关系的零售服务企业和制造企业而言，前者基于所有权的联结方式体现为制造商前向一体化和零售商后向一体化，后者基于非所有权的联结方式体现为制造商前向整合零售商和零售商逆向整合制造商，具体形式有战略联盟、长期契约。加入互联网维度后，考虑"互联网＋"背景下制造商跨界零售的情形，一方面需要对传统渠道进行拓展，考虑加入电子渠道的情形，另一方面需要思考互联网时代的跨组织合作，互联网赋能制造商、零售商和消费者，三者在互联网情境下的功能和交互方式较传统渠道有所不同。

基于此，我们指出，"互联网＋"背景下制造企业跨界零售，一方面最核心的表现是制造商电子渠道的开辟（商业互联网作用），即制造商通过产权治理的"去中间化"方式，直接涉足零售领域，面对消费者。"互联网＋"背景下制造商对零售领域的跨界另一方面还体现为互联网时代制造企业服务深化导致的边界模糊（工业互联网作用），即制造企业变得越来越像服务企业。本节分析"互联网＋"背景下制造企业跨界零售的方式、动因，通过构建数理模型探讨制造商电子渠道选择的条件以及影响因素。

4.1.1 制造企业通过开辟电商渠道跨界零售

互联网赋能制造业，驱动制造商跨界零售的最核心表现为电商渠道的开辟。互联网时代，制造商可以以在线上直接销售自己产品的方式实现"去中间化"，绕开中间零售商，直接面对消费者。企业经营实践中制造商开辟电商渠道有三种方式——自建直营、第三方平台接入和线上分销。自建直营和平台接入为制造商线上直销，线上分销为制造商通过网络零售商进行的间接销售。其中，制造商自建电商渠道通常表现为产权联结下的垂直整合；线上分销则显然是制造商和网络零售商基于某种分销协议下的契约联结；平台接入的方式比较特殊，具有双重性，制造商和平台电商之间为契约联结，而制造商对于接入平台的店铺则是直接控制下的产权联结。

4.1.1.1 行为方式：线上直销和线上分销

按照销售方式的不同，制造商线上产品销售可以分为线上直接销售和线上间接销售。前者以制造商自建网上销售平台（如海尔商城、华为商城、美的商城）或制造商自主加入第三方大型电商平台（如天猫、京东）为主[①]，后者则体现为制造商在线上寻找分销商，构建类比于线下的网上分销体系。直接渠道并不是线上专有，传统渠道下也存在制造商的直接销售，但是制造商如果要在传统线下从事直接销售，就不得不面对数量庞大的近乎原子式分

---

① 实践中，企业自建电商平台或以网店形式加入第三方平台都可以委托专业电商公司实施代运营。这是另外一个议题，我们暂时不讨论。

布的消费者，交易成本过于高昂，因此，实践中采用直接渠道的制造企业凤毛麟角。互联网的出现使得这一现象得以改变，互联网将分散的消费需求在线聚合，制造商可以以较低的成本和消费者实时沟通，直销成为互联网时代制造商的普遍选择。

（1）制造商线上直接销售（自建和接入第三方平台）[①]。

制造商在保持传统零售商来销售其产品的同时，开辟网上直销渠道，该渠道可以由制造商自营，也可以由制造商委托第三方电商公司代运营，其形式有官网商城和接入第三方平台商运营。通过线上直接销售，商品从制造商直接到消费者手中，省去了中间环节，通过互联网赋能，制造商不像过去只管生产不管销售[②]，开始与零售商同台竞争。世界上许多著名的制造企业，比如IBM、HP公司等都采取此种渠道结构，国内家电制造商海尔、美的自建的海尔商城、美的商城，通信设备制造商华为经营的华为商城都属于制造商直营电商的形式。实践中很多企业出于资金成本的考虑，也会选择专业第三方电商平台（如天猫、京东、唯品会、拼多多）实现B2C的销售。

制造商网上直销的去中间化行为，意味着其同传统线下零售商和新兴线上零售商开始存在竞争，从产业融合的角度看即代表制造业和零售业发生了融合，制造商利用消费互联网成功跨界零售行业。无论是制造商自建还是接入第三方平台，都属于制造商利用互联网开通电子直销渠道。制造商既从事生产也从事销售，在加强对下游分销商控制的同时与专业网络零售商同台竞技，跨界零售，成为"零售型制造商"。在此过程中，互联网赋能体现在以下两个方面。

第一，互联网再造了制造商运营体系，完成了从"推式"向"拉式"的转变。

在传统运营体系中，制造部门是整个系统的逻辑起点，制造商通过中间

[①] 本部分的分析适合于消费品制造商（生活资料制造商）。对于工业品制造商（生产资料制造商）而言，由于产品性质不同（价值大、周期长），传统营销往往采用制造商直销模式，互联网时代的直销为B2B模式；对于消费品制造商而言，由于产品价值低、周期短，传统营销往往采用分销模式（个别厂商也直销比如安利），互联网时代体现为B2C模式。

[②] 在非互联网环境下，很多制造商出于规模化和成本考虑一般不会直接参与零售，而是将产品销售职能交由线下经销商完成。前文已述。

各级渠道商将产品推向消费者，同时通过广告和促销等方式，刺激消费者需求，完成购买，商品自上而下地流动。在传统运营体系下，一些制造商虽然也有直营店，但数量少、规模小，制造商更多依靠分销商完成产品销售①，分销商成为制造商和消费者之间的天然区隔机制②，这就造成在传统推式运营模式中，制造商和消费者相距甚远，销售的驱动力主要来源于渠道上游的制造商和各级分销商。

在电子商务运营模式中，互联网缩短了制造商和消费者之间的距离，借助于 C2M 平台，消费者可以直达制造商，由用户需求驱动生产制造的拉式生产运营模式颠覆了传统思维，制造商运营体系从面向渠道商转为面向消费者，运营能力的核心从对渠道商的协调控制变为对消费者的持续关注。企业需要根据顾客需求配置和部署生产要素与物料计划，调整销售体系以及整个供应链体系，商品自下而上地流动，并最终反馈到产品制造和研发，从而实现以顾客为核心的闭环，完成互联网时代运营体系的再造。

第二，互联网海量消费行为数据流为制造商引导和把握顾客需求提供了强大的动力，支持其成功跨界零售。

在互联网出现以前，广泛的地区覆盖和庞大的实体店面租金让大部分制造商无力进入零售领域，由于缺乏分摊渠道成本的能力，销售环节大多为一些拥有大规模、广泛零售店面的渠道商把控。互联网的出现，让制造商可以通过电子商务手段掌控自己的终端。互联网消除了昂贵的实体店面成本，带来强大的数据流、实时的信息流，让制造商们可以追踪、收集、分析顾客数据，并根据这些数据实时调整自己的生产运营，满足顾客需求。以上海家化为例，上海家化自从进入电商领域后，采用直营模式，根据消费者数据来挖掘和了解市场需求，实现精准推送。上海家化发现晚上 11～12 点买东西的人特别多，于是推迟了线上客服下班的时间，以匹配这部分需求；通过数据分析，根据顾客的不同购买频率进行不同包装化妆品的推荐，初次购买进行试

---

① 传统模式下制造和销售分工，如此也符合专业化分工的原则（节约交易费用，实现规模经济和范围经济）。

② 当然，分销商在此联系中作为生产和消费的媒介，承担着上通下达的产品流通功能。这是传统意义中分销功能的自有之意。

用版推荐，多次购买推荐升级版，家庭购买则推荐大包装。上海家化在线上的精准营销，为企业赢得了新的利润增长点，2018 年企业净利润为 5.40 亿元，同比增长 38.63%。

（2）制造商线上间接销售（线上分销模式）。

类比线下分销渠道，制造商线上分销模式即通过网络经销商或网络零售商进行销售。制造商不再直接面对消费者，而是将产品转移给网络分销商，再由这些互联网经销商转移给消费者，其本质上仍是 B2C 模式。鉴于本书主要探讨互联网背景下制造商对零售领域的深度介入，因此，我们只关注制造商主导下的线上分销情形，在此情形下从网络销售商的选择到产品价格的制定、产品的区隔以及渠道协调均由制造商主导完成，线上经销商处于从属地位。此类情形通常适用于具有较强市场势力的品牌制造商。对于非制造商主导的线上分销情形，我们认为彼时制造商和网络零售商属于供应链上成员间合作，制造商介入零售的程度不深，转售职能由网络零售商完成，因此不在本书讨论范围之内。

网上分销模式下互联网赋能体现在以下两个方面。

第一，互联网帮助经销商终端联网，为制造商和顾客接触提供了更多的触点。互联网让企业的产品和服务直接站到了消费者眼前，倒逼传统经销商嬗变转型，从过去的中间渠道逐渐转变为承担为上游企业做好地面形象服务工作的职能，例如负责厂家线上销售的即时物流和线下店铺的产品陈列与导购。此外，经销商还可以利用自身聚集众多上游品牌的优势，建立自己的网络营销体系，为制造商和顾客接触提供更多触点。

第二，互联网助力经销商的销售分析，使之成为企业自有电商部门服务消费者的补充。互联网经销商间接渠道是制造商线上自营渠道的有益补充，作为制造商互联网战略的组成部分，制造商授权给一些资金雄厚、规模较大的经销商，允许其代理线上销售。互联网赋能经销商进行内部数据管理，通过分析比较不同区域、不同单品、不同渠道的销售情况，有利于发现营销管理过程中的堵点和痛点。七匹狼正是利用这一策略，进行适当的品类区隔，使得几大经销商协同作战，形成七匹狼电子商务发展的主要引擎。

根据上述分析，将已有的传统零售渠道和互联网线上渠道相组合，制造商开辟电商渠道的主要方式有：线上、线下均直销；线上直销、线下分销；线上分销、线下直销；线上线下均分销。从治理结构角度看，无论是线上还是线下，直接销售属于所有权联结多为垂直整合下的科层治理，而间接销售则属于部分垂直整合下的契约联结，多为市场治理和混合治理（第三方治理和双边治理）。从经营方式看，直销属于自营而分销则属于外包。从产业跨界融合的角度看，制造商线上直接销售很明显是制造企业对零售的跨界行为，间接销售只有制造商主导的供应链才能体现制造商对零售的深度介入。因此，我们只讨论制造商线上直接销售和制造商主导的间接销售这两种情形，分析制造商的线上渠道选择策略及其影响因素。图 4 - 1 显示了"互联网 +"背景下制造商通过开辟电商渠道跨界零售的方式。

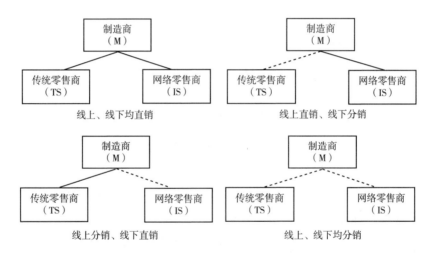

图 4 - 1   "互联网 +"下制造商开辟电商渠道的主要情形

注：实线代表垂直整合（直销），虚线表示契约联结（分销）。

4.1.1.2   "互联网 +"背景下制造企业开辟电商渠道的动力来源

当前制造商之所以会积极开展电子商务，热衷于开辟电子渠道、从事网上销售，主要受以下三个方面的因素驱动。

（1）提高渠道控制力的竞争需要。

近年来，电子商务发展迅猛，催生了一批专业化的电商企业，这类企业由于掌握流量入口，使得制造商尤其是广大中小型制造商在与其合作的过程中常常处于被动地位，主导权旁落。例如国内几家电商平台寡头的形成，除了向制造商收取高额佣金外，还会对平台上的商家①加以其他限制，如要求商家在平台上的售价不得高于其他平台甚至要求商家承诺平台供货的唯一性，即所谓的平台二选一。诸如此类的纵向约束和限制竞争的行为严重损害了制造商利益，市场份额逐步向几个大的头部电商集中，很多企业已经意识到了线上渠道被少数电商寡头"绑架"所带来的潜在危险，因此为了提高渠道控制力，获取市场势力，制造商自建电商平台已成为新的趋势②。此外，在互联网浪潮的冲击下，许多开通了线上渠道的大型制造商的示范效应明显，因此越来越多的企业将开通电子渠道进行多渠道经营作为供应链成员间竞争及供应链间竞争的有效手段（王聪等，2018）。

（2）满足个性化消费需求的市场需要。

消费观念和消费方式的改变是促使制造商实施电子商务战略的重要拉力。随着经济发展，人们收入水平不断提高，消费者的需求越来越体现出多样化、个性化特征，取代了原来的单一化、同质化，并且这种多样化、个性化的需求仍在不断快速、频繁地发生变化。在传统营销渠道中，中间商提供的增值服务较少，大多数中间商只是从制造商的仓库中把产品搬运给下一层次的渠道成员而已，难以有效地满足消费者多样化、个性化的需求。在网络营销情境下，制造商需要一种能快速响应市场的渠道模式，而电子渠道中交易过程处理的便捷性和对市场信息捕捉的敏捷性使其成为最合适的一种渠道模式。一方面，制造商通过互联网可以和消费者直接沟通，信息互动，增强对消费者的了解，更好地满足消费需求，减少生产的盲目性，实现以销定产；另一方面，电子渠道有利于制造商为消费者提供更便捷的服务。消费者足不出户，点击鼠标就能完成产品信息浏览、订购、支付货款等交易活动，然后坐在家中等候送货上门，大大节约了消费者外出购物的时间、精力和体力成本，极大地提升了消费者感知价值，使购物变得简单快捷。

---

① 京东、苏宁易购、天猫每年"双十一"的竞争便是例证。平台上的商家（供货商）可以是生产厂家，也可以是其他代理商或经销商，统称供货商，渠道不唯一。

② 中国行业研究网. 今年我国企业自建电商渠道已成趋势［EB/OL］.（2014-04-25）http://www.chinairn.com/news/20140425/175604706.shtml.

（3）降低渠道成本提高渠道效率的盈利需要。

基于互联网的电子渠道极大地降低了渠道成本，提高了渠道运行效率。首先，信息搜集、处理成本降低。电子渠道以互联网为基础，利用互联网进行网络调研比传统调查方法速度快、成本低。其次，库存成本降低。在传统营销渠道中，由于生产与需求以及供应链其他环节的衔接存在缝隙，为了避免由于供求变化而出现缺货带来的销售机会损失，渠道成员往往需要维持大量的库存，使得库存成本在渠道成本中占有较大比重。在基于互联网的电子营销渠道体系中，生产由需求驱动，制造商按顾客订单生产产品，并通过对整个营销渠道的整合，渠道成员间通过网络共享信息，各成员都能及时调整自身的生产、销售计划，使库存量保持在一个较低的水平甚至实现零库存，从而降低了库存成本。最后，管理成本下降。不同于传统营销渠道中的层层分销，中间环节过多会增加渠道成员间的协调费用，在网络营销环境下，制造商借助电子渠道直接向消费者销售产品，中间环节的省略和渠道结构扁平化使得管理成本下降。

4.1.1.3 "互联网＋"背景下制造企业电商渠道模式的选择和影响因素

在明确了"互联网＋"背景下制造商跨界零售的主要类型、行为方式，以及制造业为什么要跨界零售的基础上，本部分进一步分析制造商多渠道结构①的选择策略②以及影响因素。

（1）制造商网络渠道的选择。

本章第一节的分析指出，在企业经营实践中，基于互联网，制造商有三种电子渠道涉足零售，分别是自建线上渠道模式、接入第三方平台模式和线上零售商转销模式，其中自建和接入电商平台属于制造商的线上直接销售行为，线上零售商转销模式属于线上间接销售行为。表4－1从含义、商业模式、职能分工、优劣势四个方面比较了互联网介质下制造商跨界零售的三种行为模式的异同。

---

① 线上渠道和线下渠道并存，很多文献中称之为双渠道或混合渠道。

② "互联网＋"下的制造商渠道协调包括三类协调（在对电子渠道进行细分的基础上）：线上直接销售（官网商城＆第三方平台接入）vs 传统线下渠道；线上间接销售（单指制造商主导的线上分销）vs 传统线下渠道；线上直销 vs 线上间接销售。

表 4 – 1   "互联网＋"背景下制造商介入零售的三种方式比较

方式	含义	商业模式	职能分工	优劣势
自建线上渠道	制造商自建电商网站或经营零售网络	制造商投入自有资金建设网站，直接销售产品给用户以赚取利润；商品定价权和经营权均归制造企业所有	制造商实施线上垂直一体化，产权联结	**优势**：制造商具有市场主动权；**劣势**：重资产运行，初建成本高、市场份额小，容易引起传统零售商的抵触
接入平台	制造商付费接入第三方电商平台	制造商在第三方平台上直接销售产品给用户，支付销售返点给平台	制造商与线上平台属于合作关系，契约联结；平台充当中间人角色	**优势**：制造商轻资产运行，多平台铺开具有规模经济性，初建成本低；**劣势**：面对强势平台议价能力低，较高的平台抽成，市场主动权丧失，存在与传统零售商的冲突
线上零售商转销（制造商主导下①）	制造商通过与网络零售商合作实现在线分销	制造商将产品批发给在线零售商，由零售商自行决定产品的零售价格	制造商与网络零售商合作，契约联结	**优势**：当网络零售商由线下转型而来，则有利于缓和渠道冲突；**劣势**：存在双重边际效应

  本小节将要论述以下问题：面对上述三种渠道模式，制造商如何选择介入零售的方式？其条件和制约因素分别是什么？接下来，我们利用数学模型来对制造商的线上渠道选择问题进行分析。

  问题描述：根据上述分析，互联网赋能制造商开辟线上渠道，现制造商面临三种线上渠道选择：其一是制造商保有线下传统零售渠道，同时通过制造商建设官网商城进行直销，制造商自行制定产品零售价格，完成整个产品的销售过程；其二是制造商保有线下传统零售渠道，同时通过线上零售商进行分销，具有主导权的制造商将产品批发给传统零售商和线上零售商并决定批发价格，再由零售商自行决定产品零售价格；其三是制造商保持传统零售渠道，同时与第三方电商平台合作，制造商在电商平台开设在线店铺，自行决定网上产品零售价格，制造商根据销售额向电商平台支付一定比例的佣金

---

  ① 如何体现制造商主导性？答案是定价权。

作为报酬。接下来，我们分析在满足什么条件下，制造商会选择网上自建、网上分销、网上平台。

模型假设：制造商只生产一种产品，为简化分析，假设制造商的单位生产成本为零。无论传统零售渠道还是网络渠道中均为制造商强势，因此网上自建和网上平台模式下制造商具有产品零售价的定价权；网络分销模式下制造商先确定批发价格，网络零售商看到批发价后再确定网络零售价。所有渠道成员（制造商、网络零售商、传统零售商、消费者）均为风险中性并具有完全理性。假定传统零售渠道和网络零售渠道的市场需求函数分别为：

$$q_t^i = (1 - \alpha)A - p_t^i + \beta p_e^i \qquad (4-1)$$

$$q_e^i = \alpha A - p_e^i + \beta p_t^i \qquad (4-2)$$

其中，q_t^i、q_e^i 分别为传统零售渠道和网络渠道的需求量，p_t^i、p_e^i 分别为两种渠道下的零售价格，A 表示市场容量（A > 0），α 表示网络渠道市场份额（0 ≤ α ≤ 1）；显然，传统渠道和网络渠道之间为替代关系，β 代表两种渠道的替代程度，0 ≤ β < 1。上标 i = 1，2，3，分别代表情形 1（自建网络渠道模式）、情形 2（网上分销模式）和情形 3（网上平台模式）；下标 t 代表传统渠道，e 代表网络渠道。

情形 1：自建网络渠道模式。

考虑一个制造商、一个零售商的最简单双渠道情形。在传统零售渠道中，制造商处于供应链的主导地位，具有产品批发价的定价权，而传统零售商处于弱势地位，从而构成了以制造商为领导者的 Stackalberg 博弈。此时，市场由强势制造商和弱势零售商分享。博弈顺序如下。

第一步，制造商选择自建网络渠道，确定传统零售渠道的批发价 w_t 和网络自建渠道零售价格 p_e。

第二步，传统零售商看到制造商给定的 w_t 和 p_e，确定传统零售渠道的零售价格 p_t。

传统零售商利润函数为：

$$\pi_t^1 = (p_t^1 - w_t^1)q_t^1 \qquad (4-3)$$

制造商利润函数为：

$$\pi_m^1 = w_t^1 q_t^1 + (p_e^1 - c_e) q_e^1 \tag{4-4}$$

按照逆向归纳法，先对式（4-3）求关于 p_t^1 的一阶偏导：

$$\frac{\partial \pi_t^1}{\partial p_t^1} = q_t^1 + (p_t^1 - w_t^1)\frac{\partial q_t^1}{\partial p_t^1} = 0 \tag{4-5}$$

由式（4-1）$\frac{\partial q_t^1}{\partial p_t^1} = -1$ 代入式（4-5）得：

$$p_t^{1*} = \frac{(1-\alpha)A + \beta p_e^1 + w_t^1}{2} \tag{4-6}$$

对式（4-4）分别求关于 p_e^1、w_e^1 的一阶偏导：

$$\frac{\partial \pi_m^1}{\partial p_e^1} = q_e^1 + (p_e^1 - c_e)\frac{\partial q_e^1}{\partial p_e^1} + w_t^1\frac{\partial q_t^1}{\partial p_e^1} = 0 \tag{4-7}$$

$$\frac{\partial \pi_m^1}{\partial w_t^1} = (p_e^1 - c_e)\frac{\partial q_e^1}{\partial w_t^1} + q_t^1 + w_t^1\frac{\partial q_t^1}{\partial w_t^1} = 0 \tag{4-8}$$

由式（4-1）、式（4-2）、式（4-6）可得：

$$\frac{\partial q_t^1}{\partial p_e^1} = \frac{\beta}{2},\ \frac{\partial q_e^1}{\partial p_e^1} = -\frac{2-\beta}{2},\ \frac{\partial q_t^1}{\partial w_t^1} = -\frac{1}{2},\ \frac{\partial q_e^1}{\partial w_e^1} = \frac{\beta}{2} \tag{4-9}$$

将式（4-9）代入式（4-7）、式（4-8）可得：

$$[2\alpha + (1-\alpha)\beta]A - 2(2-\beta^2)p_e^1 + 2\beta w_t^1 + (2-\beta^2)c_e = 0 \tag{4-10}$$

$$(1-\alpha)A + 2\beta p_e^1 - 2w_t^1 - \beta c_e = 0 \tag{4-11}$$

将两方程联立，(10)×β+(9) 可得：

$$p_e^{1*} = \frac{[\alpha + (1-\alpha)\beta]A}{2(1-\beta^2)} + \frac{c_e}{2} \tag{4-12}$$

将式（4-12）代入式（4-11）可得：

$$w_e^{1*} = \frac{[(1-\alpha) + \alpha\beta]A}{2(1-\beta^2)} \tag{4-13}$$

将式 (4-12)、式 (4-13) 代入式 (4-6) 可得:

$$p_t^{1*} = \frac{[3(1-\alpha)+2\alpha\beta-(1-\alpha)\beta^2]A}{4(1-\beta^2)} + \frac{\beta c_e}{4} \qquad (4-14)$$

将式 (4-12)、式 (4-13)、式 (4-14) 分别代入式 (4-1)、式 (4-2) 可得:

$$q_t^{1*} = \frac{(1-\alpha)A+\beta c_e}{4} \qquad (4-15)$$

$$q_e^{1*} = \frac{[2\alpha+(1-\alpha)\beta]A}{4} - \frac{(2-\beta^2)c_e}{4} \qquad (4-16)$$

令 $\qquad\qquad a = \alpha+(1-\alpha)\beta, b = (1-\alpha)+\alpha\beta \qquad (4-17)$

将式 (4-17) 代入式 (4-12)、式 (4-13)、式 (4-15)、式 (4-16) 可得:

$$p_e^{1*} = \frac{aA}{2(1-\beta^2)} + \frac{c_e}{2} \qquad (4-18)$$

$$w_t^{1*} = \frac{bA}{2(1-\beta^2)} \qquad (4-19)$$

$$q_t^{1*} = \frac{(b-\alpha\beta)A}{4} + \frac{\beta c_e}{4} \qquad (4-20)$$

$$q_e^{1*} = \frac{[a+\alpha]A}{4} - \frac{(2-\beta^2)c_e}{4} \qquad (4-21)$$

将式 (4-18)、式 (4-19)、式 (4-20)、式 (4-21) 代入式 (4-4) 可得情形 1 下的制造商利润:

$$\pi_m^{1*} = \left[\frac{a^2+b^2}{8(1-\beta^2)} + \frac{\alpha^2}{8}\right]A^2 - \frac{(2-\beta^2)(a+\alpha)}{8(1-\beta^2)}Ac_e + \frac{2-\beta^2}{8}c_e^2$$

$$(4-22)$$

情形 2: 网络分销渠道模式。

仍旧考虑一个制造商、一个传统零售商、一个线上分销商的最简单双渠道情形。博弈顺序如下。

第一步, 制造商先确定传统渠道批发价格 w_t 和线上分销批发价格 w_e;

第二步，传统零售商和线上分销商看到制造商制定的批发价格后，各自决定自己的零售价格 p_t 和 p_e。

传统零售商利润函数为：

$$\pi_t^2 = (p_t^2 - w_t^2)q_t^2 \tag{4-23}$$

线上分销商利润函数为：

$$\pi_e^2 = (p_e^2 - w_e^2)q_e^2 \tag{4-24}$$

制造商利润函数为：

$$\pi_m^2 = w_t^2 q_t^2 + w_e^2 q_e^2 \tag{4-25}$$

根据逆向归纳法，分别对式（4-23）、式（4-24）求关于 p_t^2、p_e^2 的一阶偏导：

$$(1-\alpha)A - 2p_t^2 + \beta p_e^2 + w_t^2 = 0 \tag{4-26}$$

$$\alpha A + \beta p_t^2 - 2p_e^2 + w_e^2 = 0 \tag{4-27}$$

联立式（4-26）、式（4-27）可解得：

$$p_t^{2*} = \frac{[2(1-\alpha)+\alpha\beta]A + \beta w_e^2 + 2w_t^2}{4-\beta^2} \tag{4-28}$$

$$p_e^{2*} = \frac{[2\alpha+(1-\alpha)\beta]A + 2w_e^2 + \beta w_t^2}{4-\beta^2} \tag{4-29}$$

对式（4-25）分别求关于 w_t^2、w_e^2 的一阶偏导：

$$\frac{\partial \pi_m^2}{\partial w_t^2} = w_e^2 \frac{\partial q_e^2}{\partial w_t^2} + q_t^2 + w_t^2 \frac{\partial q_t^2}{\partial w_t^2} = 0 \tag{4-30}$$

$$\frac{\partial \pi_m^2}{\partial w_e^2} = w_e^2 \frac{\partial q_e^2}{\partial w_e^2} + q_e^2 + w_t^2 \frac{\partial q_t^2}{\partial w_e^2} = 0 \tag{4-31}$$

由式（4-28）、式（4-29）可知：

$$\frac{\partial q_t^2}{\partial w_t^2} = -\frac{2-\beta^2}{4-\beta^2}, \frac{\partial q_t^2}{\partial w_e^2} = \frac{\beta}{4-\beta^2}, \frac{\partial q_e^2}{\partial w_t^2} = \frac{\beta}{4-\beta^2}, \frac{\partial q_e^2}{\partial w_e^2} = -\frac{2-\beta^2}{4-\beta^2}$$

将上式及式（4-1）、式（4-2）、式（4-28）、式（4-29）分别代入

式（4-30）、式（4-31）可得：

$$[2(1-\alpha)+\alpha\beta]A+2\beta w_t^2-2(2-\beta^2)w_t^2=0 \qquad (4-32)$$

$$[2\alpha+(1-\alpha)\beta]A-2(2-\beta^2)w_e^2+2\beta w_t^2=0 \qquad (4-33)$$

联立式（4-32）、式（4-33）可解得：

$$w_t^{2*}=\frac{(1-\alpha)+\alpha\beta}{2(1-\beta^2)}A \qquad (4-34)$$

$$w_e^{2*}=\frac{\alpha+(1-\alpha)\beta}{2(1-\beta^2)}A \qquad (4-35)$$

将式（4-34）、式（4-35）分别代入式（4-28）、式（4-29）可得：

$$p_t^{2*}=\frac{6(1-\alpha)+5\alpha\beta-3(1-\alpha)\beta^2-2\alpha\beta^3}{2(1-\beta^2)(4-\beta^2)}A \qquad (4-36)$$

$$p_t^{2*}=\frac{6\alpha+5(1-\alpha)\beta-3\alpha\beta^2-2(1-\alpha)\beta^3}{2(1-\beta^2)(4-\beta^2)}A \qquad (4-37)$$

将式（4-36）、式（4-37）分别代入式（4-1）、式（4-2）可得：

$$q_t^{2*}=\frac{2(1-\alpha)+\alpha\beta}{2(4-\beta^2)}A \qquad (4-38)$$

$$q_e^{2*}=\frac{2\alpha+(1-\alpha)\beta}{2(4-\beta^2)}A \qquad (4-39)$$

将式（4-17）分别代入式（4-34）、式（4-35）、式（4-38）、式（4-39）可得：

$$w_t^{2*}=\frac{b}{2(1-\beta^2)}A \qquad (4-40)$$

$$w_e^{2*}=\frac{a}{2(1-\beta^2)}A \qquad (4-41)$$

$$q_t^{2*}=\frac{b+(1-\alpha)}{2(4-\beta^2)}A \qquad (4-42)$$

$$q_e^{2*}=\frac{a+\alpha}{2(4-\beta^2)}A \qquad (4-43)$$

将式（4-40）、式（4-41）、式（4-42）、式（4-43）代入式（4-25）

可得情形 2 下的制造商利润：

$$\pi_m^{2*} = \frac{a^2 + b^2 + \alpha a + (1 - \alpha) b}{4(1 - \beta^2)(4 - \beta^2)} \qquad (4-44)$$

情形 3：平台代销。

在此情形中，制造商保持传统零售渠道，同时与第三方电商平台合作，制造商保有产品所有权，并在电商平台开设在线店铺，自行决定网上产品零售价格，电商只负责销售，制造商根据销售额向电商平台支付一定比例 λ 的佣金作为报酬（0 < λ ≤ 1）。博弈顺序如下。

第一步，制造商先决策传统渠道批发价格 w_t^3 和网上代销渠道零售价格 p_e^3；

第二步，传统零售商看到上述价格后决策零售价格 p_t^3，各自寻求利润最大化。

传统零售商利润函数为：

$$\pi_t^3 = (p_t^3 - w_t^3) q_t^3 \qquad (4-45)$$

平台商利润函数为：

$$\pi_r^3 = \lambda p_e^3 q_e^3 \qquad (4-46)$$

制造商利润函数为：

$$\pi_m^3 = w_t^3 q_t^3 + (1 - \lambda) p_e^3 q_e^3 \qquad (4-47)$$

为简化计算，令 r = 1 − λ，代入式（4-47）可得：

$$\pi_m^3 = w_t^3 q_t^3 + r p_e^3 q_e^3 \qquad (4-48)$$

根据逆向归纳法，对式（4-45）求关于 p_t^3 的一阶偏导数，可得：

$$p_t^{3*} = \frac{(1 - \alpha) A + \beta p_e^3 + w_t^3}{2} \qquad (4-49)$$

对式（4-48）求关于 w_t^3、p_e^3 的一阶偏导，可得：

$$\frac{\partial \pi_t^3}{\partial w_t^3} = w_t^3 \frac{\partial q_t^3}{\partial w_t^3} + q_t^3 + r p_e^3 \frac{\partial q_e^3}{\partial w_t^3} = 0 \qquad (4-50)$$

$$\frac{\partial \pi_t^3}{\partial p_e^3} = w_t^3 \frac{\partial q_t^3}{\partial p_e^3} + rq_e^3 + rp_e^3 \frac{\partial q_e^3}{\partial p_e^3} = 0 \qquad (4-51)$$

将式 (4-1)、式 (4-2)、式 (4-9) 代入可得:

$$(1-\alpha)A + (1+r)\beta p_e^3 - 2w_t^3 = 0 \qquad (4-52)$$

$$r[2\alpha + (1-\alpha)\beta]A - 2r(2-\beta^2)p_e^3 + (1+r)\beta w_t^3 = 0 \qquad (4-53)$$

联立两方程可解得:

$$p_e^3 = \frac{4r[\alpha + (1-\alpha)\beta] + (1-r)(1-\alpha)\beta}{8r(1-\beta^2) - (1-r)^2\beta^2}A \qquad (4-54)$$

$$w_t^3 = \frac{4r[(1-\alpha) + \alpha\beta] - (1-r)\beta[2\alpha + (1-\alpha)\beta]}{8r(1-\beta^2) - (1-r)^2\beta^2}A \qquad (4-55)$$

将式 (4-54)、式 (4-55) 代入式 (4-49) 可得:

$$p_t^3 = \frac{r[(3+r)\alpha\beta + 6(1-\alpha) - 2(1-\alpha)\beta^2]}{8r(1-\beta^2) - (1-r)^2\beta^2}A \qquad (4-56)$$

将式 (4-56)、式 (4-57) 分别代入式 (4-1)、式 (4-2) 可得:

$$q_t^3 = \frac{r[2(1-\alpha)(1-\beta^2) + (1-r)\beta[\alpha + (1-\alpha)\beta]]}{8r(1-\beta^2) - (1-r)^2\beta^2}A \qquad (4-57)$$

$$q_e^3 = \frac{2r(1-\beta^2)[2\alpha + (1-\alpha)\beta] - (1-r)\beta[(1-\alpha) + \alpha\beta]}{8r(1-\beta^2) - (1-r)^2\beta^2}A$$
$$(4-58)$$

将式 (4-17) 分别代入式 (4-54)、式 (4-55)、式 (4-57)、式 (4-58) 可得:

$$p_e^3 = \frac{4ra + (1-r)(1-\alpha)\beta}{8r(1-\beta^2) - (1-r)^2\beta^2}A \qquad (4-59)$$

$$w_t^3 = \frac{4rb - r(1-r)\beta(a+\alpha)}{8r(1-\beta^2) - (1-r)^2\beta^2}A \qquad (4-60)$$

$$q_t^3 = \frac{r[2(1-\alpha)(1-\beta^2) + (1-r)\beta a]}{8r(1-\beta^2) - (1-r)^2\beta^2}A \qquad (4-61)$$

$$q_e^3 = \frac{2r(1-\beta^2)(a+\alpha) - (1-r)\beta b}{8r(1-\beta^2) - (1-r)^2\beta^2}A \qquad (4-62)$$

$$p_e^3 = \frac{4ra + (1-r)(1-\alpha)\beta}{8r(1-\beta^2) - (1-r)^2\beta^2}A \geqslant \left\{\frac{a}{2(1-\beta^2)} + \frac{(1-r)(1-\alpha)\beta}{8r(1-\beta^2)}\right\}A = p_e^{31}$$

$$(4-63)$$

$$w_t^3 = \frac{4rb - r(1-r)\beta(a+\alpha)}{8r(1-\beta^2) - (1-r)^2\beta^2}A \geqslant \left\{\frac{b}{2(1-\beta^2)} - \frac{(1-r)\beta(a+\alpha)}{8(1-\beta^2)}\right\}A = w_t^{31}$$

$$(4-64)$$

$$q_t^3 = \frac{r[2(1-\alpha)(1-\beta^2) + (1-r)\beta a]}{8r(1-\beta^2) - (1-r)^2\beta^2}A \geqslant \left\{\frac{(1-\alpha)}{4} + \frac{(1-r)\beta a}{8(1-\beta^2)}\right\}A = q_t^{31}$$

$$(4-65)$$

$$q_e^3 = \frac{2r(1-\beta^2)(a+\alpha) - (1-r)\beta b}{8r(1-\beta^2) - (1-r)^2\beta^2}A \geqslant \left\{\frac{a+\alpha}{4} - \frac{(1-r)\beta b}{8r(1-\beta^2)}\right\}A = q_e^{31}$$

$$(4-66)$$

将式 (4-63)、式 (4-64)、式 (4-65)、式 (4-66) 代入式 (4-47) 可得情形 3 下制造商的利润：

$$\pi_m^{3*} \geqslant \pi_m^{31*} = \left\{\frac{a(a+\alpha)r}{8(1-\beta^2)} + \frac{b(b-\alpha\beta)r}{8(1-\beta^2)} - \frac{(1-r)^2\beta^2(b-\alpha\beta)b}{64r(1-\beta^2)^2}\right.$$

$$\left. - \frac{(1-r)^2\beta^2(a+\alpha)a}{64r(1-\beta^2)^2}\right\}A^2 \qquad (4-67)$$

下面我们将比较三种情形下制造商的利润，以此得出制造商进行渠道选择的依据。

情形 1 与情形 2 的比较：

$$\pi_m^{1*} - \pi_m^{2*} = \frac{2-\beta^2}{8}c_e - \frac{(a+\alpha)(2-\beta^2)}{8(1-\beta^2)}Ac_e + \frac{a^2+b^2+\alpha^2(1-\beta^2)}{8(1-\beta^2)}A^2$$

$$- \frac{a^2+b^2+\alpha a + (1-\alpha)b}{4(1-\beta^2)(4-\beta^2)}A^2 \qquad (4-68)$$

令式 (4-68) 等于零可解得：

$$c_e = \frac{(a+\alpha)(4-\beta^2) \pm \sqrt{\begin{array}{c}(a+\alpha)^2(4-\beta^2)^2 - 4(1-\beta^2)(4-\beta^2)\\ [a^2+b^2+\alpha^2(1-\beta^2)+(1-\alpha)^2]\end{array}}}{2(1-\beta^2)(4-\beta^2)}A$$

$$(4-69)$$

由于 $c_e > 0$，所以当 $c_e \geq \dfrac{(a+\alpha)(4-\beta^2) + \sqrt{\begin{array}{c}(a+\alpha)^2(4-\beta^2)^2 - 4(1-\beta^2)(4-\beta^2) \\ [a^2+b^2+\alpha^2(1-\beta^2)+(1-\alpha)^2]\end{array}}}{2(1-\beta^2)(4-\beta^2)} A$

时，$\pi_m^{1*} \geq \pi_m^{2*}$。此时制造商应选情形 1，反之，选情形 2。

情形 1 与情形 3 的比较：

$$\pi_m^{1*} - \pi_m^{31*} = \frac{2-\beta^2}{8} c_e - \frac{(a+\alpha)(2-\beta^2)}{8(1-\beta^2)} A c_e + \frac{(1-r)[(b-\alpha\beta)b+(a+\alpha)a]}{8(1-\beta^2)}$$

$$+ \frac{(1-r)^2\beta^2(b-\alpha\beta)b}{64r(1-\beta^2)^2} A^2 + \frac{(1-r)^2\beta^2(a+\alpha)a}{64r(1-\beta^2)^2} A^2 \qquad (4-70)$$

令 $g = (1-\alpha)b + (a+\alpha)a$，则式（4 - 70）可解得：

$$c_e = \frac{8r(a+\alpha)(1-\beta^2)(2-\beta^2) \pm \sqrt{\begin{array}{c}64r^2(a+\alpha)^2(1-\beta^2)^2(2-\beta^2)^2 - 32(1-\beta^2)^2 \\ (2-\beta^2)(1-r)[8r(1-\beta^2)+(1-r)\beta^2]g\end{array}}}{16r(1-\beta^2)^2(2-\beta^2)} A$$

当 $0 < c_e \leq \dfrac{8r(a+\alpha)(1-\beta^2)(2-\beta^2) + \sqrt{\begin{array}{c}64r^2(a+\alpha)^2(1-\beta^2)^2(2-\beta^2)^2 - 32r(1-r)^2 \\ \beta^2(1-\beta^2)(2-\beta^2)[(b-\alpha\beta)b+ra(a+\alpha)]\end{array}}}{16r(1-\beta^2)^2(2-\beta^2)} A$

时，$\pi_m^{1*} - \pi_m^{31*} \leq 0$，即 $\pi_m^{1*} \leq \pi_m^{3*}$，此时制造商应选择情形 3；反之，结果不确定。

情形 2 与情形 3 的比较：

$$\pi_m^{31*} - \pi_m^{2*} = \frac{a(a+\alpha)r}{8(1-\beta^2)} A^2 + \frac{b(b-\alpha\beta)r}{8(1-\beta^2)} A^2 - \frac{(1-r)^2\beta^2(1-\alpha)b}{64r(1-\beta^2)^2} A^2$$

$$- \frac{(1-r)^2\beta^2(a+\alpha)a}{64r(1-\beta^2)^2} A^2 - \frac{a^2+b^2+\alpha a+(1-\alpha)b}{4(1-\beta^2)(4-\beta^2)} A^2$$

$$= \frac{r(4-\beta^2)[a(a+\alpha)+b(b-\alpha\beta)] - 2[a(a+\alpha)+b(b-\alpha\beta)]}{8(1-\beta^2)^2(4-\beta^2)}$$

$$- \frac{(1-r)^2\beta^2[(1-\alpha)b+(a+\alpha)a]}{64r(1-\beta^2)^2} A^2 \qquad (4-71)$$

令 $g = (1-\alpha)b + (a+\alpha)a$，则式（4 - 71）等于：

$$\pi_m^{31*} - \pi_m^{2*} = \left[\frac{r(4 - \beta^2) - 2}{8 (1 - \beta^2)^2 (4 - \beta^2)} - \frac{(1 - r)^2 \beta^2}{64r (1 - \beta^2)^2} \right] gA^2$$

整理后可得：

$$\pi_m^{31*} - \pi_m^{2*} = \left[\frac{8 (1 - \beta^2) [r(4 - \beta^2) - 2] r - (1 - r)^2 \beta^2 (4 - \beta^2)}{64r (1 - \beta^2)^2 (4 - \beta^2)} \right] gA^2$$

$$(4 - 72)$$

令式（4 - 72）大于等于零，即为：

$$(4 - \beta^2)(8 - 9\beta^2) r^2 - 2 [8 - 12\beta^2 + \beta^4] - \beta^2 (4 - \beta^2) \geq 0, 其中 r \neq 0$$

$$(4 - 73)$$

令式（4 - 73）等于零可得：

$$r = \frac{2(8 - 12\beta^2 + \beta^4) \pm \sqrt{4 (8 - 12\beta^2 + \beta^4)^2 + 4\beta^2 (4 - \beta^2)^2 (8 - 9\beta^2)}}{2(4 - \beta^2)(8 - 9\beta^2)}$$

令

$$\eta_1 = \frac{2(8 - 12\beta^2 + \beta^4) + \sqrt{4 (8 - 12\beta^2 + \beta^4)^2 + 4\beta^2 (4 - \beta^2)^2 (8 - 9\beta^2)}}{2(4 - \beta^2)(8 - 9\beta^2)}$$

$$\eta_2 = \frac{2(8 - 12\beta^2 + \beta^4) - \sqrt{4 (8 - 12\beta^2 + \beta^4)^2 + 4\beta^2 (4 - \beta^2)^2 (8 - 9\beta^2)}}{2(4 - \beta^2)(8 - 9\beta^2)}$$

当 $\beta^2 < \frac{8}{9}$，且 $\eta_1 \leq r \leq 1$ 时，$\pi_m^{31*} - \pi_m^{2*} \geq 0$，可知 $\pi_m^{3*} - \pi_m^{2*} \geq 0$，此时制造商选择平台销售；反之，则不确定。当 $\beta^2 > \frac{8}{9}$，且 $\max(0, \eta_2) < r \leq \eta_1$ 时，$\pi_m^{31*} - \pi_m^{2*} \geq 0$，可知 $\pi_m^{3*} - \pi_m^{2*} \geq 0$，此时制造商选择平台销售；反之，则不确定。

由上述讨论可以看出，在互联网电子商务背景下，对制造商而言，其利润主要受到电子渠道所占市场份额（α）、线上线下渠道的替代程度（β）、市场容量（A）、线上直销单位成本（c_e）、电商平台抽成比例（λ）等因素的影响。前面讨论了制造商选择不同渠道的条件，制造商出于利润最大化选择自建线上渠道和第三方电商平台进行销售，均体现为制造商主导下跨界零售的行为，互联网电子商务为制造商跨界提供了条件。

（2）影响制造商触网跨界零售的因素。

除了上述影响制造商决策的渠道因素外，宏观战略层面和社会层面的因素也会对制造商触网跨界造成影响，这些因素包括以下三点。

其一，产品的标准化程度。标准化产品是企业向消费者提供的按一定的外形、尺寸、功能等进行划分生产，以利于识别、运输、交易的产品，如书籍、螺丝钉。通常认为标准化的产品更适合线上销售，这是因为标准化产品不具有特异性，不带有消费者个人色彩，如对同一家出版社的同一套书而言，消费者在线上和线下购买是无差异的，唯一要考虑的是价格。因此，当线上具有价格优势时，对于此类标准品，消费者很容易直接产生判断而购买，大大节约了线下搜寻和购买的时间、精力和体力成本。因此，产品的标准化程度越高，制造商越倾向于线上渠道。

其二，品牌认知度。对于品牌认知度高的产品，制造商更倾向于采用自建网络平台或接入第三方平台的直接销售方式介入零售；反之，品牌认知度低的产品，制造商倾向于采用在线分销的间接销售方式介入零售。品牌的市场认可度越高，制造商在渠道中越具有话语权，由于消费者的产品信任已经建立，因此制造商不再需要借助分销商或平台商建立与消费者的联系，富有实力的品牌制造商完全可以通过自己建设的官网商城向用户直接销售产品，比如苹果、海尔、华为等知名品牌制造商均无一例外都开设了自己的线上品牌直营官方商城。实践中一些知名制造商出于轻资产运营的考虑也会在第三方平台上开设官方旗舰店，主要为一些化妆品、服饰和快消品牌，如耐克、兰蔻、阿玛尼等。对于品牌认知度低的产品，由于用户认可度低，制造商只有借助线上线下分销商的渠道建设和服务，才能与用户逐步建立信任，因此对于制造商而言采用在线分销的间接方式是比较适宜的。

其三，目标市场群。制造商选择何种线上渠道还应考虑产品的目标市场群体的消费特征，如年龄、教育背景、收入等。通常线上渠道适合定位于中青年的消费群体的产品，这是因为中青年人群相较于老年人群而言，对新事物的接受度高，互联网接入率高；对于高收入群体，由于品牌偏好，制造商如果想要瞄准这部分消费者则应选择官网直销渠道或者线下渠道，通过优质服务获得这部分顾客的忠诚；针对价格敏感度较高的消费者，制造商应更多选择线上分销渠道，通过低廉的价格赢得这部分消费者的青睐。

4.1.2　制造企业通过服务延伸跨界零售

4.1.2.1　行为方式：制造业服务化

"互联网 +"背景下制造企业向零售领域跨界的第二种行为方式是服务延伸和深化。

制造企业服务深化包括服务投入深化和服务产出深化两个维度，制造企业向零售领域实施服务延伸属于产出的服务深化，即服务创新。所谓制造企业服务创新，是指制造企业向产业链下游延伸，通过在物质产品上提供增值服务获取新的竞争优势（Sawhney et al.，2004）。当制造企业提供涉及产品销售推广、市场区隔拓展、消费者维护引流等原本应由零售商提供的服务内容时，我们便认为此制造商跨界了零售。张文红（2013）提出，制造企业服务创新主要包括三种基本形式，即新的服务内容的增加、新的交互关系的建立、同时增加新的服务内容和建立新的顾客关系。彭本红（2013）将制造企业服务化分为三个阶段：第一个阶段，企业在有形产品上增加服务功能，使产品增值；第二个阶段，企业可以向别的企业提供服务或者接受别的企业为其提供服务；第三个阶段，企业的产品是信息、商品和服务的综合体。

借鉴既有研究，本书进一步考察制造企业在零售服务深化过程中互联网数字化所发挥的重要作用。

其一，互联网有利于制造企业精准匹配客户需求，创新服务内容。互联网大数据促进了制造企业服务化产品设计的创新。服务型制造改变了过去大产大销的模式，转而根据顾客需求进行个性化定制生产。企业在服务化转型过程中，要对顾客提供从简单维护到全生命周期综合解决方案的全流程个性化服务，因此个性化服务设计的重要性越来越凸显。个性化服务设计必须基于对顾客行为和需求的真正了解，以便有效反映客户需求并向客户清晰传递企业的价值主张，现实中制造企业往往缺乏对客户知识和经验的积累，从而造成服务化转型的失败。互联网加快了制造企业的服务化进程，其中一个重要的原因就在于服务型制造以顾客需求为驱动，而基于互联网的顾客行为产生的大数据分析为制造企业服务化推进提供了条件。大数据的规模性、高速性使得企业在构思、设计新的产品时，确保供应链上所有成员能够快速获得更新后的数据，并对顾客需求做出及时响应。基于关联规则的大数据分析，也有助于企业对顾客需求进行深度挖掘与开发，从而进一步促进企业服务化产品设计和生产的不断创新（董华、江珍珍，2018），实现用户个性化需求的精准匹配。

其二，互联网有利于帮助制造企业与用户建立新的交互关系，实现企业和用户价值共创，创新关系内容。互联网为制造企业和用户直接建立联系提供了平台和资源，从而建立起区别于传统价值关系的共创型顾客关系。传统情境下制造企业和客户之间的价值传递是单向地由企业传给消费者，消费者只能被动接受既定的产品和服务，价值逆向传递的渠道并不畅通。互联网改变了传统的价值传递和创造方式，基于互联网平台，制造业企业可以融合线上线下资源，优化和提升价值链共创网络，提高研发、生产过程的开放式创新水平，提高价值链上各合作方尤其是终端消费者的参与度。互联网作为开放的平台，降低了信息获取的成本，制造企业不仅可以方便地和用户直接互动，在与客户交互过程中满足其多样化需求，更重要的是客户在与企业的互动中成为价值的共同发现者和共同创造者，制造企业可以随时聆听顾客的声音，顾客的需求和反馈建议可以便捷地直达厂商，制造企业和顾客建立起新型交互关系。比如海尔的"人单合一"模式，要求企业员工与用户需求之间建立关联，即人、单、酬之间的互动协同，体现了海尔应对互联网环境下的价值共创过程；又比如小米手机建立的米粉圈，利用网络社群将小米手机用户的体验反馈直达制造商，小米发烧友根据自己的使用体验向厂商提出改进建议，参与产品设计，充分体现了互联网情境下制造企业和用户的价值共创。

其三，互联网有利于提高服务性要素在制造业价值链中的作用，实现工业平台化发展，整合创新服务内容和关系内容。互联网提高服务要素在制造业价值链中的作用体现在投入和产出两个方面。在服务投入方面，由于互联网可以突破地域、组织边界的限制，因此得以具有低成本整合各方资源的优势，通过数据、信息和知识的共享、集成、利用和再创造，使得设计研发、人员培训、产品销售、商贸物流、金融担保等服务性要素在制造业全部投入中的比重越来越高；同时，基于互联网的普及和广泛应用，制造企业可以通过多元化的金融服务、精准化的供应链管理和便捷的电子商务，进一步提高产品和服务的质量，提高交易效率，从而提升企业核心竞争力。在服务产出方面，依靠互联网大数据，制造企业逐步实现从机械化产品提供向智能化产品提供的转变，各种高科技、人工智能技术镶嵌在产品中，使得企业不再仅仅提供产品，更多的是提供与产品相关的技术服务，为客户提供包括技术支持、使用培训、智能升级、维修保养等一揽子服务，从而提高了产出的服务化比重。除此之外，互联网的深入应用，为平台化服务提供了更便捷的渠道和更加丰富的内容，基于互联网，制造企业开始向别的企业提供专业化服务，实现由制造商向服务集成提供商的转型。如徐工集团自主开发的汉云工业互联网平台，已累积设备画像、云备件、云 MES、车辆环保、能耗管理、预测性维护等十大高流量工业 App，赋能包括核心零部件制造、纺织设备制造行业、物流行业在内的 63 个行业、64 万用户及近千家企业客户，在咨询、规划、实施等环节形成标准化的解决方案；由北京计算中心建立的"工业云服务平台"致力于为中小企业提供购买或租赁信息化产品服务，以低成本实现了企业间产品设计、工艺规划、加工制造等方面的组织衔接与协同互动，为中小企业特别是制造企业信息化提供共性技术、支撑保障、技术交流，帮助中小企业解决了研发创新以及产品生产中遇到的信息化成本高、研发效率低下、产品设计周期较长等问题。

综上所述，互联网从服务内容、服务关系、服务平台三个方面支撑了制造企业向服务领域的跨界延伸，为制造企业服务深化提供了有利条件。

4.1.2.2 "互联网 +" 背景下制造企业服务延伸深化的动力来源

（1）互联网"体验式消费"和"扁平化社群"驱动制造企业创新营销服务以满足顾客需求，增强客户黏性。

互联网经济有"体验式消费"和"扁平化社群"两个突出特征。互联网情境下的"体验式消费"是指消费者为了获得精神上的满足而进行的线上线下体验的行为以及为了能够进行线上线下消费而进行的了解、感知、鉴赏的行为。"互联网＋"背景下体验与消费的地点既可以是线上也可以是线下，现实的情况是很多人在实体店里面体验完以后，记住产品的品牌和编号然后在网上购买。通过实体店进行体验，通过网络在线上购买完成是当前互联网体验式消费的主要特征，也有一种情形是顾客在线上支付进行购买，到线下实体店拿货。无论是从线上到线下，还是从线下到线上，此种 O2O 模式下，顾客能够略去渠道商，就自身偏好、消费习惯、产品体验等情况与制造企业直接互动。因此，"互联网＋"模式使企业无限接近消费者，促进了企业营销服务创新。

"扁平化社群"则为客户和企业搭建了直接平等的交互渠道。"社群"概念最早来源于施乐公司的"实践社群"，指组织成员间基于共同学习而形成的非正式群体，"互联网＋"模式有利于企业培育顾客社群，甚至能形成"粉丝"现象。如 MIUI 用户界面使企业零距离地与手机用户进行互动，就产品功能改进展开激烈讨论，实现了雷军所说的"兜售参与感"，并形成"米粉"现象，与此相似的还有"果粉""花粉"。

体验式和社群化的互联网思维导致了制造业营销服务的创新。其一，体验式和社群化的互联网思维迫使企业将以往的被动销售转变为有针对性的主动营销。其二，体验式和社群化的互联网思维强调客户参与的重要性，产品属性由于顾客参与被赋予新内涵，产品生命周期因社群中的共同情感而延长。企业在社群中与客户实时互动，一方面有助于企业精确瞄准市场，设计开发更贴合客户实际需求的前瞻性产品，提高研发效率；另一方面在社群互动中也让企业方便地获取客户的使用反馈，进而及时地更新换代新产品，提高了客户信赖。其三，社群互动中企业与客户建立的信任关系长久而稳定，企业的营销目标从短期提高销售量变为培养长期战略伙伴关系，有效增强了客户黏性，实现了长期收益增长。

因此，为了适应互联网经济的特点，制造企业亟须变革营销思路和模式，从传统制造商转变为解决客户个性化需求的服务供应商，在提高核心竞争力的同时培养客户对企业、品牌的忠实度，增强客户黏性。

（2）互联网促进资源整合，驱使制造企业通过并购服务机构，实现服务业务拓展和服务产品体系的完善。

互联网信息技术催化了制造业的产业融合浪潮。为了发展服务业务、开拓服务市场，制造业常常利用生产性服务这一联系纽带与服务业进行跨界融合和资源整合。通过并购，制造企业可以迅速在新服务业务中取得优势，拓展当地服务市场。此外，在互联网信息化背景下，制造企业改变了以往独立组织生产、单独参与市场竞争的经营策略，开始有意识地搭建以企业本身为中心，涵盖设计研发、原材料采购、产品生产、物流销售等全环节在内的供应链体系，因此以客户的需求为原点，制造企业与供应链上下游的其他企业或机构紧密合作，共享资源、协同生产，必然要求变革其组织体系，制造业与服务业的边界越来越模糊，制造业借此实现服务化转型升级，进一步获得全新的竞争优势。

（3）互联网助力智能制造，驱动制造企业提供一体化产品服务解决方案，创造多个价值增值环节，帮助企业获取全新竞争优势。

互联网信息技术为制造业带来生产工艺和生产技术的革新，制造业逐渐与工业新材料、新工艺、新能源、先进制造等创新成果跨界融合，引发了全球新一轮的科技革命和产业变革。在互联网信息技术支撑下的智能制造将信息流与制造过程高度融合，一方面，通过对机器操作数据、生产环节数据的实时感知和边缘计算，实现机器设备的动态优化调整，构建智能机器和柔性生产线；另一方面，基于供应链数据、用户需求数据、产品服务数据的综合集成与分析，实现企业资源组织和商业活动的创新，形成网络化协同、个性化定制、服务化延伸等新模式。

通过信息流和智能制造相结合的方式，制造企业有能力按照客户的不同需求为其提供个性化的整体解决方案式服务，为企业获取新的竞争优势。进一步地，制造企业通过提供一体化产品服务解决方案，实现从产品制造商到服务供应商、集成商的角色转换。企业依赖其所拥有的专业知识、数字化能力等无形资产成为整体解决方案式服务的提供商，这些无形资产在同行竞争中独特且不可替代，构成了企业的核心竞争优势，也为企业带来更多的财务收益。

4.1.2.3 "互联网 +" 背景下制造企业零售服务延伸的路径和影响因素

(1) "互联网 +" 背景下制造企业零售服务延伸的路径。

马蒂厄 (Mathieu, 2001)、格鲍尔 (Gebauer, 2005) 等提出两类制造商服务模式——基于产品的服务 (service supporting the product, SSP) 和基于客户的服务 (service supporting the customer, SSC)。基于产品的服务是在有形产品的基础上附加一定的服务内容, 服务内容与实物产品具有较高的相关性, 这类服务是依附于实物产品的, 包括产品安装、维修、监督、检验、测试、代理以及回收等, 服务的目的是确保产品的正常使用, 或者便于顾客使用该产品。基于客户的服务不再与自身产品相绑定, 而是将原来集成在产品中的知识、技能与其他要素进行分离和外化形成各类高附加值的服务要素, 制造企业通过向顾客提供包含这些服务要素的 "产品—服务包" 或 "纯服务" 来实现价值增值。此类服务的目的在于挖掘客户的潜在需求, 利用企业自身的运营优势和强大的服务体系, 为客户提供 "服务解决方案" 或 "组合服务", 以实现价值获取的转变, 最终实现制造企业与客户之间的双赢。

可以看出, 既有研究提出的两类制造商服务模式中, 基于产品的服务 (SSP) 是基础性阶段, 基于客户的服务 (SSC) 则是对产品服务的提升和发展, 是制造企业服务化转型的高级阶段。前者侧重基于服务增强制造企业产品竞争力, 通过向顾客提供广泛的、贯穿于产品销售前期、中期和后期的全过程与产品相关的差异化服务, 以此丰富产品内容, 增强产品竞争力, 提升制造企业绩效; 后者侧重于服务价值的创造, 差异化体现在作为价值来源的核心服务要素的提供当中, 服务的定制化程度更高。马蒂厄 (2001) 从四个方面对上述两种服务进行了比较分析, 如表 4 - 2 所示。

互联网所属的信息通信技术为制造企业向服务领域延伸提供了技术平台和实现的可能性。基于现有研究, 本书进一步指出, "互联网 +" 背景下制造企业的零售服务延伸也存在两种路径, 分别是基于产品的延伸服务 (SSP) 和基于客户的整体性解决方案 (SSC)。

表 4 - 2   **Mathieu** 提出的两种服务分类的比较分析

维度	SSP	SSC
服务的直接接受者	产品	人
关系的强度	低	高
服务的定制化程度	低	高
营销组合中的关键要素	有形的证据和过程	人

资料来源：Mathieu V. Product Services：From a Service Supporting the Product to a Service Supporting the Client［J］. The Journal of Business & Industrial Marketing, 2001, 16（1）：39 - 41.

①"互联网 +"背景下的产品延伸服务（SSP）。产品延伸服务是指制造企业为顾客提供覆盖产品全生命周期的各项服务（涵盖售前、售中和售后），强化与顾客之间的关系。从仅仅关注实物产品的生产，到为某一特定产品或一组产品提供相关联的服务，再到全周期的顾客消费性服务，制造企业的产品延伸经历了从产品主导到服务主导的转变。售前服务，就是帮助顾客做出购买决策和产品采纳的服务，包括广告促销、产品描述、产品陈列。售中服务，就是从技术、服务内容上引导顾客选购，帮助顾客实现产品各项功能的使用，包括安装服务、使用指导和培训、金融租赁和贷款服务等。售后服务，指顾客购买后的一系列服务，包括物流配送、维修保障、产品升级、错误补偿、回访检查、旧物回收等。

互联网作用于产品全生命周期的各项服务，加速了制造企业向零售领域的延伸。售前阶段，传统的产品销售以商店陈列展示为主，"互联网 +"背景下制造企业可以在自营的网络商店上陈设自己的产品，也可以和各大电商平台合作，进行线上销售推广。除了直接借助网络销售外，制造商还可以利用线上网络优势对线下进行引流，实现线上线下协同发展。售中阶段，制造商利用互联网可以直接接受订单，通过自己的在线客服对消费者进行实时使用指导和服务；利用与网络金融机构的合作实现消费分期和免息贷款服务。售后阶段，利用互联网大数据，制造商可以及时获知产品使用年限、设置服务时点提醒，为消费者进行维修保养、升级检查和回访等服务。

②"互联网 +"背景下的整体性解决方案（SSC）。整体性解决方案是指制造企业以客户需求为中心，通过创新的产品和服务组合，为客户提供解决

问题的"高价值集成解决方案"（Davies，2004），包含三大元素，即服务、产品和系统。整体性解决方案是现代商业服务的必然产物，在不同行业中整体性解决方案的形式不一样，但其宗旨都是以消费需求为中心。在产品高度同质化的今天，整体性解决方案通过价值创造，提供集成的一站式服务，改变利润增长点，创造新的盈利模式。整体性解决方案不仅提供产品的销售，还提供相关的售后安装、维修保养、使用培训、金融保险等一系列服务，目的是扩大销售和实现服务价值增值的最大化。

互联网平台为制造企业实现集成化服务提供了所需资源和条件。互联网已经成为一种战略性资源，不再仅仅是技术系统或应用平台，通过互联网平台能够聚集、整合大量离散性资源，提高服务效率、提升质量，满足客户的个性化服务需求。其一，利用互联网平台，制造企业可以收集与产品生产、服务相关的大数据，并与外部供应商、合作伙伴等利益相关者共享，在产品研发设计阶段与客户充分交流，吸收客户意见和反馈，从而实现网络平台中各个利益相关者的价值共创。其二，利用互联网平台，制造企业与客户之间完全"脱媒"，企业可以直接接触消费者，便于制造企业精确掌握市场对产品服务的需求变化，企业通过网络平台能将众多资源和能力进行整合，便于生成匹配实体产品特征和客户使用特点的定制化服务。其三，制造企业通过网络平台集聚多方高离散性资源，共同提供面向客户的集成服务，通过多主体参与的制造、服务、知识等要素网络的价值协同，实现产品服务的相互嵌入，从而为制造企业提供满足客户个性化需求的整体性解决方案创造了条件。

一般认为，制造企业服务深化要经历三个阶段：第一阶段为实物产品阶段，制造企业仅关注物质产品，忽略了服务要素。第二阶段为服务附加阶段，制造企业在物质产品中融入一定的服务，通过利用附加服务更好地满足顾客的需求以增加产品吸引力、提升企业竞争力，在这一阶段服务要素主要是担任质量弥补者的角色。在这一阶段，服务被看作产品的附加物，同时也是产品的必要组成部分。第三阶段为"产品—服务包"阶段，服务被看作产品的重要（主导）部分，由物品和服务构成整体解决方案来满足顾客的需求，服务与产品实现了深入融合，服务成为差异化竞争的要素，产品和服务可以在产品生命周期的任何一个阶段相互关联而形成一个"包"。在这三个演化阶段中，制造企业、客户的价值得到了共同增加。图 4-2 显示了"互联网＋"背景下制造企业零售服务延伸的路径。

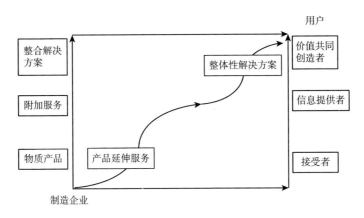

图 4-2 制造企业零售服务延伸路径

在图 4-2 中，制造企业从产品延伸服务提供者发展到整体性解决方案提供商，其角色经历了物质产品——附加服务——整合解决方案的转变；用户角色则经历了单纯接受者——信息提供者——价值共同创造者的转变。

（2）"互联网＋"背景下制造企业零售服务延伸的影响因素。

"互联网＋"背景下制造企业零售服务深化受到产品特性和企业跨界搜索能力的影响和制约，前者包括产品的客制化程度、产品架构的复杂度、设备的使用年限和成本；后者包括企业技术知识和市场知识的跨界搜索能力。

①产品的客制化程度。产品的客制化程度越高，制造企业涉足服务的程度越深。这是因为客制化程度越高的产品越带有客户个性印记，越需要制造企业按照客户要求生产出某一特定产品，才能满足需求，因此必然要求与特定产品相适应的服务。产品的个性化越突出，所需要的服务越精细，制造企业涉足服务的程度越深。

②产品架构的复杂度。产品越复杂，所需要的有关产品售前宣传推广，售中安装、使用、调试，售后维修保养等一系列服务知识的专业化程度就越高，服务知识的专业化限制了外部服务提供，只有制造商是最具备该产品专业服务的提供者，这也导致制造商涉足服务程度的加深。

③设备的使用年限和成本。对于一些使用年限比较长，后期保养成本比

较高的产品，由制造商提供服务是最划算的方式，比如电梯。电梯大型制造商 Schindler AG 公司，于 1874 年成立于瑞士，是电梯、自动扶梯、自动人行道及相关服务的供应商。该公司以向客户提供垂直运输服务的理念取代销售电梯设备，其租赁契约包括保养及维修服务，1992 年 Schindler AG 公司的服务收入已经占其总收入的 70%。

企业跨界搜索能力是突破产品刚性，实现服务创新的关键因素。技术知识和市场知识的跨界搜索均能推动制造企业的服务创新，其中技术知识跨界提供了获取有关技术、生产工艺和方法的新知识，市场知识跨界提供了获取新的分销渠道、新的细分市场的知识。跨界获取新知识的能力越强，则越有利于突破既有产品能力限制，有利于制造企业的服务创新。

4.2 "互联网＋"背景下的零售企业跨界制造

与第 4.1 节相对应，本节对称地分析"互联网＋"背景下零售商涉足制造领域跨界制造的情形。

在传统情境下，零售商主要通过两种方式涉足制造领域：一是零售企业自行建设产品生产基地，向产业链上游延伸。实践中有些大型零售商超投资建设自己的农副产品生产和加工基地①，实现蔬菜、水果生鲜等对自营超市的直供和自供，开设自己的加工车间，将散装货和裸装货等初级产品进行深加工或二次加工，这些由零售商生产或加工后的产品不仅供应自己的零售渠道，而且投放市场、供应销售给其他零售商。比如甘肃新乐连锁超市有限责任公司投资建设的"新乐食坊"中央厨房，按照食品加工标准化设计产品线，根据市场需求设计量能产值，其生产的土豆粉条、牛肉干、烘焙点心等获得了市场的认可，走出了一条传统零售商转型制造型零售商的发展路径。二是零售商自有品牌战略，零售商自有品牌（PB）是零售商市场势力的体

---

① 当然，"农超对接"更普遍的是契约制（与生产基地签订采购合同），自建好处在于质量可控，但投入成本高；采购契约制好处是外部生产容易实现规模化且成本低，但质量不可控。

现，也是零售企业为了避免同质化价格竞争所采取的差异化战略。20世纪90年代中期以来，沃尔玛、家乐福、特易购等大型零售商均开始实施大规模的自有品牌战略，随后波及便利店、药妆店、家居中心等几乎所有的零售业态。据统计，国际零售巨头沃尔玛30%的销售额、50%的利润均来源于自有品牌[①]。零售企业自有品牌商品的生产方式包括订购生产、委托生产及自主开发生产。订购生产方式下零售商不进行产品设计，而是对市场上已有商品的制造商进行甄选后订购该产品，使用自有品牌进行销售并承担产品质量风险和相关服务；委托生产方式下零售商根据市场需求，自行设计产品的原料、质量、规格、包装等，然后委托制造商按照零售商的要求进行生产，使用零售商自有品牌进行销售，产品质量风险和相关服务仍由零售商自行负责。自主开发方式下零售商自行独立完成自有品牌产品设计、生产的全过程。无论采取何种生产方式，在自有品牌的开发过程中零售企业常常需要全过程监管从商品企划、原材料采购、价格交涉、交货日期、质量管理到最终销售，从而使得零售企业深度介入制造企业生产流程。通过自有品牌开发，零售企业不仅仅是单纯的中间商，贴有零售企业自己品牌的产品开始与同类的制造企业产品在市场上展开竞争，两大产业间的融合特征凸显。

互联网电子商务的发展为零售商跨界制造赋予了新动能。互联网环境下存在两类零售商：传统零售商和天生具有互联网基因的电子商务商（简称电商），前者在互联网赋能下转型网络零售，布局线上线下全渠道，典型的比如苏宁易购。后者分两类，一类是专业化电商平台，自身不从事商品销售，而是为交易双方提供平台，其收益来源于平台对商家和消费者提供服务所赚取的佣金，典型的如淘宝天猫、拼多多；另一类电商既充当交易平台赚取佣金，也利用互联网从事商品线上销售赚取差价，典型的如京东。互联网情境下的零售商跨界制造是零售商主导下的产业融合创新，互联网不仅为零售商参与制造提供了更多的应用场景和更多元化的参与方式，而且对创新交易模式、赋能柔性供应网络都起到了至关重要的作用。互联网情境下的零售商跨界制造，互联网赋能主要体现在两类电商身上：自营型电商

---

① 数据转引自：朱丽萍. 科斯定理与流通产业的融合［J］. 市场营销导刊，2008（3）：13－17.

（包括由传统零售商转型线上而来的网络零售商）的自有品牌和平台型电商的柔性化定制生产。自营型电商的自有品牌战略在互联网情境下被赋予了新内容，具有新特征；平台型电商主导的柔性制造模式更是将新零售供应链的逆向整合演绎到极致。接下来，本书将分别详细分析"互联网＋"背景下零售商跨界制造的这两种情形，从行为方式、形成机理、影响因素等方面展开讨论。

4.2.1 电商的自有品牌战略

实践中，电子商务商可能有两个来源：传统零售商转型和原本就具有互联网基因的互联网电商企业。传统零售商"触网"后其原有的自有品牌自然而然地由线下迁移到线上，传统零售商的线上自有品牌基本沿袭了原有自有品牌战略，变化不大，因此本书将主要聚焦于电商企业的自有品牌战略以及其如何联系上游制造商实施跨界的行为。互联网赋能下，拥有线上线下两种渠道的网络零售商由于掌握了更多的通道资源，成为众多品牌制造商[①]联系市场的入口，在这种情况下，拥有更多市场势力的零售商通过自有品牌拓展和互联网社群下的个性化定制，深度介入上游生产环节，跨界制造。

4.2.1.1 行为方式

零售商的自有品牌战略肇始于服装行业，那些自有品牌服装专业零售商（speciality retailer of private label apparel，SPA）依托渠道优势，根据需求向上游制造商提出产品研发设计要求，制造商按照零售商要求进行产品研发、生产，以契合零售商自有品牌形象（其实就是定制生产）。服装零售商通过减少服装企划和店铺销售流程中的不必要环节，重新设计价值链，整合生产环节。该模式的典型代表如优衣库、无印良品都是属于零售商品牌。

SPA模式从服装行业向其他行业外溢，零售商开始广泛实施自有品牌战

---

① 品牌制造商（如海尔、格力）vs 非品牌制造商（大量中小厂商，零部件制造商、装配商等）。消费品存在品牌区分，资本品也是如此。

略,对上游制造环节实现引导和控制,市场势力不断向生产领域渗透延伸。超市业态中沃尔玛、家乐福、大润发、北京华联、物美均在产品层面拥有自己的产品品牌,涉及日化、食品、文化用品、生鲜等多个品类;家电连锁零售中宏图三胞、苏宁、国美也都拥有自己的产品品牌。在品牌发展过程中,伴随零售商的不断成长,零售商自有品牌也从产品层面逐渐升级到店铺层面和整个零售商层面。例如,上海共康服饰城中近 1/3,6000 多种商品采用"共康"品牌,即属于店铺品牌;英国最大的零售集团马狮百货,其下属的260 家连锁店只销售一个牌子"圣米高"牌产品,即属于零售商品牌。我国有很多老字号如北京同仁堂、内联升、吴裕泰、盛锡福、吴良材等,都是响当当的零售商品牌,传统老字号采用前店后厂的模式,既是零售商也是制造商。后期,随着市场竞争的加剧,为了实现生产的规模经济效应,很多品牌零售商将生产外包出去,选择符合质量要求的中小型制造商深度合作,由它们实现贴牌生产,零售商则负责提出设计要求、实施质量监控、提供服务支持,变身为销售商和集成商。

(1) 电商自有品牌的实施层次。

电商自有品牌按照品牌范围由窄到宽依次分为:品类品牌、店铺品牌和零售商品牌。互联网赋能下的网络零售的出现,大大增强了大型零售商的市场势力,尤其是网络电商异军突起,从品类品牌到具有高性价比的线上市场的店铺品牌,再到整合供应链形成线上线下统一市场的零售商品牌,基本上也遵循了传统市场品牌变迁的规律。不过,不同于传统零售商以类别品牌为主,电商企业自有品牌选择具有多样性,既有类别品牌也包括统一品牌。2018 年京东推出了八个自有品牌,分别是八享时、初然之爱、Hommy、佳佰、INTERIGHT、LATIT、京选以及京觅,涉及食品、母婴、家居、日用百货、服饰、箱包、家电和生鲜等多个品类,分属不同事业部,属于类别品牌;网易推出的自有品牌"网易严选",当当推出的"当当优品",淘宝推出的"淘宝心选",这类电商企业开发的所有自有品牌商品共用同一个品牌,且品牌名称与企业名称相统一,此种自有品牌则属于零售商统一品牌。通常专业化经营的 B2C 电商(垂直电商)会倾向于选择统一品牌(如当当、聚美、凡客),全品类经营的电商则倾向于品类品牌(如京东、亚马逊)。

（2）电商自有品牌的生产模式。

电商自有品牌的生产模式关系到"互联网＋"背景下零售商跨界制造的具体形式。如前面所述，理论上互联网电商企业仍然可以利用三种方式实施自有品牌战略，即自设生产基地、订购生产、委托生产。自设生产基地的方式由于采用重资产运营，企业资金投入较大，所以现实中较少有企业采用，实践中电商企业打造各类"精选"实施自有品牌往往采用订购生产和委托生产方式。

①电商订购生产，即 ODM 方式。所谓 ODM（original design manufacturer），即"原始设计制造商"，指某制造商设计出某产品后，被电商企业选中，电商企业要求制造商以电商的品牌名称或稍做改良来进行生产。一般而言，在 ODM 模式下，产品制造商与电商之间签署的 ODM 合同中会有一个条款就知识产权归属作出约定，在没有特殊协议的情况下，产品的外观、面料、尺寸等权益是归属于制造商的，制造商可将其设计方案和产品同时售卖给多个品牌方。电商企业中采用 ODM 方式的主要有网易严选和兔头妈妈甄选。

②电商委托生产，即 OEM 方式。所谓 OEM（original equipment manufacturer），即"原始设备制造商"，又称为定点生产、代工生产，是制造商（乙方）按来样厂商（甲方）的需求与授权，按照厂家（甲方）特定的条件而生产，生产的所有设计等都完全依照来样厂商（甲方）的设计图进行，生产出的产品采用甲方商标。在 OEM 模式下，产品的设计等相关知识产权权益归甲方所有，乙方产品为甲方量身定做，无权为第三方生产同样的产品。其本质是甲方对生产环节的外包。实践中京东京造和淘宝心选倾向于采用 OEM 和 ODM 相结合的运营模式。

无论是 ODM 还是 OEM 模式，其主要特征都是电商企业与上游制造厂商直连，剔除品牌溢价和中间环节，为消费者甄选高品质、高性价比的商品，从而在满足品质日益提升的消费者诉求的同时为电商企业赢得差异化竞争优势。不同于传统零售商大多通过销售促进、改善中下游供应链效率而形成价格竞争优势，各大电商企业自创精选品牌，其产品逻辑是围绕消费者品质诉求，从商品质量控制着手，提升全站商品品质，通过严格的品质把控，给消费者带来物美价廉的商品，形成以创新品控运营为核心的竞争力。

　　向上游制造商渗透的自有品牌品质化精选是"互联网＋"背景下零售企业跨界制造的表达机制，电商企业通过深入前端设计环节、中端生产环节、后端物流及售后环节，全过程参与，实现与制造商、消费者的价值共创，电商联手工厂正是互联网、大数据和实体经济深度融合的体现，其内在逻辑是电商对上游生产链的改造和探索。以网易严选为例，网易严选通过建立包括设计师、质检员等在内的专业团队，跟进整个供应链环节，网易严选实际上充当了"买手"和"品控员"的双重角色。首先，制造商与严选一起研发生产产品，严选利用自己的大数据，能够知道消费者喜欢什么，帮助制造商及时了解市场动态，而制造商知道怎样能够将产品质量做到最好、用最好的工艺把消费者喜欢的东西表达出来，更好地调配生产资源；其次，网易严选工作人员会深入各个原材料的核心产区，找到最优秀的制造商，并从原料选择、产品设计、样板打样、规模量产、销售物流等各供应链环节都与制造商保持紧密沟通，从而保证产品质量。在上述过程中，网络零售商和制造商紧密合作，通过共创（co-create）、赋能（empower）、开放（open）长期绑定战略合作伙伴关系，助推工厂实现数字化转型升级，共同为消费者和产业创造更大价值。

　　电商自有品牌以各大品质电商自营的方式在产业链上逆向整合制造与设计资源机会，发挥电子商务引导生产的作用。一方面，电商企业为合作制造商提供包括产品定位、研发设计、定价、品牌使用、营销推广、渠道销售等在内的全链条服务。具体来说，在供应链上游，电商自有品牌洞察消费者需求，辅助工厂进行 C2M 反向定制，实现不同品牌定位的产品精准开发；在供应链下游，通过覆盖全网电商平台和全国绝大部分区域的全渠道赋能，实现多元渠道的精准营销。另一方面，电商企业通过与合作伙伴共享信息，共建核心能力，推动商业数据在产供销全流程的打通，重塑了整个供应链体系。拆解开来，整个流程涉及品类选定、工厂筛选、模具设计、小样生产、质量检验、成品生产、随机质检、包装入库、物流运输、上架售卖以及售后服务。电商深度参与制造业，与制造商直连，不仅大大缩短了产销环节，为效率提升、协同优化提供了基础，更重要的是通过去"中间化"减少层层溢价，强化了电商企业在优化价值链各个环节中的作用。电商企业可以充分利用大数据优势，打通线上线下，帮助制造商更快速、灵活地感知市场，通过利用背靠大数据优势形成的产品理念，电商可以把控和制造业深度合作的每一个环节，对上游制造业各个环节的把控，反过来也更有利于电商形成自成一脉、具有独特风格的自有品牌特色，这也大大提高了整个供应链的运作效率。

（3）不同类型电商自有品牌的策略选择。

电商依托互联网在自有品牌建设过程中实现了对上游制造商的引导和控制，以流通内化生产的方式向产业链上游延伸，推动了零售业和制造业的跨界与融合。无论是选择代工企业推出电商自己的品牌，还是与工厂合作重新打造一个新品牌，甚至电商入股一家工厂都已然成为现实。刘文纲（2016）指出，传统零售商的自有品牌往往从低质低价的贴牌开始，逐渐过渡到关注市场需求和产品品质的模仿开发，然后到追求高性价比的联合开发阶段。不同于传统零售商自有品牌成长路径，网络零售商自有品牌受益于互联网信息优势和平台流量势力优势，从诞生之日起便跳过了贴牌生产阶段，直接起步于模仿开发，并快速向创新颠覆的独创性品牌阶段迈进。本书从电商企业经营模式出发，分析不同类型电商企业的自有品牌策略并进行比较。

①自营型电商的自有品牌策略。该模式下电商自建网络销售平台或自建采销平台，产品的采购和销售均由电商负责，电商通过赚取购销价差获利。典型代表有凡客、乐蜂网。因自营型电商通常比较擅长产品设计、生产、采购、销售与质量管理，因此，其自有品牌策略通常是在已有垂直自营模式基础上增加自有品牌业务（如乐蜂网）；或将自有品牌业务替代已有自营产品业务（如凡客）。无论是采用整体替代的凡客还是部分替代的乐蜂，电商都直接参与产品设计，自主进行产品的采买和营销，但由于此类垂直电商产品品类相对较少、入口流量有限，因此渠道控制和供应链议价能力不存在优势，针对制造商的供应链管理策略是"设计＋代工＋质量管理"。

②平台型电商的自有品牌策略。该经营模式下电商一般不负责具体产品的生产与销售，电商企业仅作为线上展示的平台，为入驻平台的厂家提供后台技术和服务，具体产品由入驻产品供货商提供，电商通过赚取佣金获利。典型代表如淘宝、天猫和亚马逊商城等。该经营模式下的电商自有品牌通常在原先第三方入驻供应商模式的基础上增加自有品牌业务（如淘宝心选和亚

马逊)。平台型电商由于产品品类较多,入口流量大,渠道控制和议价能力较强,但产品设计和采买方面经验并不具备优势,因此一般都会尽可能选择一些产品供应货源充足、质量管理相对简单的计算机、通信电子和家居类产品作为自有品牌产品,其针对制造商的供应链管理策略是"代工 + 质量管理"。

③混合型电商的自有品牌策略。该经营模式是上述两种模式的综合,既自营又做平台,典型代表如京东。在具体实践操作中,混合型电商不仅擅长产品设计、生产、采购、销售与质量管理,而且具有较强技术能力和较大的平台入口流量,因此其自有品牌策略通常采用自营、自有品牌以及第三方供货商同时存在的模式。混合型电商产品品类较多,入口流量较大,渠道控制和议价能力较强,其虽然有自营业务并因此具备一定的产品采买与营销经验,但因其运营重心不在自有品牌领域,故在实践中也采用"代工 + 质量管理"的方式。

综上所述,将各经营模式下电商的自有品牌策略总结,如表 4 – 3 所示。

表 4 – 3 不同经营模式电商的自有品牌策略

电商经营模式	渠道控制	产品设计	产品采买和销售	议价能力	PB 策略	典型代表
自营型	中	强	强	弱	设计 + 代工	凡客、乐峰
平台型	强	中	中	强	质管 + 代工	天猫、淘宝、亚马逊
混合型	强	中	中	强	质管 + 代工	京东

4.2.1.2 互联网赋能零售商实施自有品牌战略的机制

(1)"互联网 + "背景下零售商发展自有品牌的动力来源。

①零售企业盈利能力下降导致的趋利性动机。近年来,随着市场竞争环境的变化,大多数传统零售企业盈利能力明显下降,逐渐陷入微利运行甚至疲于奔命的窘境。2016 年零售巨头沃尔玛发布年报,显示其上一年度业绩为创建 35 年来历史最差,全球关店 269 家。导致零售企业盈利能力下降的原因是多方面的:一是近年来,劳动力成本和店铺租金成本的快速上升严重挤压了零售企业的盈利空间;二是在电商快速发展的冲击下,实体零售商面临着

消费者被严重分流的局面，以及更为激烈的价格竞争；三是零售企业自身经营能力弱化，以联营或租赁为主的经营模式在激烈的竞争中难以为继。在此背景下，零售商亟须回归主营业务，通过增加自营比重扩大盈利空间。由于自有品牌商品通常具备高毛利率、高周转率特征，因此零售企业往往通过发展自有品牌战略来降低经营成本、加速资金流转、提升品牌竞争力。

②生产变革带来的商品经营方式的自适应动机。生产方式的每一次变革都要求有相应的商品经营方式与之相适应，自有品牌正是基于对消费需求的深入理解、对消费者痛点的即时解决应用而生的。历史地看，人类生产方式经历了工场手工制→福特制→丰田制→温特制的依次发展，对应着手工制的个体化生产、福特制的大规模标准化生产、丰田制的订单驱动弹性生产、温特制的模块化生产，相应出现了直接流通渠道、百货商店、超市、连锁经营等专业化形式的流通组织形态和业态，再到今天工业互联网技术下所孵化出来的电子商务形态，每个阶段无不体现出生产方式对流通方式的要求，以及流通对生产的适应性。基于此，我们指出，零售商自有品牌正是对"互联网＋"背景下生产方式由自上而下的推式向自下而上的拉式系统转变的回应，零售商在对需求及时剖析、深入理解的基础上，针对消费痛点而设计自有商品，表达了C2B2M的需求驱动机制。例如，盒马自有品牌的瓶装米，百克单价显著高于市面其他产品，但上市3个月后其销量却月环比持续增长57%，究其原因，原来盒马基于线上大数据发现小包装米比大包装卖得好，于是尝试性地推出免淘工艺大米，并且在包装上用加水刻度线指导水米比例的方式，解决目标人群煮饭水米难定的问题，结果出乎意料的好。① 由此可见，基于用户需求开发自有品牌商品是企业对应生产变革的自适应和自调整，通常成功率会更高。

③提升渠道权力的逐利动机。对于制造品牌而言，如果电商平台只是作为一种销售渠道，那么若这些平台的销量不佳，制造商品牌不会愿意轻易降低产品价格帮助平台引流。因此，除了淘宝、京东等头部强势平台以外，大

---

① 资料来源：界面新闻．中间商亲自下场，自有品牌来势汹汹，传统消费品牌如何接招［EB/OL］．https：//www.jiemian.com/article.4376759_foxit.html，2020－05－14．

多数的电商零售企业还是依赖于一些知名制造商的产品降价促销给平台带来流量。电商零售企业建立自有品牌能在一定程度上降低其对制造商品牌过分依赖的风险，从而在与制造商议价方面拥有更多主动权。此外，开展自有品牌之后电商与上游的制造商合作更加紧密，利用数据优势对上游生产节奏、生产计划进行调整，反过来加强了上游制造商对电商的依赖，也有助于电商渠道权力的提升。

④增强用户黏性的发展动机。电商自有品牌有利于增强用户对电商平台的信任，提高用户黏性。用户的信任是平台拥有持续流量的保障，在当前日趋激烈的竞争环境下，电商成本增高的主要原因就是引流成本越来越高。从用户的角度来看，哪个品牌能够提供给用户放心、有品质、展示个性化，又能满足其他附加需求的商品，那么塑造出这个品牌的平台就会聚集到稳定的用户流量。用户黏性提高意味着电商平台的连接红利也会增长，从而吸引更高品质的制造商合作，形成双赢。

（2）互联网对零售商自有品牌实施的促进机制。

其一，互联网提高了零售商自有品牌产品差异化竞争的能力，推动从贴牌、模仿开发向联合、创新开发转变。传统零售企业由于自身资金和人员的限制，对商品定位以贴牌和模仿型开发为主，以同质低价策略吸引消费者。在贴牌生产阶段，零售商自身在产品开发中的投入和贡献较少，零售商对产品设计、生产完全没有主动权，仅仅是在代工厂的产品上贴上自己的商标；在模仿开发阶段，零售商一般通过跟踪制造商品牌的热销商品，提出自有品牌商品在功能、规格、包装和品质等方面的要求，委托代工生产商按要求生产加工。相较于贴牌而言，模仿开发方式下零售商虽然开始关注市场需求，但零售商对产品研发和生产的参与度仍然不高。随着互联网的发展，越来越多的传统零售企业转型"触网"以及网络零售商的崛起，尤其是大型网络零售商的快速发展，目标市场转向年轻人和白领，自有品牌市场定位也逐步转变为联合开发、创新开发为主。互联网赋能下的网络零售商具有快速捕捉市场需求的信息优势和较强的融资能力，具有互联网思维的零售商不再满足于模仿追随制造商热销产品，而是不断加大自有品牌研发投入，充分利用自身的数据优势，努力开发具有一定特色的自有品牌商品。在自有品牌的联合开发模式下，商品的功能、样式、规格、材质等均由网络零售商根据其所获取的市场需求信息进行设计，然后委托代工企业开发出样品或半成品；最后，零售商进行性能和用户测试，完成产品开发，进而决定是否量产上市。在联合开发中，网络零售商不但投入了大量的人力、物力，而且在定义市场需求、产品构思和形成新产品概念等方面发挥着绝对主导作用，特别是在定义市场需求方面，网络零售商所具备的信息优势十分明显，各类数据不仅使网络零售商能够对市场需求及其变化快速做出反应，而且加快了自有品牌产品的迭代速度，满足小众化需求，形成差异化产品特色。网络零售商在产品研发和设计生产环节的深度介入，实现了从下游零售向上游制造的跨界延伸。

其二，互联网大大增加了零售商与消费者的触点，有利于零售商及时依据市场需求精准进行品牌规划设计，充实品牌内涵，调整品牌定位。互联网尤其是移动互联网的发展，极大便利了零售商和消费者的信息交流与沟通，无论是售前、售中，还是售后，理论上零售商可以全天候24小时在线实时与消费者互动；在互联网上，消费者的浏览记录、购买历史等都会以数据的形式沉淀在后台，除此之外还有各种会员数据、流量数据、交易数据等各类大数据，甚至包括消费者的购后评价、微信微博留言等。互联网信息技术大大增加了零售商与消费者的触点，从而有利于零售商及时掌握、跟踪消费需求变化，根据市场需求更新完善自有品牌产品、充实品牌内涵、加快品牌迭代，使得产品在满足小众、长尾化需求方面具有竞争力。

其三，互联网大数据有利于零售商高度参与生产，与制造商形成深入合作，实现从原材料采购到生产每一环节的全程品控，降低成本，提高产品质量。在互联网信息技术支撑下，零售商可以深入参与自有品牌开发，在充分研究市场需求的前提下，对产品的供产销过程进行全程监控，从而有利于提高自有品牌产品质量。互联网一方面有助于传统零售商降低自有品牌运营成本，另一方面网络零售商自有品牌与制造商形成深度合作的战略伙伴关系，提高了产品的品质。如京东的dostyle、Hommy品牌，当当网的"当当优品"，凡客网的"VANCL"品牌，这些网络零售商往往能利用线上大数据，精确地传递用户需求，帮助制造商研发能够切中消费者痛点的产品，并制定最合理的价格；通过线上评论系统，零售商还能快速获取消费者反馈，帮助产品优化、迭代，淘汰表现不好的产品，减少试错成本；根据用户数据，实现精准引流，低成本、高效率地进行推广。网络零售商不仅向伙伴供应商传递互联网思维、推动产品快速迭代，而且以用户大数据作为连接点，形成新型零制战略联盟，将合作方式从原来的"单向"变为"双向"，带动供应商拥有更大范围的市场。

4.2.1.3 电商自有品牌引入的条件和影响因素分析

类比于线下零售的自营和联营，互联网情境下的线上零售存在两类网络零售商——自营型电商和平台型电商。自营型电商从制造商处采购产品，然后在线上销售，通过赚取价差获得利润，电商拥有商品的所有权，采取此经营模式的电商有京东、当当；平台型电商不进行商品的直接经营，而是在线上为制造商提供产品销售的平台，电商通过提取佣金的方式获得利润，并不拥有商品的所有权，采取此经营模式的电商代表有淘宝。本书分别针对这两类电商的自有品牌战略进行分析，从而得出电商自有品牌引入的条件并总结其影响因素。

假设有两个产品，产品 1 为制造商品牌（manufacturer brand），产品 2 为网络电商的自有品牌（store brand）。p_i 表示产品 i 的零售价格，w_i 表示产品 i 的批发价格，d_i 表示产品 i 所面临的市场需求，θ 为产品 1 的潜在需求量。$\prod^k$ 表示企业 k 的利润；k = m，r，分别表示制造商和电商。d 为市场需求量，p 为电商零售价格，F 为固定成本。上标 l、s 分别表示自营型电商未引入自有品牌和引入自有品牌的情形，n、t 分别表示平台型电商未引入自有品牌和引入自有品牌的情形。

情形 1：自营型电商未引入自有品牌。

电商仅销售制造商品牌产品，零售商具有主导权，此时博弈的顺序为电商先决定一个价格的加成 Δw，制造商看到电商的价格加成之后，再决定自己的批发价格 w。

需求函数为：

$$d^l = \theta - p^l \tag{4-74}$$

$$p^1 = w^1 + \Delta w^1 \qquad (4-75)$$

制造商和零售商利润函数为：

$$\pi^{1m} = w^1 d^1 - F \qquad (4-76)$$

$$\pi^{1r} = \Delta w^1 d^1 - F \qquad (4-77)$$

零售商为主导，按照逆向归纳法，对制造商利润公式（4-76）求一阶偏导：

$$\frac{\partial \pi^{1m}}{\partial w^1} = \theta - w^1 - \Delta w^1 - w^1 = 0$$

$$w^1 = \frac{\theta - \Delta w^1}{2} \qquad (4-78)$$

将式（4-78）代入式（4-77）并对其求一阶偏导数可得：

$$\Delta w^1 = \frac{\theta}{2} \qquad (4-79)$$

将式（4-79）代入式（4-78）可得：

$$w^1 = \frac{\theta}{4} \qquad (4-80)$$

$$p^1 = \frac{\theta}{4} + \frac{\theta}{2} = \frac{3\theta}{4} \qquad (4-81)$$

将式（4-79）和式（4-80）分别代入式（4-76）和式（4-77）可得：

$$\pi^{1m} = \frac{\theta^2}{16} - F \qquad (4-82)$$

$$\pi^{1r} = \frac{\theta^2}{8} - F \qquad (4-83)$$

情形2：自营电商引入自有品牌。

引入自有品牌后，电商同时销售产品1和产品2，产品1表示非自有品牌商品，产品2表示自有品牌商品。需求函数分别为：

$$d_1^s = \theta - p_1^s + r(p_2^s - p_1^s) \qquad (4-84)$$

$$d_2^s = \varphi\theta - p_2^s + r(p_1^s - p_2^s) \tag{4-85}$$

$$p_1^s = w_1^s + \Delta w_1^s \tag{4-86}$$

其中，φ 为大于零的正数，表示消费者对电商自有品牌的接受程度，$\varphi > 1$ 代表 SB 的认可度高于 NB，$0 < \varphi < 1$ 代表 SB 的认可度低于 NB。r 为大于零的正数，代表产品 1 和产品 2 的差异化程度，同类产品的差异度 r 越大，两种产品的竞争程度越高。

利润函数为：

$$\pi_1^{sm} = w_1^s d_1^s - F \tag{4-87}$$

$$\pi_1^{sr} = \Delta w_1^s d_1^s + p_2^s d_2^s - 2F \tag{4-88}$$

根据逆向归纳法，对制造商利润函数式（4 - 87）求一阶偏导数，可得：

$$\frac{\partial \pi_1^{sm}}{\partial w_1^s} = \theta - w_1^s - \Delta w_1^s + r^s p_2^s - r^s(w_1^s + \Delta w_1^s) - (1 + r^s)w_1^s = 0$$

$$w_1^s = \frac{\theta + r^s p_2^s + (1 + r^s)\Delta w_1^s}{2(1 + r^s)} \tag{4-89}$$

将式（4 - 89）代入式（4 - 88）并求一阶偏导数，可得：

$$\frac{\partial \pi_1^{sm}}{\partial \Delta w_1^s} = \theta - \frac{\theta + r^s p_2^s + (1 + r^s)\Delta w_1^s}{2} + r^s p_2^s - \frac{(1 + r^s)\Delta w_1^s}{2} + \frac{r^s p_2^s}{2} = 0$$

$$\Delta w_1^s = \frac{\theta + 2r^s p_2^s}{2(1 + r^s)} \tag{4-90}$$

$$\frac{\partial \pi_1^{sm}}{\partial p_2^s} = \frac{2r^s(1 + r^s)\Delta w_1^s}{2(1 + r^s)} + \frac{2(1 + r^s)\varphi\theta + r^s\theta - 4(1 + r^s)^2 p_2^s + 2r^{s2} p_2^s}{2(1 + r^s)} = 0 \tag{4-91}$$

将式（4 - 90）代入式（4 - 91）可得：

$$p_2^s = \frac{\left[(1 + r^s)\varphi + r^s\right]\theta}{2(1 + 2r^s)} \tag{4-92}$$

将式（4 - 92）代入式（4 - 91）可得：

$$\Delta w_1^s = \frac{\left[r^s \varphi + (1 + r^s) \right] \theta}{2(1 + 2r^s)} \tag{4-93}$$

将式（4-92）和式（4-91）代入式（4-90）可得：

$$w_1^s = \frac{\theta}{4(1 + r^s)} \tag{4-94}$$

将式（4-93）和式（4-94）代入式（4-86）可得：

$$p_1^s = \frac{\left[2r^s(1 + r^s)\varphi + 2r^{s^2} + 6r^s + 3 \right] \theta}{4(1 + r^s)(1 + 2r^s)} \tag{4-95}$$

将式（4-92）和式（4-95）分别代入式（4-84）和式（4-85）可得：

$$d_1^s = \frac{\theta}{4} \tag{4-96}$$

$$d_2^s = \frac{2(1 + r_1^s)\varphi + r_1^s}{4(1 + r_1^s)} \theta \tag{4-97}$$

将式（4-92）、式（4-93）、式（4-94）、式（4-96）、式（4-97）代入式（4-88）、式（4-87）可得：

$$\pi_1^{sr} = \frac{2(1 + r_1^s)^2 \varphi^2 + 4r_1^s(1 + r_1^s)\varphi + r_1^{s^2} + (1 + r_1^s)^2}{4(1 + r_1^s)} \theta^2 - 2F \tag{4-98}$$

$$\pi_1^{sm} = \frac{\theta}{4(1 + r_1^s)} \frac{\theta}{4} - F = \frac{\theta^2}{16(1 + r_1^s)} - F \tag{4-99}$$

比较情形1和情形2，分析自营型电商引入自有品牌的条件。

首先，引入自有品牌和无自有品牌时价格的比较：

$$p_1^s - p_1^1 = \frac{\left[2(1 + r^s)\varphi - 3 - 4r^s \right] r^s \theta}{4(1 + r^s)(1 + 2r^s)}$$

当 $\varphi \geq \dfrac{3 + 4r^s}{2(1 + r^s)}$ 时，$p_1^s \geq p_1^1$；当 $0 < \varphi < \dfrac{3 + 4r^s}{2(1 + r^s)}$ 时，$p_1^s < p_1^1$。

其次，引入自有品牌和无自有品牌时利润的比较：

$$\pi_1^{sr} - \pi_1^{lr} = \frac{2(1+r_1^s)^2\varphi^2 + 4r_1^s(1+r_1^s)\varphi - r_1^s}{8(1+r_1^s)(1+2r_1^s)}\theta^2 - F$$

$$= \frac{2(1+r_1^s)^2\theta^2\varphi^2 + 4r_1^s(1+r_1^s)\theta^2\varphi - r_1^s\theta^2 - 8(1+r_1^s)(1+2r_1^s)F}{8(1+r_1^s)(1+2r_1^s)}$$

因 $r_1^s \geq 0$，所以 $8(1+r_1^s)(1+2r_1^s) > 0$，当 $F \leq \dfrac{2r_1^{s^2}(1+r_1^s)+r_1^s}{4(1+r_1^s)(1+2r_1^s)}\theta^2$ 且

$$\varphi \geq \max\left\{\frac{\sqrt{4r_1^{s^2}(1+r_1^s)\theta^2 + 2[r_1^s\theta^2 - 8(1+r_1^s)(1+2r_1^s)F]} - 2r\theta}{2(1+r_1^s)\theta}, 0\right\} 时，\pi_1^{sr} \geq$$

π_1^{lr}，即自营型电商会引入自有品牌；当 $F \leq \dfrac{2r_1^{s^2}(1+r_1^s)+r_1^s}{4(1+r_1^s)(1+2r_1^s)}\theta^2$，且 $0 < \varphi <$

$$\frac{\sqrt{4r_1^{s^2}(1+r_1^s)\theta^2 + 2[r_1^s\theta^2 - 8(1+r_1^s)(1+2r_1^s)F]} - 2r\theta}{2(1+r_1^s)\theta} 时，\pi_1^{sr} < \pi_1^{lr}，此时电$$

商不会引入自有品牌。

根据引入自有品牌前后制造商利润的变化：$\pi_1^{sm} - \pi_1^{lm} = \dfrac{\theta^2}{16(1+r_1^s)} - \dfrac{\theta^2}{16} =$

$-\dfrac{r_1^s\theta^2}{16(1+r_1^s)} \leq 0$，可以看出，自营型电商引入自有品牌后，制造商的利润会

下降。

情形 3：平台型电商未引入自有品牌。

需求函数为：

$$d_1^n = \theta - p_1^n \tag{4-100}$$

平台商和制造商的利润函数分别为：

$$\pi_1^{nm} = (1-\alpha)p_1^n d_1^n - F \tag{4-101}$$

$$\pi_1^{nr} = \alpha p_1^n d_1^n \tag{4-102}$$

其中，α 为平台的佣金抽成比例，为既定的外生变量。

对式（4-101）求一阶偏导数可得：

$$p_1^n = \frac{\theta}{2} \tag{4-103}$$

将式（4 - 103）分别代入式（4 - 101）和式（4 - 102）可得：

$$\pi_1^{nm} = \frac{(1 - \alpha)\theta^2}{4} - F \qquad (4 - 104)$$

$$\pi_1^{nr} = \frac{\alpha\theta^2}{4} \qquad (4 - 105)$$

情形 4：平台型电商引入自有品牌。

需求函数为：

$$d_1^t = \theta - p_1^t + r^t(p_2^t - p_1^t) \qquad (4 - 106)$$

$$d_2^t = \varphi\theta - p_2^t + r^t(p_1^t - p_2^t) \qquad (4 - 107)$$

利润函数为：

$$\pi_1^{tm} = (1 - \alpha)p_1^t d_1^t - F \qquad (4 - 108)$$

$$\pi_1^{tr} = \alpha p_1^t d_1^t + p_2^t d_2^t - F \qquad (4 - 109)$$

根据逆向归纳法，对式（4 - 108）求一阶偏导数，可得：

$$\frac{\partial \pi_1^{tm}}{\partial p_1^t} = (1 - \alpha)[\theta - (1 + r)p_1^t + rp_2^t] - (1 - \alpha)(1 + r)p_1^t = 0$$

$$p_1^t = \frac{\theta + rp_2^t}{2(1 + r)} \qquad (4 - 110)$$

将式（4 - 110）代入式（4 - 109）并求一阶偏导数，可得：

$$\frac{\partial \pi_1^{tr}}{\partial p_2^t} = \frac{\alpha r^t \theta + \alpha r^{t^2} p_2^t + 2(1 + r^t)\varphi\theta + r^t \theta + 2[r^{t^2} - 2(1 + r^t)^2]p_2^t}{2(1 + r^t)} = 0$$

$$p_2^t = \frac{2(1 + r^t)\varphi + r^t(1 + \alpha)}{4(1 + r^t)^2 - 2r^{t^2} - \alpha r^{t^2}}\theta \qquad (4 - 111)$$

将式（4 - 111）代入式（4 - 110）可得：

$$p_1^t = \frac{2r(1 + r^t)\varphi + 4(1 + r^t)^2 - r^{t^2}}{2(1 + r^t)[4(1 + r^t)^2 - 2r^{t^2} - \alpha r^{t^2}]}\theta \qquad (4 - 112)$$

将式（4 - 111）和式（4 - 112）分别代入式（4 - 106）和式（4 - 107）可得：

$$d_1^t = \frac{2r(1+r^t)\varphi + 4(1+r^t)^2 - r^{t^2}}{2[4(1+r^t)^2 - 2r^{t^2} - \alpha r^{t^2}]}\theta \tag{4-113}$$

$$d_2^t = \frac{(1+r^t)[4(1+r^t)^2 - 2r^{t^2} - 2\alpha r^{t^2}]\varphi + r^t[2(1+r^t)^2 - r^{t^2} - 2\alpha(1+r^t)^2]}{2(1+r^t)[4(1+r^t)^2 - 2r^{t^2} - \alpha r^{t^2}]}\theta \tag{4-114}$$

令 $a = 4(1+r^t)^2 - 2r^{t^2} - \alpha r^{t^2}$，将式（4-111）、式（4-112）、式（4-113）、式（4-114）代入式（4-109）可得：

$$\pi_1^{tr} = \frac{\alpha[2r(1+r^t)\varphi + 4(1+r^t)^2 - r^{t^2}]^2\theta^2}{4(1+r^t)a^2} + \frac{[2(1+r^t)\varphi + r^t(1+\alpha)]}{a}$$

$$\frac{\{(1+r^t)[a-\alpha r^{t^2}]\varphi + r^t[2(1+r^t)^2(1-\alpha) - r^{t^2}]\}\theta^2}{2(1+r^t)a} - F$$

$$\pi_1^{tr} = \frac{4(1+r^t)^2\varphi^2 + 8r(1+r)(1+\alpha)\varphi + 4(1+r^t)^2\alpha + r^{t^2}}{4(1+r^t)a}\theta^2 - F \tag{4-115}$$

将式（4-112）、式（4-113）代入式（4-114）可得：

$$\pi_1^{tm} = \frac{(1-\alpha)[2r(1+r^t)\varphi + 4(1+r^t)^2 - r^{t^2}]^2\theta^2}{4(1+r^t)a^2} - F \tag{4-116}$$

比较情形 3 和情形 4，分析平台型电商引入自有品牌的条件。

首先，引入自有品牌和无自有品牌时价格的比较：

$$p_1^t - p_1^n = \frac{(1-\alpha)\left[\begin{array}{c}2r^t(1+r^t)\varphi + 4r^{t^2}(1+r^t) + 4(1+r^t)^2 \\ -8(1+r^t)^3 + 2r^{t^2}(1+r^t)\alpha - r^{t^2}\end{array}\right]}{2(1+r^t)a}$$

由于 $0 < \alpha < 1$，因此 $2(1+r^t)a > 0$，当 $\varphi \geq \dfrac{2(1+r^t)[2+6r^t+(2-\alpha)r^{t^2}]+r^{t^2}}{2r^t(1+r^t)}$ 时，$p_1^t > p_1^n$；反之，$p_1^t < p_1^n$。

其次，引入自有品牌和无自有品牌时制造商利润的比较：

$$\pi_1^{tm} - \pi_1^{nm} = \frac{(1-\alpha)\{[2r(1+r^t)\varphi + 4(1+r^t)^2 - r^{t^2}]^2 - (1+r^t)a^2\}\theta^2}{4(1+r^t)a^2}$$

当 $\varphi \geqslant \dfrac{\sqrt{[a+(1+\alpha)r^{t^2}]^2+ra^2-2r^{t^2}a-(1+\alpha)^2r^{t^4}}-a-(1+\alpha)r^{t^2}}{2r^t(1+r^t)}$ 时，$\pi_1^{tm} \geqslant$

π_1^{nm}；反之，$\pi_1^{tm} < \pi_1^{nm}$。

最后，引入自有品牌和无自有品牌时平台型电商利润的比较：

$$\pi_1^{tr}-\pi_1^{nr}=\dfrac{4(1+r^t)^2\varphi^2+8r(1+r)(1+\alpha)\varphi+4(1+r^t)^2\alpha+r^{t^2}-(1+r^t)a\alpha}{4(1+r^t)a}\theta^2-F$$

$$当\ \varphi \geqslant \dfrac{\sqrt{4r^{t^2}(1+\alpha)^2+[(1+r^t)a\alpha+(1+r^t)aF-4(1+r^t)^2\alpha-r^{t^2}]}-2r^t(1+\alpha)}{a}$$

即当 $\pi_1^{tr} \geqslant \pi_1^{nr}$ 时，平台型电商会引入自有品牌；反之当 $\pi_1^{tm} < \pi_1^{nm}$，平台电售商不会引入自有品牌。

由上述讨论可以看出，在互联网电子商务背景下，对电商而言，其利润主要受到市场的潜在需求量（θ）、固定成本（F）、电商品牌和制造商品牌的替代程度（r）、电商平台抽成比例（α）等因素的影响。前面讨论了自营型电商和平台型电商实施自有品牌战略的条件，电商自有品牌体现为零售商主导下跨界制造的行为，互联网电子商务为零售商跨界提供了条件。

4.2.2　自营型电商主导的定制化生产

电商主导的定制化生产是互联网情境下零售商跨界制造的另一种表现形式。类比线下零售商的自营和联营，存在线上自营型电商和平台型电商。互联网情境下的定制化生产出现了自营型电商主导的趋势，从早期制造商主导的定制到当代自营电商主导的定制，是互联网赋能线上零售的结果。

定制化生产是以需求为导向的生产方式，定制即客制，通俗地讲即"客户需要什么，厂商就生产什么"。这种需求驱动下的生产颠覆了早期工业生产"大产大销"的方式，以"小快单返"为典型特征。互联网赋能电商，为其主导定制生产的实现插上了腾飞的翅膀和落地的基石。本小节主要讨论分析电商主导下的定制生产的特点，分析互联网影响定制化生产的机理和电商实施定制化生产的影响因素。

4.2.2.1　电商主导的定制化生产的特点

按照供应链中的主导商（链主）不同，定制化生产可以分为制造商主导的定制和零售商主导的定制。谢莉娟（2015）指出，借助互联网的信息互通，生产者可以自流通，流通者也可以自生产，生产可以通过供应链整合而内含流通，流通也可以借助逆向的供应链整合而内含生产。零售商主导的定制化生产表达了供应链逆向整合机制，本质上是一种先创造商品，再经营商品的机制，零售商具有点多面广、直接接触消费者的天然优势，经由互联网的放大作用，使得零售商在产品概念的分析和形成方面得天独厚，电子商务的兴起则为零售商主导的定制化生产的实施提供了条件。零售商主导的模块化定制系统包括零售商、集成商、模块商，零售商凭借对终端销售平台等关键资源的掌握，形成产品概念和相应系统规则，对上游制造商提出产品设计研发要求，是整个系统的主导者；集成商细化零售商的系统规则，选择协调整合模块商，是系统中的资源组织者；模块商负责具体模块的生产，是系统中具体生产环节的执行者。

"互联网＋"背景下零售商主导的定制生产本质上是需求驱动型的定制化生产，这是因为相较于制造商，零售商居于供应链终端的位置决定了其对市场需求的掌握和理解最为直接和深刻。零售商主导的需求驱动型定制暗含以下两个条件。

首先，产品和流程可以模块化。产品和流程可以模块化，意味着消费者可以通过模块的差异化组合表达个性化的产品创意，制造商可以通过操作的离散化拆解配合消费者的创意实现。定制化生产以模块化设计、零部件标准化为基础，利用标准化模块，根据消费者需求组装形成不同的产品，以此实现低成本、大规模生产。吴义爽（2016）指出，任何产品都可以通过技术架构上的模块化以及生产过程的部件化与加总来实现，而产品特征总是可以通过给定部件上的参数设计以及各个部件的组合效应来体现。上述过程可以表述为个性化需求的同质化解构、同质化需求的标准化生产、标准化部件的个性化加总，经由这一实现机制解决大规模标准化生产和个性化定制不兼容的问题。

其次，定制就是需求。网络零售商可以利用电子商务平台迅速汇聚海量订单，不需要精准预测，只需要按消费者订单分解模块，按规模经济原则生产模块，按定制化需求组合模块，因此订单就是投票，定制就是需求。

4.2.2.2 互联网影响定制化生产的机理

互联网对零售商主导的定制化生产的影响体现在：强化了零售终端的资源优势①；提供了更广阔的与消费者接触的场景，从而实现需求创造；提高了零售商为模块化生产网络运行提供服务的能力。

（1）互联网强化了零售终端的资源优势。作为供应链的终端节点，零售商最接近市场，因此较其他供应链成员而言，拥有最完整和详尽的需求信息，对需求变化也最为敏感。在互联网信息技术赋能下，一方面传统零售商积极"触网"，开辟线上渠道；另一方面大型专业化电商也主动向线下布局。拥有线上线下两种渠道的零售商掌握了更多的渠道资源，成为制造商进入市场的重要入口。

（2）互联网提供了多样化的消费场景，创造需求。互联网情境下，消费场景被大大扩展，潜在消费需求被激发。新零售的全场景化将零售触角遍布整个生活角落，自动贩售机、同城跑腿、微商、网红、直播带货等各类新型零售模式层出不穷，线上引流形式多样；微博、微信、论坛等各类网络虚拟社群为消费者参与产品设计生产提供了入口。上述情形均有利于零售商综合运用各种线上线下的营销手段，充分挖掘顾客潜在需求，拓展消费需求的广度和深度，实现需求创造。

（3）互联网提高了零售商为模块化生产网络运行提供服务的能力。在零售商主导的供应链网络中，作为主导者的零售商要给予选定的模块供应商及供应链其他成员原材料采购、知识与技术投入、信息共享、物流等生产性服务支持，以确保高质量差异化产品快速投放市场。互联网赋能下，零售商的购销功能逐渐被平台职能所取代，零售商成为综合服务功能的分享大平台，

---

① 尽管也存在制造商去中间化的现象，但对于品牌零售商和大型专业化电商而言，互联网还是强化了其对于渠道资源的掌控力，使其成为再中间化的重要力量。

承担着匹配产销信息、传递物流配送、提供资金担保的职能。诸如天猫、拼多多这样的互联网平台型电商便是典型代表，传统零售商实施互联网转型后也大多向平台型发展，比如苏宁易购。各方交易的互联网化提高了服务效率和服务质量，加快了服务响应速度，将传统链式的单向交流转变为网络平台的多向交流，需求响应更加迅速、物流运输更加快捷、互联网支付交易更加安全，主导型零售商的网络服务能力大大增强。

4.2.2.3　动力来源

零售商主导的定制化生产，其本质是零售商主导的供应链逆向整合，要实现这一逆向整合，要求零售商拥有强大的纵向约束和控制能力。此处所要阐述的核心要点是："互联网＋"背景下零售商为什么要实施供应链逆向整合，进行模块化定制生产呢？我们指出，生产方式走向定制化，是消费升级、需求个性化的结果，需求拉动下的生产系统赋予了零售商天然的优势，使之在供应链中居于主导地位，这是因为零售商最大的优势在于它与消费者可以零距离接触，最了解消费需求信息，具有无与伦比的信息优势。互联网则强化了零售商的这一优势，零售商利用互联网大数据，可以综合运用各种线上线下的营销手段，充分挖掘顾客潜在需求，拓展消费需求的广度和深度，实现需求创造。因此，"互联网＋"背景下实现零售商主导下的定制化生产则显得理所应当，零售商聚合需求信息提供给上游生产商，并对从原材料采购、生产加工到售后服务的全环节进行控制，变身为所谓的零售制造商，跨界制造。

4.2.2.4　"互联网＋"背景下零售商定制生产的影响因素

零售商定制化生产表达了零售商逆向整合供应链的机制，体现了零售商自下而上地约束制造商、跨界制造[①]的动机和能力，互联网放大和增强了这种能力。在本小节中，我们对影响零售商定制生产的因素加以概括。

　　[①]　零售商自有品牌和定制化生产这两种行为，如果均由零售商自建产能、自行组织生产则毋庸置疑是跨界；如果零售商采用订购报销、委托生产、外包等方式，那么当零售商对生产环节有介入（参与，无论哪种形式），则我们也可认为零售商跨界了制造，介入程度越深，跨界的程度越深。

　　实施定制化生产的零售商（即所谓零售制造商）在供应链中具有区别于普通零售商的关键优势，除了具备上游环节的自主采购能力以外，由零售商向零售制造商转变通常更需要以成功的零售商角色为前提和根基，很多有实力的零售商通过将互联网线上渠道和传统线下渠道整合，将需求拉动型逆向整合嵌入 B2C 零售平台，既做电商，也做零售制造商（谢莉娟，2015）。我们将影响零售商跨界制造的主要能力因素总结为以下三个方面。

　　（1）自主采购的虚拟制造能力。模块和流程可以进行外包，但生产的过程必须由零售商组织。互联网可以加速信息交换，分散采购流程，减少业务流程环节，但不能取代物理过程的发生，尤其是复杂的物流过程。零售厂商需要进行独立的模块采购，包括原材料、加工、集成和服务的整体安排，并通过严格的筛选机制和标准化的行为规范来垂直约束供应商，而没有这些虚拟制造的组织能力就无法实现职能延伸。

　　（2）连锁经营的信息汇聚能力。不同于传统供应链中制造商制定生产计划需要从零售商处获取销售数据进行市场预测，"互联网＋"背景下零售商可以直接在自有的渠道终端获得一手的消费需求和市场态势的信息，正是这种广泛汇聚和实时反馈的信息优势构成了零售商对供应链上游环节的主导优势。这种信息优势越强，零售商对定制产品的定位就越精准。零售商如果本身就具有连锁经营的规模优势，那么毫无疑问它获得市场信息的能力会更强。此外，互联网情境下，虚实结合的渠道网络和点多面广的连锁经营网络相结合，不仅优化了实体连锁技术，也畅通了网络销售渠道，为零售商的信息优势加码助力。

　　（3）自有品牌的自主经营能力。零售制造商角色必须基于零售商角色的前提，但实际零售商既不是房地产商也不是业主，而是从事商品销售活动、有经营能力的经营者，这是零售商在供应链中构建强势话语权、形成零售品牌优势的根本，也直接影响着消费者对零售商品牌的认知度和购买意愿。目前，在实体零售店和在线零售平台上，零售商定制产品的销售业绩、开发广度和深度与零售商自身的品牌竞争力密切相关，对于缺乏独立经营实力的零售商，它们不会对上游制造商构成有效的纵向约束，也难以获得消费者对其定制产品的青睐。

4.2.3　平台型电商主导的柔性供应链：以犀牛智造为例

平台型电商主导的柔性供应链是互联网赋能零售、引导生产的另一重要形式。本小节将从理论上探讨平台型电商主导的柔性供应链的运行机理，构建电商平台主导的柔性供应链模型，并以阿里犀牛智造为例进行具体分析。

4.2.3.1　平台型电商主导的柔性供应链运行机理

（1）平台型电商主导的柔性供应链的内涵、目标与特征。

①内涵。供应链柔性指面对外部市场的不确定性，供应链处理并应对这种不确定性的能力。显而易见，该能力越强，越能快速响应外部变化的环境。我们把能对外部环境变化迅速做出反应的供应链称为柔性供应链，在万物互联的当前市场竞争环境下，互联网赋能电商以其强大的数字技术处理和应用能力成为柔性供应链的重要组织力量，形成以电商为主导的柔性供应链。

借鉴范塔齐等（Fantazy et al.，2018）的分类，我们认为电商主导的柔性供应链也包含着五个维度，分别是产品维度、采购维度、物流维度、研发维度和信息维度。产品柔性是指企业能否快速生产出符合顾客需求的新产品，这一维度需要企业对顾客需求有着深刻的理解和持续的追踪洞察，要求适时利用大数据技术以实现对市场变化的快速应对。采购柔性是指企业预测上游原材料供给数量和供给价格等方面变化趋势的能力，较强的采购柔性能够为企业节省成本。物流柔性是指供应链能够根据顾客需求变化提供相应的物流服务，最大限度上防止物流资源浪费，保证运能和传输、投递效率最大化的能力。研发柔性是指企业研究开发新产品的能力，该能力越强，越有利于企业缩短研发时间，以最快的速度占领市场。信息柔性是指供应链上企业内部以及企业之间信息传递的有效性，高效的信息传递有利于提高各环节的决策效率，减少管理损失。

②目标。平台型电商主导的柔性供应链的主要目标可以概括为：需求个性化差异化下实现成本降低和效率的提升，低成本、高效率实现小单快反，解决快速响应和品质下降的矛盾。

互联网经济下消费者需求个性化差异化特征明显，千人千面的消费需求势必要求生产具有足够的柔性，才能与需求相适应。但是长期以来的工业生产规律表明大额订单下的规模化生产才是最有效率的，这是由生产的规模经济和范围经济所决定的。那么，在面对极度异质化需求时如何能实现小规模定制，在产品种类增多的前提下，生产和管理成本不至于过快上涨，这便是智能制造的目标。

从规模化大生产到大规模定制再到单件小批量生产，当前制造业生产的一个突出困境便是：有好产能的库存下不来，能够快速反应的质量上不去。以服装业为例，没有正规的服装厂愿意接几百件的小订单，因为算上制版、开动机器的成本和人工费用，最后很可能是不赚反赔。找不到高质量的工厂接单，中小工厂作坊式的生产虽然可以满足碎片化需求，但是产品品质得不到保障，提前生产又势必造成库存积压。如何低成本、高效率地实现小单快反，解决快速响应和品质下降的矛盾，让按需生产、以销定产能够落地，在承接更多个性化、小规模订单的同时又可以保持低成本和高效率，则是当前新型制造、智能制造的核心目标。

实现这一目标的重点是将需求和生产连通，实现供需精准匹配。一方面，市场需求的完备信息可以快速、准确地传递到生产端，让上游厂商可以及时掌握需求变化；另一方面，可以集结高质量的生产能力实现对市场变化的敏捷响应，让多变的需求及时得到满足。中小企业缺乏自组织快反柔性供应链的能力，这是因为中小企业囿于自身技术和规模的限制，无法做到像一个计划组织者那样对供应链其他企业进行资源调度和产能安排。与中小企业不同，数字赋能下的电商经过前期对需求端数据的沉淀，已经积累了线上经营的经验，开始逐渐将其触角伸向生产领域，比如阿里前几年的"淘工厂"项目，便是电商与工厂"联姻"的有益尝试，旨在连接淘宝卖家与工厂，解决淘宝卖家找工厂难、小单试单难、翻单备料难、新品开发难的问题。总之，在数字经济情境下，具有互联网基因的电商企业天生具有数字化、技术化的特征，其所拥有的零售端大数据和数字化技术能力为需求侧和供给侧高效协同提供支撑，将消费互联网（商业）和工业互联网（制造业）连通起来，以达到供需的精准匹配。

③特征。

i. 数据驱动。数据驱动是电商平台主导的柔性供应链的基本特征。由于平台型电商和自营型电商分别对应传统零售的联营和自营模式，我们从零售业角度来阐述电商主导的柔性供应链的数据驱动特征。历史地看，可以把零售业信息化历程划分为四个阶段（李冠艺、徐从才，2017）：第一阶段为 1950 ~ 1990 年，以初级 IT 技术的应用和商品条码化、POS 机刷卡支付带来的快捷购物体验为标志；第二阶段为 1991 ~ 2010 年，以电子商务的快速兴起和 PC 互联网的普及为标志；第三阶段为 2011 ~ 2015 年，以智能手机和各种移动终端普及、移动互联网兴起为标志；第四阶段为 2016 年至今，数据、算力和算法成为支撑零售业信息化的核心驱动力，云计算、大数据、区块链、人工智能技术逐渐普及，不断颠覆着既有的商业模式，零售信息化的底层逻辑被改变。

数据驱动的作用主要体现在对"人货场"三位一体实施数字化全面协作，全链路进行数字化技术升级，并在数据生产、数据互通、数据反哺等关键环节实现突破，从而创造新的盈利价值点。

首先，数字化驱动"人货场"关系重构，在大数据基础上，"人货匹配"改变了原有顾客与商品之间的关系，在合适的时间、合适的渠道推送合适的商品给恰当的人，实现精准化营销；"人场匹配"通过数据化赋能渠道，使得渠道运营精细化；"货场匹配"利用大数据智能分析帮助企业选品选址，为门店运营提供决策支持，实现运营高效率化（如图 4 - 3、图 4 - 4 所示）。

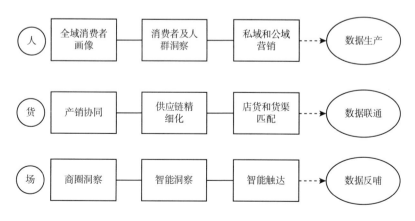

图 4 - 3 电商大数据平台

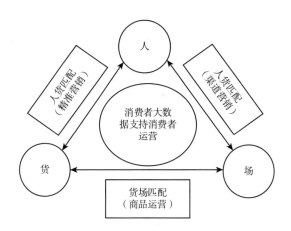

图4-4　大数据重构"人货场"关系

其次，数字化驱动特征体现为打破信息孤岛，将线上和线下数据整合，实现从消费者到供应商的全链路数字化升级（如图4-5所示）。在线下零售领域，数据常呈现碎片化、割裂的特征，如商品、会员、库存、订单等各个系统的信息常常互不兼容，呈孤岛状态，各线下数据链条无法整合，这一方面加大了线下商店的管理运营难度，另一方面，各环节需要配备大量的人力协同，也加大了企业成本。互联网经济孵化出的电商（尤其是平台型电商）形态具有天然的数据优势，其平台式特征一边连接原子化分布的消费者，沉淀了大量用户数据，另一边连接品牌商和制造商，利用大数据优势为商家提供市场预测、库存和生产建议。电商平台成为整个供应链数据中台，数据贯穿整个链路。

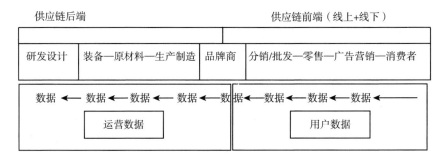

图4-5　全链路数字化

ii. C2M。C2M（customer-to-manufacturer）即消费者与生产商直连，是电商主导的柔性供应链的重要特征。C2M是在新一代信息技术与制造业深度融合的大背景下出现的一种新型生产模式，消费者直达工厂，强调的是制造商与消费者的衔接，该生产模式基于互联网、大数据、人工智能技术而产生，要求制造企业按照消费者订单生产，消费者直接通过平台下单，工厂接收消费者的个性化需求订单，然后根据需求设计、采购、生产、发货。C2M 模式打通了消费者和制造商之间的数据流，按需生产，用户先下单，工厂再生产，没有库销比，消除了库存顽疾。平台型电商主导的柔性供应链通过建立高度灵活的个性化和数字化的产品与服务模式，为 C2M 提供了落地场景。C2M 通过解决 C 端和 M 端的痛点创造价值，C 端的痛点是中间环节层层加价，个性化需求难以得到满足；M 端的痛点是低毛利、高库存、人力成本上升。C2M模式解决 C 端和 M 端上述痛点的逻辑在于：首先，C2M 模式通过去中间化，"短路"产业链中的品牌商、经销商、批发商等中间环节，使得制造商能够直接触达终端消费者。对于消费者而言，通过和工厂直接对接，消除了中间环节的层层加价，使短路流通加价环节和品牌溢价环节减少，商品性价比提高，而先订单后生产的模式还可以使厂商根据消费者的需求生产个性化和定制化商品。其次，对于厂商而言，在 C2M 模式下其能够在直接服务消费者的过程中逐步积累品牌运营经验，制造商通过生产线柔性改造，实现先订单后生产，先接受消费者提供的订单数量、产品销售，再来制定具体的生产计划加以执行，从本质上消除了成品库存问题，能够有效缓解厂商的资金周转压力。可见，C2M 的核心有二：一是 C 端的大规模获客能力；二是 M 端的柔性制造能力，M 端制造要满足 C 端需求，必须在提高生产效率的同时，满足 C端的多样化需求，即实现柔性化制造。

C2M 模式的建立涉及对整个供应链的协同，仅凭制造商无法单独实现，需要外部力量的介入疏通各个环节，同时帮助制造商打造柔性制造能力。本书指出，互联网经济下电商平台将是 C2M 供应链的主导者。首先，新型互联网电商平台、工业互联网平台等成熟的平台型企业具备主导建设 C2M 模式的能力，因其既能为制造商提供连接消费者的渠道，通过消费大数据可以直接了解用户的消费偏好信息，指导工厂选品、设计、改造工艺水平、预测销量等；又能对制造商进行数字化赋能，助力制造端数字化升级和柔性化改造。其次，电商平台能够为制造商实施配套的咨询服务，对制造商提供渠道和服务进行收费，以此形成完整的商业闭环。总之，电商平台对供应链协同升级最大的价值在于消费大数据的指导和数字赋能柔性生产的实现，将生产后台和消费前端直接链接，生产端按照实际消费情况规划设计产量、产能分布，实现资源的最优配置，同时，通过消费数据建模，为小规模私人定制的实现提供基础支持。

（2）电商平台主导的柔性供应链模型。

电商平台主导的柔性供应链模型如图4-6所示。

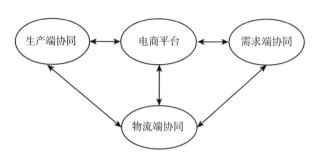

图4-6　电商平台主导的柔性供应链

①需求端协同（规模化获客能力）。电商平台利用大数据、云计算等现代互联网技术将终端需求映射到产品设计，通过个性化需求的同质化分解，聚合需求，为生产端提供产品概念和构思创意的设计方案。

②生产端协同（柔性化生产能力）。按照以销定产的原则，电商平台将虚拟聚集在平台上的制造商进行生产能力的优化组合，选择合适的供货商进行订单派发。在生产过程中进行质量监控，以及根据市场需求变化及时调整工艺。

③物流端协同。电商平台将虚拟聚集在平台上的第三方物流商进行运输能力的优化整合。

4.2.3.2　阿里犀牛智造的案例分析①

（1）案例背景。

2020年9月16日，阿里巴巴打造的全球首个新制造平台——犀牛智造

---

① 资料来源：阿里巴巴集团官网 https：//www.alibabagroup.com。

正式向社会亮相，同期，阿里新制造"一号工程"样板工厂——犀牛智造工厂也在杭州正式投产。犀牛智造平台是一个致力于为小 B 商家（单次只能下千件订单的 B 端商户）提供智能服务的数字化制造平台，该平台以数据为核心，运用阿里巴巴的云计算、IT、人工智能技术，具备了工厂"智慧大脑"和中央仓、智能仓、智能导航、"棋盘式吊挂"等一系列创新技术。在需求端，犀牛智造平台打通淘宝天猫线上数据，为品牌商提供精准销售预测，实现规模化的按需生产；在供给端，犀牛智造平台赋能服装工厂，做到"合理安排产能"，通过犀牛工厂这个样板间，将数字化生产模式"移植"给成百上千家工厂，让工厂生产流程数据化和透明，打造柔性制造系统，在不抬高成本的前提下缩短交货时间，降低库存。通过打造开放、普惠、共赢的数字化协同平台，实现服装行业中小商家及上下游企业联动发展，犀牛智造工厂可实现 100 件起订，7 天交货。

（2）犀牛智造平台柔性供应链的实现路径。

①精准把握消费需求，实现数据驱动下的大规模获客和销售预测。柔性供应链、以需定产的前提条件是定义需求，需求是整个供应链条的"火车头"。阿里犀牛智造利用平台优势，打通天猫淘宝数据，通过电商平台收集、分析、整合关于消费者的消费习惯、消费能力等各种数据，通过对消费趋势的洞察，把消费者的需求通过算法归纳生成为一个商品的功能、款式、SKU的设计、定价等，进而指导商家进行销售预测、精准把握消费需求。精准把握消费需求还表现为大规模获客的能力，服装行业原子式分布的消费者个性化需求极尽分散，单个厂商无力全面收集消费者的不同意见，具有数据优势的电商则不然。犀牛智造平台利用大数据、云计算，可以将终端需求映射到产品设计上，通过个性化需求的同质化分解，聚合分散的多样化需求，为生产端提供产品概念和构思创意的设计方案。通过大规模获客，犀牛智造试图在规模和效率之间找到平衡，实现低成本下的高效率定制。

②设计打造样板工厂，实现数字化能力输出。犀牛工厂是阿里新智造打造的样本工厂，其建立的初衷是探索出数字化服装工厂发展路径并复制给中小企业，对外输出阿里犀牛在数字化转型过程中积累的能力。犀牛工厂对工厂内部"人货场"的数字化重构体现在：在"人"方面，工人的任务操作均

数字化、可视化，手持平板电脑的工人在工厂内随处可见；在"货"方面，犀牛智能中央仓实现了智能采购和柔性供给，可以完成全链路跟踪生产、出入库管理、自动化配送以及智能化拣选，资源利用率较行业平均提升了四倍；在"场"方面，犀牛工厂使用类似于盒马悬挂链、能导航的棋盘式吊挂，通过"物联网＋人工智能"技术，将吊挂衣架自动分配到相对空闲的工位，有效解决了传统服装工厂吊挂单向流转、容易拥堵的问题。

犀牛工厂配备了"需求大脑"，将需求和供给两侧用犀牛数字化设计系统来进行连接联动；通过描绘数字工艺地图、3D 快速仿真测试，可以为商家提供报价基础、为供应链提供采购依据、为生产提供工艺指导，极大地加速了产品上新和换款的速度。此外，犀牛这座数字化工厂中还使用了智能化缝纫、吊挂、印花系统，用战场上士兵的身份识别牌来类比生产信息系统，每一件产品从消费者下单开始就获得一个 ID，该 ID 记录了产品的材料、版型、款式、工艺、交货期等生产信息。智能缝纫系统好比士兵手中的枪炮弹药，包括智能平缝机、上袖机、敷衬机、自动钉扣机等。智能吊挂系统好比战场上的后勤运输保障部队，它可以将服装的裁片、半成品或者成品挂在衣架上，根据生产加工工艺的要求，按照计算机设定的工序流程，自动将其送到下道工序的员工工位上。数字化环保洗水技术，通过 E-Flow 雾化技术，代替传统水浴处理，洗水每件衣服用水量可减少到原先传统洗水的 1/3，大大降低了排放量，提升了洗水竞争力。犀牛工厂的智造系统如图 4 - 7 所示。

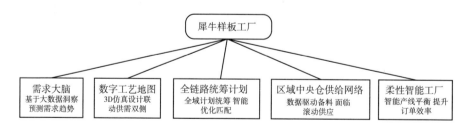

图 4 - 7　犀牛工厂智造系统

目前犀牛工厂已与 1000 家服装工厂合作，帮助这些工厂改造成"小单快反"的生产模式。奶糖派是聚焦于大胸女孩的内衣品牌，2020 年"双十一"期间，奶糖派在 11 月 1 日就实现了全年销售目标，犀牛智造在本次"双十一"期间发挥了重要作用,很多商家在 11 月 1 日预售后寻找犀牛智造的工厂做"小单快反",甚至衣服也可以是有生产日期的,消费者收到货的衣服生产日期可能在 10 天以内。犀牛智能工厂有力地带动了中小工厂实现数字化转型,提升了制造业竞争力。

③产线安排,实现产能的合理化调度。在服装行业的制造端最理想的状态,便是能低成本地生产小订单,小订单构成了犀牛智造的主要生产计划。犀牛智造平台的产能调度体现在对工厂闲置生产能力的安排和工厂内部作业流程安排两个方面。服装生产企业产能闲置主要有两大原因:一是工厂处于淡季,订单量不足;二是在不同的订单需求下,工厂需要调动机器来切换纺织工艺,会有一部分机器由于被调试而闲置。类似于美团给外卖小哥、滴滴给顺风车师傅派单,犀牛智造平台最大的作用是给产能闲置的制造商派发订单,以此实现中小工厂产能的合理化调度。此外,在工厂内部流水线作业安排上,犀牛智造采用全域计划统筹,智能优化匹配产能。其落地方案是,抛弃以往的"直线型"单向流水线作业模式,采用"蜘蛛网"式吊挂设备,通过后台的人工智能技术和物联网技术,将产能自动分配到产能空余的工位,这样能够大大提高生产效率,从工人薪酬分配上来讲,也更能体现"多劳多得",降低单件工时。这种产线改造的智能调度,复制性比较高、成本低,可以以项目的形式出售给各中小服装生产型企业,从而大幅度提高生产效率。

④以销定产,实现产销精准匹配。以销定产、产销精准匹配是犀牛智造平台价值的终极体现。C2M 落地的实质是对供需关系的极度精准匹配,从消费者到制造商的反向定制,通过供与需、产与销的精准匹配,实现提质增效。C2M 模式下产销直连,能够达到极致性价比。犀牛智造平台战略布局制造环节,从关注个人需求到关注企业生产,从消费端数字化走向供给端数字化,将互联网能力与前端需求创造引领能力和后端制造业能力相融合,打通连接消费互联网和产业互联网,真正做到以销定产的柔性供应。商业模式创新也从消费环节不断过渡到生产环节,在提升生产效率的同时改善消费体验,为产销两端的中小商家和工厂不断寻找"价值"和"流量"的最佳平衡点。

犀牛智造平台供需匹配实现路径如图 4-8 所示。

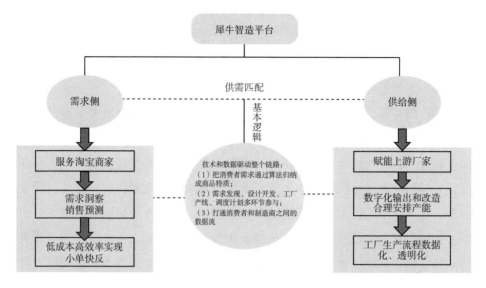

图4－8 犀牛智造平台匹配供需实现路径

第5章 "互联网 +"背景下零售服务业与制造业跨界融合的市场绩效

5.1 "互联网 +"背景下零制跨界融合绩效的企业视角分析

本部分从微观企业角度实证分析"互联网 +"背景下零售服务业和制造业跨界融合的绩效。为了考察零售企业和制造企业实施跨界后对企业绩效的影响，本节拟从两个逻辑层面进行检验。首先，跨界是否有利于提升企业绩效？其次，在已实施了跨界的企业当中，互联网投资水平不同是否会对企业绩效产生影响，制造企业和零售企业是否存在异质性及其原因如何？

5.1.1 数据样本和变量说明

5.1.1.1 数据样本

本书采用我国内地上市公司数据，包括沪市和深市 A 股主板和中小板中所有制造企业①和零售企业（不含创业板②），我们剔除了 ST 股以及上市时间

---

① 根据证监会行业分类标准（2012），制造业包含农副食品加工业，食品制造业，酒、饮料和精制茶制造业，烟草制品业，纺织业，纺织服装、服饰业，皮革、毛皮、羽毛及其制品和制鞋业，木材加工及木、竹、藤、棕、草制品业，家具制造业，造纸及纸制品业，印刷和记录媒介复制业，文教、工美、体育和娱乐用品制造业，石油加工、炼焦及核燃料加工业，化学原料和化学制品业，医药制造业，化学纤维制造业，橡胶和塑料制品业，非金属矿物制品业，黑色金属冶炼及压延加工业，有色金属冶炼及压延加工业，金属制品业，通用设备制造业，专用设备制造业，汽车制造业，铁路、船舶、航空航天和其他运输设备制造业，电器机械和器材制造业，计算机通信和其他电子设备制造业，仪器仪表制造业，废弃资源综合利用业，其他制造业共计 30 个子行业。

② 由于创业板多为新兴初创企业，经营不稳定，本章样本并未包含该类企业。

不足 3 年的企业，共确定 1544 个企业样本，其中零售企业 144 个，其余为制
造企业。课题组通过查看每个企业的性质描述文件来判断该企业是否实施了
跨界经营行为：对于零售企业而言，如果经营范围中有"实业投资"描述，
则认为该零售企业实施了跨行业经营的行为；对于制造企业而言，如果经营范
围中涉及从事某类商品的"贸易、零售、商业流通"，则认为该制造企业实施
了向批发和零售业的跨界经营。由于表征创新绩效的研发和专利数据 2007 年才
开始统计，为了数据的匹配，本书将样本考察期间设定为 2007～2018 年。上市
企业财务指标和研发投入、专利数据均来源于国泰安（CSMAR）数据库，企
业是否跨界经营的数据来源于企业年报中披露的分行业收入，该项数据来源
于巨潮资讯。

5.1.1.2　变量说明

本书采用 2007～2018 年 A 股上市企业数据对制造企业和零售企业跨行业
经营与企业业绩之间的关系进行实证分析。

我们关注的第一个问题是跨界经营是否提升了企业绩效，基于该问题，
构建如下回归模型：

$$performance_{it} = \alpha_0 + \alpha_1 cross_{it} + \alpha_2 X_{it} + \theta_{ind} + \omega_{year} + \varepsilon \qquad (5-1)$$

上述模型中，下标 i 和 t 分别代表企业和年份。其余变量含义如下
所述。

（1）被解释变量。

企业绩效 performance，包括财务绩效和创新绩效。其中，财务绩效用净
资产收益率表示（roe），创新绩效用企业 R&D 投入占营业收入的比重（rd）
表示。

（2）解释变量。

本书关注企业从事跨界经营是否会影响绩效，因此核心解释变量为跨
界经营（cross），分别设置了虚拟变量（cross-dummy）和连续变量（cross-
continuous）两种方式进行度量。参考王红建等（2016）的度量方式，当制
造或零售企业分行业收入中含有零售服务业或生产制造收入时，表示该企

业具有跨界经营的行为（本书中的跨界是跨行业），虚拟变量 cross-dummy
取值为 1，否则取值为 0；而 cross-continuous 则使用该年度制造企业的零售
服务或零售企业的生产经营收入占总营业收入的比重来表示，反映了该企
业的跨界经营程度（罗党论、刘晓龙，2009），如果企业未跨界，则连续
变量的取值为 0。

（3）控制变量。

X_{it} 为一组控制变量向量。借鉴已有研究，本书的控制变量包含企业和行
业两个层面。企业层面的控制变量有：企业规模（scale），用期末资产的自
然对数衡量；企业年龄（age），用"样本年份 − 企业成立年份 ＋ 1"表示；
企业资产负债率（debtasset）；产权性质（ownship）。行业层面的控制变量
有：企业所属行业的垄断程度（monopoly），用市场集中度 CR4 表示；行业
的增长率（growth），用该行业固定资产投资总额的自然对数表示。此外，本
书还分别引入 θ_{ind}、ω_{year} 以控制不同行业和年份之间的差异性对企业业绩的影
响。表 5 − 1 为本书相关变量定义。

表 5 − 1   主要变量定义

变量	定　　义
roe	企业财务绩效，用"净资产收益率 ＝ 净利润/净资产"表示
rd	企业创新绩效，用 R&D 投入占营业收入的比重表示
cross-dummy	企业跨界经营虚拟变量，跨界取值为 1，否则为 0
cross-continuous	企业跨界经营的连续变量，制造（零售）企业零售服务（生产制造）收入占总营业收入的比重
scale	企业规模，用期末资产的自然对数值表示
age	企业年龄，用"样本年份 − 企业成立年份 ＋ 1"表示
debtasset	资产负债率 ＝ 总负债/总资产
ownship	企业产权性质，国有 ＝ 1，民营 ＝ 2，外资 ＝ 3，其他 ＝ 4
monopoly	企业所属行业的垄断程度，用市场集中度 CR4 表示
growth	企业所属行业的增长率，用该行业固定资产投资总额的自然对数表示

表 5 − 2 列示了变量的描述性统计结果。由于本书为非平衡面板，因此各

变量的观测值个数不同。企业财务绩效 roe 最大值为 21.35%，最小值为 −23.15%，均值 0.069%，表明样本企业净资产平均收益水平不高，且存在较大分化。企业创新绩效 rd 均值为 3.744%，表明样本企业平均研发投入比重不高。cross-dummy 均值为 0.353，说明样本中约有 35.3% 的企业实施了跨界经营的行为。在控制变量方面，样本企业期末资产对数的平均值为 21.99，ownship 均值为 2.838，表明超过一半的企业为非国有主体；debtasset 均值为 0.462，表明总资产中企业负债大约占到 46.2%，样本企业平均经营时间为 17.64 年；各行业平均集中度为 0.642，属于中高集中度行业；行业平均增长率为 25.27%。所有变量均在正常范围内。

表 5 − 2　　　　　　　　　　　各变量的描述性统计

变量名称	观测值	均值	标准误	最小值	最大值
roe	14723	0.069	0.392	− 23.150	21.350
rd	9545	3.744	3.816	0	137.400
cross-dummy	14852	0.353	0.478	0	1
scale	14814	21.990	1.220	16.510	27.390
ownship	14639	2.838	1.670	1	4
debtasset	14816	0.462	1.056	0.002	96.960
age	14852	17.640	5.828	− 3	64
monopoly	14595	0.642	0.942	0.000	26.090
growth	14707	25.270	1.085	18.930	27.440

表 5 − 3 列示了各变量的相关系数矩阵。可以看出，cross 与 roe 正相关，而与 rd 负相关，其余控制变量大多与被解释变量显著相关，而各控制变量之间的相关系数均不高，因此可以认为变量间不存在多重共线性。

表 5 − 3　　　　　　　　　　　各变量的相关系数

变量	roe	rd	cross	scale	ownship	debtasset	age	compete	growth
roe	1								
rd	− 0.011	1							

续表

变量	roe	rd	cross	scale	ownship	debtasset	age	compete	growth
cross	0.011 **	− 0.099 **	1						
scale	0.049 ***	− 0.110 ***	0.069 ***	1					
ownship	0.030 ***	0.051 ***	− 0.154 ***	− 0.205 ***	1				
debtasset	− 0.129 ***	− 0.150 ***	0.047 ***	0.005	− 0.042	1			
age	− 0.026 ***	− 0.040 ***	0.106 ***	0.160	− 0.015	0.021	1		
monopoly	− 0.005	− 0.058 ***	0.018 **	0.115 ***	− 0.042	0.010	− 0.039	1	
growth	− 0.026 ***	0.115 ***	− 0.086 ***	0.258 ***	− 0.013	− 0.010	0.234 ***	− 0.004	1

注： *** 、 ** 、 * 分别表示在 1% 、5% 和 10% 的水平上显著。

5.1.2 实证结果及分析

5.1.2.1 基准回归

F 检验和 hausman 检验值显示应选择固定效应模型。为了比较，我们仍将混合回归和随机效应模型的回归结果进行列示。表 5 – 4 中列（1）~（3）为跨界离散变量的回归结果，列（4）~（6）为跨界连续变量的回归结果。我们以固定效应回归结果作为基准结果。可以看出，虚拟变量前的回归系数为正但不显著，当更换成连续变量后，回归系数变得显著，企业跨界经营的程度每提高 1% ，企业财务绩效可以增加 0.2% 。企业跨界促进经营业绩提升的主要原因可能是跨界业务与企业主营业务形成了协同效应，制造企业跨界零售，在销售自己的产品的同时代销其他企业的同类或相关产品，营销网络的铺设有力地促进了产品销售进而推动生产；零售企业尤其是互联网赋能下的新零售重构了人、货、场的关系，通过整合线上线下需求，实施个性化定制跨界制造也大大促进了零售企业经营绩效的提升。

表 5 - 4 基准回归结果（财务绩效）

变量	roe					
	(1) ols	(2) fe	(3) re	(4) ols	(5) fe	(6) re
cross-dummy	0.0014 (0.210)	0.0014 (0.221)	0.0014 (0.176)			
cross-continuous				0.0011 ** (2.413)	0.0020 *** (3.314)	0.0011 ** (2.215)
scale	0.0496 *** (5.386)	0.1151 ** (2.483)	0.0502 *** (5.077)	0.0315 *** (6.022)	0.0555 *** (3.036)	0.0317 *** (5.070)
debtasset	− 0.3699 *** (− 5.528)	− 0.7128 *** (− 4.205)	− 0.3763 *** (− 5.404)	− 0.2324 *** (− 5.406)	− 0.4347 *** (− 3.969)	− 0.2467 *** (− 4.765)
age	− 0.0017 *** (− 3.547)	− 0.0186 *** (− 2.609)	− 0.0018 *** (− 3.110)	− 0.0013 * (− 1.663)	− 0.0115 ** (− 2.410)	− 0.0019 ** (− 1.968)
ownship	0.0033 (1.494)	0.0017 (0.141)	0.0032 (1.396)	0.0040 * (1.806)	0.006 (0.777)	0.0035 (1.274)
monopoly	− 0.0059 *** (− 3.879)	− 0.0036 (− 0.101)	− 0.0060 ** (− 2.474)	− 0.0043 *** (− 3.712)	0.0165 (0.673)	− 0.0044 *** (− 2.916)
growth	− 0.0204 *** (− 5.885)	− 0.0068 (− 0.306)	− 0.0208 *** (− 5.500)	− 0.0191 *** (− 4.151)	− 0.0144 (− 0.595)	− 0.0206 *** (− 3.848)
_cons	− 0.3224 *** (− 2.583)	− 1.6517 * (− 1.820)	− 0.3193 ** (− 2.265)	− 0.018 (− 0.131)	− 0.398 (− 0.665)	0.031 (0.184)
个体差异	控制	控制	控制	控制	控制	控制
年份差异	控制	控制	控制	控制	控制	控制
N	14208	14208	14208	3588	3588	3588

注：*** 、** 、* 分别表示在1%、5%和10%的水平上显著。

在控制变量方面，企业规模越大绩效越好，资产负债率的降低有利于绩效提升，这一结论与现有文献吻合（王红建等，2017）；企业年龄前的系数显著为负，可能是由于随着企业经营年限的增长，企业的业务逐步成熟，企业的开拓精神及创新精神有所下降（肖挺和刘华，2015），业绩也逐渐低于初创企业。产权性质前的系数为正，表明非国有企业（民营、外资）的绩效好于国有企业；企业所属行业的垄断程度越高，企业绩效越差；行业增长率的提高也无益于企业绩效的提高，尽管并不显著。

表5-5显示了以创新绩效为因变量的基准回归结果。可以看出，与财务绩效的回归结果不同，以虚拟变量表示的跨界不利于企业创新绩效的提高，连续变量前的回归系数也为负（虽然不显著）。一方面，跨界经营必然带来企业经营精力分散，对主营业务的研发投入可能会缩水；另一方面，趋利目的的企业跨界经营带来营业收入的增长，也可能造成研发投入占收入比例的下降。

表5-5 　　　　　　　　　　　　基准回归结果（创新绩效）

变量	roe					
	（1）ols	（2）fe	（3）re	（4）ols	（5）fe	（6）re
cross-dummy	-0.4610 *** (-4.968)	-0.4001 *** (-4.329)	-0.4913 ** (-2.168)			
cross-continuous				-0.0003 (-1.373)	0.0001 (-0.215)	0.0001 (-0.622)
scale	-0.2065 *** (-6.283)	-0.1531 (-0.674)	-0.1701 (-1.433)	-0.1256 ** (-2.117)	-0.3880 ** (-2.299)	-0.2411 ** (-2.153)
debtasset	-2.3950 *** (-8.007)	-0.6358 (-0.829)	-1.1537 * (-1.829)	-2.7252 *** (-7.467)	-1.4903 *** (-2.907)	-1.7686 *** (-3.915)
age	-0.0250 *** (-3.969)	0.0441 (1.095)	0.0087 (0.679)	-0.0379 *** (-3.146)	0.0442 (1.043)	-0.0004 (-0.019)
ownship	0.0032 (0.123)	-0.0971 (-1.107)	0.0348 (0.697)	-0.0265 (-0.743)	-0.1181 (-0.777)	-0.0636 (-0.701)
monopoly	-0.1800 *** (-7.612)	-0.5502 * (-1.847)	-0.2199 *** (-2.701)	-0.1331 *** (-6.507)	0.1322 (0.61)	-0.0721 ** (-1.983)
growth	0.5751 *** (17.863)	0.5565 *** (2.918)	0.6738 *** (9.33)	0.7471 *** (14.553)	0.7300 ** (2.438)	0.7847 *** (6.078)
_cons	-4.7232 *** (-4.943)	-7.0189 (-1.043)	-9.3241 *** (-3.388)	-10.9291 *** (-6.536)	-6.7724 (-0.873)	-10.5371 *** (-2.686)
个体差异	控制	控制	控制	控制	控制	控制
年份差异	控制	控制	控制	控制	控制	控制
N	9192	9192	9192	2047	2047	2047

注：***、**、*分别表示在1%、5%和10%的水平上显著。

在控制变量方面，与现有研究一致，资产负债率水平越低，创新绩效越好；相比于大企业而言，小规模企业的创新绩效更好，这一结果正好解释了当前我国大量初创公司均为高新技术产业，科技含量较高，创新能力较强。回归结果还显示，企业经营年限与创新绩效间没有必然联系；行业层面的控制变量表明，行业垄断阻碍了创新，行业的快速成长则大大促进了企业创新。

5.1.2.2 稳健性检验

本书通过变换变量度量口径来保证结论的可靠性。我们分别使用存货周转率（invt）和净利润增长率（profitrate）来替换 roe，用已授权企业专利数（zhuanli）替换研发投入占比①；在控制变量层面，用 CR8 代替 CR4，用行业净利润代替行业固定资产投资总额，重新进行回归。表 5 – 6 列示了稳健性检验回归结果。

表 5 – 6   稳健性检验（财务绩效）

	invt				profitrate				zhuanli			
	(1)	(2)	(3)	(4)	(5)	(6)	(7)	(8)	(9)	(10)	(11)	(12)
cross-dummy	0.060 * (1.753)		0.045 (1.011)		0.601 * (1.799)		0.465 (0.390)		− 0.222 ** (− 2.197)		− 0.209 ** (− 2.083)	
cross-continuous		0.001 * (1.724)		0.001 ** (2.009)		0.001 (0.556)		0.001 (0.595)		− 0.005 * (1.782)		− 0.005 (1.630)
控制变量	控制	控制	控制	控制	控制	控制	控制	控制	控制	控制	控制	控制
个体差异	控制	控制	控制	控制	控制	控制	控制	控制	控制	控制	控制	控制
年份差异	控制	控制	控制	控制	控制	控制	控制	控制	控制	控制	控制	控制
N	14280	3623	13552	3425	12375	3215	11789	3052	2027	518	1936	501

注：每个被解释变量前两列为更换被解释变量的回归结果，后两列为同时更换解释变量和被解释变量的回归结果。***、**、*分别表示在1%、5%和10%的水平上显著。

表 5 – 6 中，列（1）、（2）、（5）、（6）、（9）、（10）为更换了被解释变量的回归结果，列（3）、（4）、（7）、（8）、（11）、（12）为同时更换了被解释变量和解释变量的回归结果。可以看出，回归结果与基准回归结果

① 为消除异方差影响，存货周转率和专利数都采用对数形式。

相一致，以财务绩效为解释变量时跨界经营的回归系数为正且大多数显著，以创新绩效为被解释变量时跨界经营的回归系数显著为负，即企业跨界经营提升了财务绩效而不利于创新绩效的改善。稳健性分析表明基准回归结果是可靠的。

5.1.3 异质性分析

本书采用分行业样本和分产权性质样本检验来捕捉不同属性下的异质性。表5-7列示了分行业回归的结果，列（1）~（4）为零售业，列（5）~（7）为制造业。可以看出，在跨界经营的影响效应上，零售业和制造业的表现不完全相同。对企业财务绩效的影响方面，零售业企业跨界的绩效效应不明显，制造业企业则较显著；对企业创新绩效的影响方面，零售企业跨界经营有利于创新，制造企业的跨界经营则对创新无益。上述实证结果表明，企业跨界经营促进了零售企业创新绩效和制造企业财务绩效的提升，与制造业的重资产经营型不同，零售业企业本身是轻资产型的，从历史上看，每一次创新经营方式和零售业态都会极大地促进业绩的提升，零售企业跨界生产形成的制造型零售便是互联网赋能下的新型零售形态，因此有力地促进了企业创新绩效的提升。制造企业向下延伸产业链，跨界零售的目的是增进销售，因此财务绩效得以提高，但是非关联性业务拓展也使得企业不得不分散资源从而拖累了主营业务创新的步伐。

表5-7 分行业回归结果

变量	零售业				制造业			
	roe	roe	rd	rd	roe	roe	rd	rd
	（1）	（2）	（3）	（4）	（5）	（6）	（7）	（8）
cross-dummy	0.001 (0.047)		0.510 * (1.756)		0.002 ** (2.430)		- 0.452 * (- 1.893)	
cross-continuous		0.011 (0.214)		0.507 (0.649)		0.001 * (1.734)		- 0.0002 ** (- 2.361)

续表

变量	零售业				制造业			
	roe	roe	rd	rd	roe	roe	rd	rd
	(1)	(2)	(3)	(4)	(5)	(6)	(7)	(8)
scale	0.021 *** (2.805)	0.045 *** (2.784)	-0.330 *** (-2.885)	-0.206 (-1.144)	0.053 *** (4.926)	0.031 *** (4.788)	-0.148 (-1.168)	-0.217 * (-1.725)
debtasset	-0.105 ** (-2.107)	-0.241 ** (-2.136)	-0.335 (-0.383)	-1.342 (-0.916)	-0.423 *** (-5.335)	-0.265 *** (-4.616)	-1.120 * (-1.701)	-1.763 *** (-3.728)
age	0.001 (0.507)	-0.002 (-0.582)	0.060 ** (2.297)	0.080 (1.492)	-0.002 *** (-3.469)	-0.002 * (-1.891)	0.011 (0.857)	-0.009 (-0.433)
ownship	0.015 (1.334)	0.025 * (1.945)	0.090 (0.794)	0.182 (0.495)	0.003 (1.165)	0.002 (0.828)	0.027 (0.509)	-0.069 (-0.724)
monopoly	-0.300 *** (-5.244)	-0.321 *** (-2.928)	3.008 *** (2.849)	3.076 (1.602)	-0.006 ** (-2.348)	-0.004 *** (-3.066)	-0.227 *** (-2.786)	-0.108 ** (-2.417)
growth	-0.023 *** (-3.663)	-0.042 ** (-2.560)	-0.136 (-0.667)	-0.326 (-0.665)	-0.018 *** (-4.427)	-0.017 *** (-2.868)	0.644 *** (8.704)	0.816 *** (6.256)
_cons	0.398 ** (2.226)	0.441 (1.148)	8.429 (1.474)	10.797 (0.804)	-0.430 *** (-2.596)	-0.022 (-0.113)	-8.992 *** (-3.131)	-11.191 *** (-2.755)
N	1512	507	335	154	12696	3135	8857	1910

注：*** 、** 、* 分别表示在 1%、5% 和 10% 的水平上显著。

表 5-8 列示了分企业产权性质回归的结果，列（9）～（12）为国有企业的回归结果，列（13）～（16）为非国有企业的回归结果。可以看出，国有企业和非国有企业（民营、外资及其他）在跨界经营的绩效效应方面存在差异。在财务绩效方面，跨界经营对非国有企业的财务绩效的提升效应显著，对国有企业的作用不明显；在创新绩效方面，无论是国有企业还是非国有企业，跨界经营均不利于企业创新，这一点在非国有企业上表现得更为明显。总体来说，非国有企业绩效受跨界经营的影响更大，财务绩效和创新绩效在影响方向上一正一负。这一结果提示，非国有企业在进行跨界经营时要进行谨慎权衡（trade-off），平衡财务绩效和创新绩效间的关系，避免顾此失彼。

表 5-8   分产权性质回归结果

变量	国有企业				非国有企业			
	roe	roe	rd	rd	roe	roe	rd	rd
	(9)	(10)	(11)	(12)	(13)	(14)	(15)	(16)
cross-dummy	0.008 (0.700)			-0.296 (-1.009)	0.033* (1.644)		-0.581* (-1.692)	
cross-continuous		0.001 (0.976)		-0.0004** (-2.155)		0.011* (1.438)		-1.0679* (-1.932)
scale	0.0629*** (6.949)	0.0410*** (4.357)	-0.314 (-1.413)	-0.2544* (-1.687)	0.0643** (2.288)	0.0301*** (3.465)	-0.027 (-0.235)	-0.190 (-1.237)
debtasset	-0.5731*** (-6.546)	-0.3888*** (-4.088)	-1.008 (-1.001)	-1.8877*** (-2.761)	-0.4406** (-2.488)	-0.1143** (-2.191)	-1.3570* (-1.690)	-1.4011** (-2.431)
age	-0.0023** (-2.317)	-0.0024* (-1.890)	-0.021 (-0.903)	-0.011 (-0.401)	-0.0125** (-2.464)	-0.0024* (-1.774)	0.020 (1.362)	0.019 (0.755)
monopoly	-0.005 (-1.641)	-0.0055*** (-2.957)	-0.1412*** (-2.610)	-0.053 (-1.321)	-0.028 (-1.103)	-0.0065** (-2.546)	-1.5427*** (-3.581)	-1.7316* (-1.946)
growth	-0.0375*** (-6.215)	-0.0266*** (-3.085)	0.7249*** -6.162	0.7721*** -3.214	-0.0201* (-1.885)	-0.0183*** (-3.577)	0.5858*** -5.972	0.6811*** -4.532
_cons	-0.068 (-0.429)	0.067 (0.275)	-7.102 (-1.539)	-9.3076* (-1.686)	-0.401 (-0.755)	-0.017 (-0.083)	-9.2737*** (-3.476)	-8.523 (-1.512)
N	6136	2126	3187	1133	8249	1555	6155	962

注：***、**、*分别表示在1%、5%和10%的水平上显著。

5.1.4 互联网的影响机制

我们关注的第二个问题是：对于已实施跨界的企业来说，互联网发展水平越高，企业的财务绩效和创新绩效是否越好？基于该问题，构建如下回归模型：

$$performance_{it} = \alpha_0 + \alpha_1 cross_{it} + \alpha_3 intel_{it} + \alpha_4 cross_{it} \times intel_{it}$$

$$+ \alpha_5 X_{it} + \theta_{ind} + \omega_{year} + \varepsilon_{it} \tag{5-2}$$

为了进一步探讨互联网发展水平（intel）对零售和制造企业跨界的影响，我们构造了企业层面的互联网发展水平与跨界的交互项，并将其纳入回归方程。企业互联网发展水平很大程度上表现为企业的信息化程度，借鉴已有研究（李治堂，2008；刘飞，2014），我们用信息技术投资表征企业互联网发展水平。信息技术投入包括硬件投资和软件投资，我们在样本企业财务报表附注中筛选出"计算机""电子设备"等关键词，确定其硬件投资净值；筛选出"软件""网络"等关键词，确定其软件投资净值。将两者数据加总后取对数，以此作为企业层面互联网发展水平的衡量。鉴于分析目的需要，我们删掉了所属本身为计算机、通信和其他电子设备制造业的企业。所用样本为已实施跨界的企业。

表5-9列示了互联网影响企业跨界绩效的回归结果。列（1）~（4）分别为以净资产收益率、研发投入占比、企业净利润增长率和企业当年所获授权的专利数为被解释变量的回归结果。解释变量用连续型变量来表示。可以看出，一方面，企业信息化程度的提高促进了绩效提升；另一方面，企业通过跨界实现绩效提升也受到互联网水平的正向调节，即互联网发展水平越高的企业，越能够通过跨界经营实现绩效的提高。在不同的绩效表现上，互联网对以净利润增长率衡量的财务绩效的促进作用最大，其次为以研发投入占比衡量的创新绩效，对以净资产收益率表示的财务绩效和以专利数表示的创新绩效的影响不显著。

表5-10列示了互联网对企业跨界的绩效效应的分行业影响结果。可以看出，对于已经实施了跨界的企业来说，互联网发展对制造企业财务绩效的提升没有显著作用，但明显提升了制造业创新绩效，而且互联网发展水平越高的制造企业其创新表现越好。与制造企业不同，零售企业财务绩效和创新绩效都受到企业互联网信息化水平的正向影响，并且互联网信息化水平还正向调节了企业跨界的绩效效应，即互联网发展水平越高，越有利于零售企业提高其跨界的财务绩效和创新绩效。

表5-9　　　　　　　　　互联网对企业跨界绩效的影响（全样本）

变量	roe （1）	rd （2）	profitrate （3）	zhuanli （4）
cross-continuous	0.047 （0.288）	6.150 * （1.937）	26.661 * （1.852）	1.003 （0.31）
intel	0.004 （0.716）	0.131 ** （2.548）	0.595 * （1.953）	0.015 （0.12）
cross-continuous ×intel	0.005 （0.511）	0.517 *** （2.593）	2.097 * （1.961）	0.115 （0.583）
scale	0.103 *** （4.66）	-0.286 （-1.508）	1.693 （1.102）	0.395 （1.233）
debtasset	-0.533 *** （-3.205）	-2.157 *** （-3.418）	-22.184 ** （-2.106）	-0.961 （-1.515）
age	-0.016 *** （-2.769）	0.051 -1.025	-0.374 （-1.016）	-0.031 （-0.551）
ownship	0.013 * （1.693）	-0.044 （-0.226）	0.555 （1.461）	-0.006 （-0.087）
compete	0.031 （1.01）	-0.149 （-0.772）	-3.534 （-1.578）	-0.318 （-0.344）
growth	-0.040 （-1.362）	0.274 （0.789）	-0.396 （-0.284）	0.670 *** （2.797）
_cons	-0.616 （-0.795）	0.685 （0.075）	-16.780 （-0.439）	-21.4378 *** （-2.659）
N	2390	1468	2133	312

注：***、**、*分别表示在1%、5%和10%的水平上显著，括号内为 t 统计量值。

表5-10　　　　　　　　互联网对企业跨界的影响（分行业）

变量	制造业		零售业	
	roe	rd	roe	rd
Cross	0.075 （0.556）	4.733 （1.094）	0.169 （0.638）	5.160 *** （2.955）
intel	0.001 （0.137）	0.163 *** （2.996）	0.002 * （1.754）	0.079 * （1.893）

续表

变量	制造业		零售业	
	roe	rd	roe	rd
Cross × intel	0.006 (0.729)	0.429 *** (2.593)	0.008 ** (2.180)	0.304 *** (2.665)
scale	0.041 *** (4.330)	− 0.300 ** (− 2.179)	0.040 ** (2.412)	− 0.142 (− 0.850)
debtasset	− 0.307 *** (− 4.399)	− 2.310 *** (− 4.265)	− 0.194 (− 1.464)	− 0.909 (− 0.748)
age	− 0.001 (− 0.656)	0.005 (0.268)	− 0.003 (− 0.903)	0.087 (1.601)
ownship	0.003 (0.689)	− 0.007 (− 0.068)	0.016 (1.165)	0.233 (0.680)
monopoly	− 0.006 *** (− 3.294)	− 0.096 (− 1.639)	− 0.261 ** (− 2.473)	3.875 * (1.730)
growth	− 0.018 ** (− 2.275)	0.475 *** (4.336)	− 0.055 ** (− 2.258)	− 0.399 (− 0.885)
_cons	− 0.215 (− 0.827)	− 3.707 (− 0.956)	0.919 (1.612)	8.904 (0.734)
N	2001	1328	389	140

注：*** 、** 、* 分别表示在1%、5%和10%的水平上显著，括号内为 t 统计量值。

5.1.5 实证结论

本节实证分析了企业跨界的微观绩效。通过收集 2007~2018 制造业和零售业上市企业数据，我们最终确定了 1544 个企业样本，其中零售（含批发）企业 144 个，制造企业 1400 个。我们以企业是否跨界经营为基准构造虚拟变量，以跨界营业收入占总营业收入的比重构造连续变量来衡量企业跨界经营的程度，并将企业绩效区分为财务绩效和创新绩效两个维度，在控制厂商和行业因素影响的基础上，利用面板数据的计量模型，得出以下研究结论。

（1）企业跨界经营提升了财务绩效，跨界程度越深，财务绩效提升效应越显著。与财务绩效不同，企业跨界经营不利于创新绩效的提升，这很可能是因为企业创新需要大量经费投入，而跨界经营一定程度上耗散了企业经费和其他有限资源的分配。在更换了被解释变量和解释变量的统计口径后，回归结果与基准结果一致，表明跨界经营与企业绩效间的关系较为稳健。

（2）为了捕捉制造企业和零售企业间的异质性，以及国有企业和非国有企业在跨界绩效方面是否不同，我们进一步按行业和企业产权性质进行了分组回归。结果显示，零售企业的跨界绩效和制造企业不完全相同，零售企业的创新绩效效应显著，而制造企业的财务绩效效应更显著。此外，制造业样本的回归结果还表明制造企业跨界经营明显不利于企业创新。分产权性质的回归结果显示，非国有企业实施跨界的财务绩效提升效应比国有企业明显，而无论是国有企业还是非国有企业，跨界经营均不利于创新绩效的提升。这一点也与基准回归相一致。

（3）为了进一步探察互联网发展水平是否会对企业跨界经营的绩效产生影响，我们用企业信息技术投资表征互联网发展水平，采用已经实施了跨界的企业样本进行分析。研究发现，对于总样本而言，企业互联网发展水平的提高促进了财务绩效和创新绩效的提升，交互项回归系数显著为正，即互联网正向调节了跨界的绩效效应，表明随着企业互联网水平的提高，跨界经营的绩效提升效应更加显著。对于行业分样本而言，制造企业信息化程度的提高仅对创新绩效起作用，财务绩效未表现出与互联网发展水平的同向变化关系；而零售企业的财务绩效和创新绩效均受到企业互联网信息化水平的正向影响和正向调节。由此表明，互联网发展对零售企业的促进作用更全面、更明显。

5.2 "互联网 +" 背景下零制跨界融合绩效的行业视角分析

在互联网情境下，零售业与制造业的跨界融合深入推进。互联网的普及为零售业与制造业跨界融合提供了有利的市场环境，信息技术的日新月异又为零制融合提供了技术支撑和保障。那么，我国零售服务业与制造业的跨界融合程度如何？零制跨界融合又产生了怎样的市场绩效？本节将依次从全国、区域和行业的层面测度零制跨界融合的程度，并通过分析融合对零售业和制造业效率的影响揭示零制融合的市场绩效。

5.2.1　零制跨界融合的测度

本书将对我国零售服务业与制造业跨界融合的程度进行量化描述。首先，选择零售服务业与制造业跨界融合的测度方法。其次，测算分析近年来我国零售服务业与制造业整体融合的程度。再次，对比分析我国零制跨界融合在东部、中部和西部地区的差异。最后，揭示零制融合度在制造业细分行业中存在的异质性。

5.2.1.1　零制跨界融合的测度方法——耦合协调度模型

（1）产业融合测度法的比较。

在近年来有关产业融合的研究中，学者们主要采用投入产出法、灰色关联法和耦合协调度模型测度产业融合。通过投入产出法，黄赛等（2015）分析了长三角区域创意产业与制造业的融合；叶冉（2015）测算了流通服务业与制造业的消耗系数、感应度系数和影响力系数；张捷、陈田（2016）计算了生产性服务业与制造业的正向融合度与反向融合度。采用灰色关联法，陈俊红等（2016）测度了北京乡村旅游的产业融合；刘川（2014）测算了珠三角先进制造业与现代服务业的融合发展。利用耦合协调度模型，高智、鲁志国（2019）分析了装备制造业与高技术服务业的联动性；傅为忠等（2017）测算了我国高技术服务业与装备制造业的融合度。类似的研究成果还有很多，由于篇幅所限，此处不再一一罗列。回顾相关文献可知，投入产出法在产业融合测度中的应用最为广泛。结合三种模型的含义，本书认为，若将一个产业视作另一个产业的中间投入，如创意产业、生产性服务业是制造业的中间投入，则采用投入产出法最为科学。而若分析两个产业的相互作用，则采用耦合协调度模型更加合理。

本书探讨的是零售服务业与制造业的融合问题。根据产业链条的一般形式，零售服务业是制造业的上游产业。在"互联网 +"的新形势下，以互联网为媒介的零售业又通过大数据、云计算等技术手段为制造业改进提供了重要信息和依据。可见，互联网情境下零售服务业和制造业的跨界融合并非单向的投入产出关系，而是两大产业相互融合、相互渗透、相互促进的过程。因而，本书选择耦合协调度模型对零售服务业与制造业跨界融合进行测度。

（2）耦合协调度模型介绍。

耦合原本是物理学中的概念，指两个或多个系统通过相互作用而彼此影响的现象，反映了系统间相互依赖、协调和促进的动态关系。分析两个系统的相互作用时，耦合度模型可以表示为：

$$C_t = 2\sqrt{u_1 u_2 / (u_1 + u_2)} \tag{5-3}$$

其中，C_t 表示两个系统的耦合系数，u_1、u_2 表示两个系统的综合发展指数。在本书中，C_t 为零售服务业与制造业的耦合系数，u_1、u_2 为零售服务业、制造业的综合发展指数。从取值看，u_1、u_2 是对原始数据进行标准化处理后介于 0 ~ 1 的值，从而耦合系数 C 也介于 0 ~ 1。耦合度小，代表两个系统处于低水平耦合阶段，两系统关联较弱；耦合度大，代表两系统进入相互促进的高水平耦合阶段。

耦合度虽然能够判断两系统间的相互作用强度并表征其发展秩序，但无法表示研究对象的综合发展水平，从而难以反映两个系统的整体功效。为此，研究需进一步利用耦合协调度模型评价两系统协调程度的高低。耦合协调度模型可以表示为：

$$D = \sqrt{C \times T} \tag{5-4}$$

其中，D 为两系统间的耦合协调度，D 越大表明两系统间的协调程度和融合程度越高；T 为发展度，表示两系统的综合发展水平，T 越大表明发展水平越高。发展度 T 的公式为：

$$T = \alpha u_1 + \beta u_2 \qquad (5-5)$$

其中，u_1、u_2 表示零售服务业、制造业的综合发展指数，分别由零售服务业和制造业的评价指标体系计算得到，并进行标准化处理。u_1 代表零售服务业发展的指标，u_2 代表制造业发展的指标。α 和 β 分别是零售服务业和制造业的权重，$\alpha + \beta = 1$。由于制造业的产值明显高于零售服务业，设 $\alpha = 0.4$，$\beta = 0.6$，即认为在分析两系统的相互作用时，制造业的重要性略高于零售服务业。由此，所计算出的发展度 $T \in [0,1]$。

如前所述，耦合度 C 和发展度 T 都是介于 $0 \sim 1$ 的值，从而耦合协调度 $D \in [0,1]$。参照以往文献，本书对耦合协调度及所对应的协调等级和融合水平做出规定，认为 $D \in (0,0.5]$ 为无融合区间，$D \in (0.5,0.7]$ 为初级融合区间，$D \in (0.7,0.9]$ 为中级融合区间，$D \in (0.9,1]$ 为高度融合区间，如表 5–11 所示。

表 5 –11　　　　　　　　　　耦合协调等级及融合水平划分

耦合协调度	协调等级	融合水平
$(0,0.1]$	极度失调	无融合
$(0.1,0.2]$	重度失调	
$(0.2,0.3]$	中度失调	
$(0.3,0.4]$	轻度失调	
$(0.4,0.5]$	濒临失调	
$(0.5,0.6]$	勉强协调	初级融合
$(0.6,0.7]$	初级协调	
$(0.7,0.8]$	中级协调	中度融合
$(0.8,0.9]$	良好协调	
$(0.9,1]$	优质协调	高度融合

5.2.1.2　零售服务业与制造业评价指标体系及权重

为客观评价我国零售服务业和制造业的发展水平，科学计算出两个产业的综合发展指数，本书根据评价指标选取的系统性、科学性和数据可得性原则，在借鉴已有研究的基础上，构建了零售服务业和制造业的评价指标体系。

由表5-12可知,两个系统的综合评价指标体系均包含4个一级指标和9个二级指标,所有二级指标均为正向指标。为确保对零售服务业和制造业两个系统的评价公平、客观,两系统的指标选取尽可能保持了一致性。

表5-12 零售服务业与制造业评价指标体系

系统	一级指标	二级指标	备注
零售服务业系统	产业规模	人均社会消费品零售额	社会消费品零售额/总人口
		从业人数	零售业城镇单位就业人数+零售业私营企业与个体就业人数
		人均固定资产投资额	零售业固定资产投资额/总人口
	增长潜力	社会消费品零售额增长率	(当年社会消费品零售额-上年社会消费品零售额)/上年社会消费品零售额×100%
		从业人数增长率	(当年从业人数-上年从业人数)/上年从业人数×100%
	产业结构	社会消费品零售额占GDP比重	社会消费品零售额/GDP×100%
		社会消费品零售额占第三产业增加值比重	社会消费品零售额/第三产业增加值×100%
	生产效益	就业贡献率	零售业从业人数/总就业人数×100%
		劳动生产率	零售业增加值/零售业从业人数×100%
制造业系统	产业规模	人均制造业增加值	社会消费品零售额/总人口
		制造业从业人数	制造业城镇单位就业人数+制造业私营企业与个体就业人数
		人均固定资产投资	制造业固定资产投资额/总人口
	增长潜力	制造业增加值增长率	(当年制造业增加值-上年制造业增加值)/上年制造业增加值×100%
		从业人数增长率	(当年制造业从业人数-上年制造业从业人数)/上年制造业从业人数×100%
	产业结构	制造业增加值占GDP比重	制造业增加值/GDP×100%
		制造业增加值占第二产业增加值的比重	制造业增加值/第二产业增加值×100%
	生产效益	就业贡献率	零售业从业人数/总就业人数×100%
		劳动生产率	制造业增加值/制造业从业人数×100%

注:限于数据可得性,本书选用工业增加值代替制造业增加值。

在确定评价指标体系之后，还必须为各指标合理分配权重。在以往的研究中，确定权重的方法分为主观法和客观法两大类。主观方法主要有专家咨询法、专家排序法；客观方法主要有主成分分析法、AHP 层次分析法、因子分析法、相关系数法和熵值法。综合比较各种方法的利弊，本书选用熵值法确定指标权重。熵值法的基本原理是根据各项指标值的差异程度计算权重。具体而言，在样本范围内，如果各项指标值全部相等，则该指标在综合评价中不起作用；反之，如果各项指标值差异较大，则该指标在综合评价中的地位较重要。

熵值法进行综合评价的具体步骤如下。

第一，将各指标值进行标准化。为将各指标值转化为介于 [0,1] 的无单位的相对数x_{ij}'，需要对各指标值进行标准化。

对于正向指标（值越大越好），

$$x_{ij}' = \frac{x_{ij} - \min(x_{ij})}{\max(x_{ij}) - \min(x_{ij})} \qquad (5-6)$$

对于负向指标（值越小越好），

$$x_{ij}' = \frac{\max(x_{ij}) - x_{ij}}{\max(x_{ij}) - \min(x_{ij})} \qquad (5-7)$$

第二，将标准化数据进行平移和归一化。将各指标值进行标准化后会出现x_{ij}'为 0 的情况。为避免标准化值无法进行对数计算的问题，需要对x_{ij}'进行坐标平移，本书采用的方法是对x_{ij}'加 0.01。之后再对y_{ij}进行归一化处理，其计算公式为：

$$p_{ij} = y_{ij} \Big/ \sum_{i=1}^{m} y_{ij} \qquad (5-8)$$

从而得到标准化矩阵：

$$P = (p_{ij})_{m \times n} \qquad (5-9)$$

第三，计算熵值和冗余度。熵值（e_{ij}）的公式为：

$$e_{ij} = -K \sum_{i=1}^{m} p_{ij} \ln p_{ij} \qquad (5-10)$$

其中，K = 1/lnn。熵值越小，代表指标间差异系数的冗余度（d_{ij}）越大，指标的作用越重要。

$$d_{ij} = 1 - e_{ij} \qquad (5-11)$$

计算出各指标的权重（w_j）：

$$w_j = \frac{d_j}{\sum\limits_{i=1}^{n} d_j} \qquad (5-12)$$

第四，计算零售服务业和制造业发展的综合得分。利用各指标权重（w_j）和各指标值归一化结果（p_{ij}）计算综合得分。

$$S_i = \sum\limits_{j=1}^{n} (w_j \times p_{ij}) \qquad (5-13)$$

本书样本期间为 2005～2016 年，计算所用各行业数据来源于国家统计局统计数据库、各年《中国工业经济统计年鉴》。

根据指标权重的计算步骤（式（5-6）～式（5-12）），分别得到零售服务业与制造业各评价指标的权重，如表 5-13 所示。

表 5-13　　　　　　　　　　　评价指标权重

零售服务业系统		制造业系统	
评价指标	权重	评价指标	权重
人均社会消费品零售额	0.137	人均制造业增加值	0.104
从业人数	0.176	制造业从业人数	0.170
人均固定资产投资额	0.141	人均固定资产投资	0.118
社会消费品零售额增长率	0.083	制造业增加值增长率	0.089
从业人数增长率	0.015	从业人数增长率	0.093
社会消费品零售额占 GDP 比重	0.105	制造业增加值占 GDP 比重	0.100
社会消费品零售额占第三产业增加值比重	0.079	制造业增加值占第二产业增加值的比重	0.091
就业贡献率	0.089	就业贡献率	0.132
劳动生产率	0.175	劳动生产率	0.102

5.2.1.3　测算结果及分析

（1）我国零售服务业与制造业融合的总体变化。

利用表 5 - 13 的指标权重以及各指标数据的归一化结果，计算零售服务业与制造业的综合发展指数。进一步，依据耦合协调度模型的计算步骤（式（5 - 3）至（5 - 5）），计算得到我国 30 个省区市①2005 ~ 2016 年度零售服务业与制造业的融合度（见附录 1）。基于对 30 个省区市零售服务业与制造业融合度求平均值的方法，可判断我国零制融合的发展变化。由图 5 - 1 可知，近十多年来，我国零制融合程度呈现持续增强。结合本书对产业协调等级的划分标准可知，2005 年，零制融合度为 0.510，刚进入零售服务业与制造业勉强协调的阶段；此后融合度持续上升，到 2016 年，我国零制融合度达到0.612，迈入初级协调的新阶段。

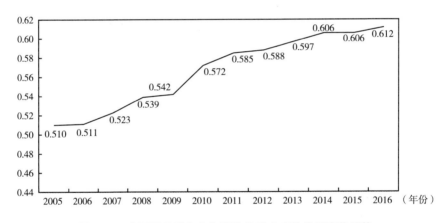

图 5 - 1　我国零售服务业与制造业融合度的发展变化趋势

（2）零售服务业与制造业融合的区域差异。

我国幅员辽阔，不同地区经济发展和产业结构差异巨大，由此决定了零售服务业与制造业的融合程度也必然存在差距。为了解我国零售服务业与制

---

①　由于西藏、香港、澳门的数据缺乏连贯性，本书排除了这三个地区，对除此之外的 30 个省区市进行分析。

造业融合的区域差异，本书对比分析了东部、中部和西部地区①的零制融合度及其发展变化。由图 5-2 可知，从融合度的变化趋势看，我国三大地区零制融合度均在逐年上升，这表明东、中、西部地区零售服务业与制造业均在加快发展且二者的相互依赖和促进作用在增强。从融合度的增长幅度看，2011 年以前零制融合度增长得较快，2012 年以后融合度增长减慢且出现较明显的波动，中、西部地区的波动尤其明显。这一变化与我国经济增速放缓的宏观经济环境密切相关。从融合度的水平差异看，零制融合度在东部、中部、西部地区呈现依次递减。2005 年，东部地区就处于零售服务业与制造业的初级协调阶段，实现了零售服务业与制造业的初级融合。而当时中部和西部地区的零售服务业与制造业还处于濒临失调阶段，两个产业几乎未出现融合。中部和西部地区先后于 2006 年和 2008 年进入勉强协调阶段。2009 年，东部地区零制融合度突破 0.7，率先进入中级协调阶段，两个产业间实现了中度融合。到研究末期，东部地区进入了零售服务业与制造业良好协调的阶段，融合程度进一步加深；中部地区进入零售服务业与制造业中级协调阶段，实现了产业间的中度融合；而西部地区刚进入初级协调阶段，实现了零售服务业与制造业的初级融合。

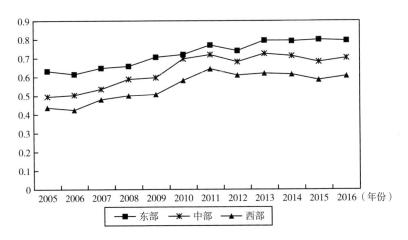

图 5-2　我国三大地区零售服务业与制造业融合度的发展变化

---

① 东部地区指北京、天津、上海、河北、辽宁、江苏、浙江、福建、山东、广东、海南等 11 个省（市）；中部地区指山西、吉林、黑龙江、安徽、江西、河南、湖北、湖南等 8 个省；西部地区指内蒙古、广西、重庆、四川、贵州、云南、陕西、甘肃、青海、宁夏和新疆等 11 个省区市。

（3）各省区市零售服务业与制造业融合水平的发展变化。

基于 30 个省区市 2005 年和 2016 年零制融合度的对比分析可知，零售服务业与制造业无融合的省份明显减少，两个产业实现初级融合与中级融合的省份显著增加。2005 年 40% 的省份处于零售服务业与制造业无融合的状况，2016 年零售服务业与制造业无融合的省份只剩 6.7%（海南和新疆）。2005 年 60% 的省份的零售服务业与制造业处于初级融合，2016 年处于初级融合的省份增加至 76.7%，且其中大多数省份的耦合协调度比 2005 年有了明显提升。

零售服务业与制造业的融合度与区域经济发展水平密切关联。研究表明，经济发达省份的零制融合程度较高，而经济欠发达省份的融合度较低。2016 年，浙江、天津、山东、广东、江苏等经济发达省份实现了零售服务业与制造业的中度协调。2005 年，零制耦合协调度最高的五个省份依次是江苏、山东、广东、浙江、上海，耦合协调度最低的五个省份分别是海南、贵州、宁夏、云南、新疆。2016 年，耦合协调度排名前五位的省份依次是江苏、广东、山东、天津、浙江，耦合协调度排名后五位的省份依次是海南、新疆、甘肃、云南、贵州。这里需要特别解释的是，北京、上海作为全国性中心城市，其产业结构和城市职能都处于快速调整中。随着"退二进三"政策的实施，北京和上海的高端服务业日益壮大，而制造业份额相对缩小，这就造成了零售服务业与制造业融合度不高的现状。

表 5 - 14　　　　　　　各省区市零售服务业与制造业融合的变化

融合水平	耦合协调度	省区市	
		2005 年	2016 年
无融合	(0, 0.5)	海南、贵州、宁夏、云南、新疆、甘肃、青海、江西、安徽、广西、湖南、重庆	海南、新疆
初级融合	(0.5, 0.6]	北京、黑龙江、四川、吉林、陕西、湖北、内蒙古、河北、河南、山西、福建、辽宁、天津、上海	甘肃、云南、贵州、北京、青海、宁夏、山西、黑龙江、辽宁

续表

融合水平	耦合协调度	省区市	
		2005 年	2016 年
	(0.6,0.7]	浙江、广东、山东、江苏	上海、四川、广西、重庆、陕西、江西、湖南、安徽、河北、内蒙古、河南、湖北、福建、吉林
中度融合	(0.7,0.8)		浙江、天津、山东、广东、江苏

注：本表中所列出的省份依据零制耦合协调度由低到高的顺序进行排列。

（4）零售服务业与制造业细分行业融合的发展变化。

制造业包括诸多细分行业，细分行业由于生产流程、资本构成、目标市场等方面的差异，而与零售服务业的融合水平呈现出较大差距。本书研究继续利用耦合协调度模型，计算 2005~2016 年零售服务业与制造业细分行业①的耦合协调度（计算结果见附录2）。为重点揭示研究期内零售服务业与制造业细分行业的融合水平及其变化趋势，本书研究选用零售服务业与制造业细分行业耦合协调度的均值、标准差和极差进行分析。

均值是反映数据集中趋势的重要指标，通过零制融合度均值可以反映30个省区市平均融合的行业差异。由表 5 - 15 可知，从融合度的变化趋势看，各细分行业零制融合度在逐年上升，这表明零售服务业与制造业细分行业的相互依赖和促进作用在不断增强。从融合度的增长幅度看，"非金属矿物制品业""金属制品业""食品、饮料及烟草制造业"的融合度增长最快（增长大于0.13）；"电气及电子机械器材制造业""化学原料及化学制品业""机械制造业""石油加工及炼焦加工业""造纸及纸制品制造业""纺织服装鞋帽制造业"的融合度增长较快（增长介于0.09~0.12）；"交通运输设备制造业"与零售服务业的融合水平呈现出先上升后下降的变化。从融合度的发展水平看，研究末期，除"交通运输设备制造业"尚未与零售服务业实现

---

① 2013 年《中国工业经济年鉴》改名为《中国工业统计年鉴》，年鉴中对制造业细分行业的分类做了一定变更。根据年鉴行业的匹配性和制造业行业的可用性，本书选取了"食品、饮料及烟草制造业""纺织服装鞋帽制造业""造纸及纸制品制造业""电气及电子机械器材制造业""石油加工及炼焦加工业""化学原料及化学制品业""非金属矿物制品业""金属制品业""交通运输设备制造业"和"机械制造业"（通用机械＋专业机械）10 个细分行业。

融合外，其他9个制造行业均实现了与零售服务业的初级融合。其中，"非金属矿物制品业""机械制造业""食品、饮料及烟草制造业"与零售服务业的融合度最高，融合度均值达到0.6以上。

表5-15 2005~2016年细分行业零制融合度的均值

年份	（1）	（2）	（3）	（4）	（5）	（6）	（7）	（8）	（9）	（10）
2005	0.43	0.46	0.48	0.49	0.48	0.47	0.44	0.46	0.48	0.47
2006	0.44	0.45	0.48	0.48	0.48	0.48	0.44	0.45	0.48	0.46
2007	0.45	0.46	0.49	0.49	0.49	0.50	0.45	0.46	0.48	0.47
2008	0.46	0.43	0.52	0.51	0.52	0.51	0.48	0.48	0.52	0.49
2009	0.47	0.46	0.53	0.52	0.52	0.52	0.49	0.49	0.53	0.50
2010	0.49	0.48	0.55	0.54	0.54	0.54	0.50	0.51	0.54	0.52
2011	0.50	0.49	0.56	0.55	0.55	0.55	0.52	0.52	0.55	0.53
2012	0.51	0.50	0.57	0.56	0.55	0.44	0.54	0.53	0.57	0.53
2013	0.52	0.51	0.59	0.57	0.56	0.55	0.55	0.54	0.58	0.54
2014	0.53	0.52	0.61	0.58	0.58	0.46	0.56	0.55	0.59	0.56
2015	0.54	0.54	0.62	0.58	0.59	0.58	0.58	0.55	0.61	0.57
2016	0.55	0.55	0.62	0.59	0.60	0.45	0.58	0.55	0.61	0.57

注：（1）为"电气及电子机械器材制造业"，（2）为"纺织服装鞋帽制造业"，（3）为"非金属矿物制品业"，（4）为"化学原料及化学制品业"，（5）为"机械制造业"，（6）为"交通运输设备制造业"，（7）为"金属制品业"，（8）为"石油加工及炼焦加工业"，（9）为"食品、饮料及烟草制造业"，（10）为"造纸及纸制品制造业"。

如前所述，耦合协调度均值反映的是各省区市零售服务业与制造业细分行业的平均融合水平。事实上，在经济发展省际差异与各省产业结构调整的双重因素影响下，制造业细分行业在一些省份实现了快速发展，而在另外一些省份却出现了萎缩，进而表现为耦合协调度在省份间的差距拉大。本书研究利用耦合协调度的标准差和极差分析细分行业零制融合度的省际差异。标准差和极差是反映数据离散程度的常用指标。标准差是各数据偏离均值距离的平均数，极差反映了零制融合度最大值和最小值的差距。

由表5-16可知，从细分行业零制融合度标准差的变化看，各省"交通运输设备制造业"零制融合度的离散程度呈现先增大后缩小的趋势，表明省际融合水平的差距出现了先增后减的变化；其他9个制造行业与零售服务业融合度的离散程度均呈现增加趋势，反映了省际融合水平的差距在拉大。从细分行业零制融合度极差的变化看，研究期内极差逐年增大，表明零售服务业与制造业细分行业的融合在不同省份间呈现出强者愈强、弱者愈弱的马太效应。样本区间内，各省"造纸及纸制品制造业"零制融合度的极差最大，最大值比最小值高出 0.4；"电气及电子机械器材制造业""纺织服装鞋帽制造业""机械制造业""交通运输设备制造业""金属制品业"的零制融合度极差较大，最大值和最小值的差距在 0.35 ~ 0.39；"食品、饮料及烟草制造业"零制融合度的极差最小，但仍达到了 0.28，充分反映出零售服务业与制造业细分行业融合度存在显著的省际差异。

表 5 – 16　　　　2005 ~ 2016 年细分行业零制融合度的标准差与极差

年份	(1)		(2)		(3)		(4)		(5)	
	Std. Dev.	R	Std. Dev.	R	Std. Dev.	R	Std. Dev.	R	Std. Dev.	R
2005	0.07	0.29	0.08	0.29	0.06	0.22	0.05	0.23	0.07	0.25
2006	0.07	0.29	0.08	0.29	0.06	0.23	0.05	0.23	0.07	0.26
2007	0.07	0.29	0.08	0.29	0.06	0.23	0.05	0.22	0.07	0.25
2008	0.07	0.30	0.09	0.32	0.06	0.24	0.06	0.23	0.08	0.27
2009	0.07	0.29	0.08	0.28	0.06	0.24	0.06	0.27	0.08	0.29
2010	0.08	0.33	0.08	0.29	0.06	0.24	0.06	0.26	0.08	0.31
2011	0.08	0.32	0.07	0.26	0.06	0.26	0.06	0.25	0.09	0.40
2012	0.08	0.32	0.08	0.27	0.07	0.27	0.06	0.28	0.09	0.32
2013	0.08	0.32	0.09	0.33	0.07	0.26	0.07	0.28	0.09	0.33
2014	0.08	0.36	0.09	0.41	0.07	0.28	0.07	0.31	0.09	0.35
2015	0.09	0.36	0.09	0.36	0.08	0.32	0.08	0.33	0.10	0.38
2016	0.08	0.37	0.09	0.35	0.08	0.30	0.08	0.32	0.10	0.38

年份	(6)		(7)		(8)		(9)		(10)	
	Std. Dev.	R	Std. Dev.	R	Std. Dev.	R	Std. Dev.	R	Std. Dev.	R
2005	0.10	0.33	0.07	0.25	0.05	0.23	0.05	0.23	0.06	0.28
2006	0.10	0.35	0.08	0.31	0.05	0.23	0.05	0.22	0.07	0.32
2007	0.11	0.33	0.08	0.28	0.05	0.21	0.06	0.25	0.07	0.32

年份	(6)		(7)		(8)		(9)		(10)	
	Std. Dev.	R	Std. Dev.	R	Std. Dev.	R	Std. Dev.	R	Std. Dev.	R
2008	0.12	0.37	0.08	0.28	0.05	0.20	0.06	0.24	0.08	0.33
2009	0.12	0.39	0.08	0.28	0.06	0.23	0.06	0.25	0.09	0.42
2010	0.12	0.39	0.08	0.33	0.06	0.25	0.06	0.25	0.08	0.37
2011	0.13	0.42	0.08	0.28	0.06	0.24	0.07	0.27	0.09	0.37
2012	0.10	0.41	0.08	0.30	0.06	0.27	0.07	0.25	0.09	0.39
2013	0.08	0.38	0.09	0.30	0.07	0.30	0.07	0.25	0.09	0.40
2014	0.08	0.37	0.10	0.36	0.07	0.33	0.07	0.25	0.09	0.40
2015	0.08	0.40	0.10	0.35	0.07	0.35	0.08	0.29	0.10	0.42
2016	0.09	0.36	0.10	0.35	0.07	0.34	0.08	0.28	0.10	0.40

注：（1）为"电气及电子机械器材制造业"，（2）为"纺织服装鞋帽制造业"，（3）为"非金属矿物制品业"，（4）为"化学原料及化学制品业"，（5）为"机械制造业"，（6）为"交通运输设备制造业"，（7）为"金属制品业"，（8）为"石油加工及炼焦加工业"，（9）为"食品、饮料及烟草制造业"，（10）为"造纸及纸制品制造业"。

5.2.2 互联网情境下零制跨界融合的市场绩效

5.2.2.1 互联网应用与零制跨界融合的相关性分析

近十多年来，我国电子技术迅猛发展，互联网广泛应用于生产生活的各个领域，从而推进电子商务蓬勃发展和流通领域不断创新。在电子商务条件下，流通渠道缩短，流通对生产的引领作用不断增强。特别在生活消费品市场上，制造商通常可以越过现实中的中间商，通过自建电子商务网站进行直销或利用公共局域网和网络分销平台建立经销和代理关系。由于制造商与消费者的距离被空前拉近，制造商可以更直接有效地从消费者那里获取关于产品改进的信息，并据此对生产的种类和规模进行调整优化。可以说，互联网发展有力地推动了零售服务业和制造业的融合。

本书利用绘制互联网发展与零制融合度散点图（如图 5 - 3 所示）并求二者相关系数的方法，证明互联网发展与零制融合度上升同时推进的事实。

相关系数的取值范围在 −1 ~ 1。相关系数为正，表明二者正相关；相关系数为负，表明二者负相关。相关系数越接近 1，表明相关程度越高。本书中，互联网发展通过各省各年度的网站数（quan − web）衡量，零售业与制造业的融合度（d）采用前面所计算出的零制耦合协调度表示。为降低数据的数量级，对网站数和融合度均取自然对数。由图 5 − 3 可知，互联网普及程度与零制融合度呈同方向变化。经过相关系数计算可知，二者的偏相关系数为 0.61。散点图和相关系数的计算结果均表明，随着我国互联网的深入普及，零售服务业与制造业的融合不断深化。

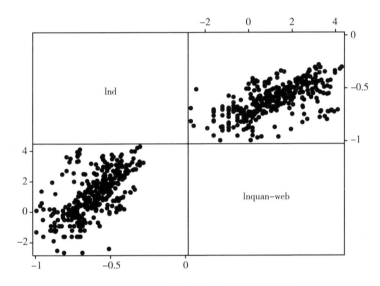

图 5 − 3 零制融合度与网站数的散点图

进一步地，基于零售服务业与制造业细分行业融合度计算结果，绘制互联网发展与细分行业融合度的散点图并求相关系数。细分行业零制融合度与互联网发展的散点图如图 5 − 4 所示，其偏相关系数如表 5 − 17 所示。由图 5 − 4 可知，尽管不同细分行业零制融合度与互联网发展的散点图的形态有所差异，但均呈现从左下向右上集中分布的特征，表明细分行业融合与互联网发展同方向变化。由表 5 − 17 可知，各细分行业融合度与互联网发展的相关系数均为正且大于 0.5，表明融合水平与互联网发展显著正相关。在制造业内部，"电气及电子机械器材制造业""机械制造业""金属制品业""造

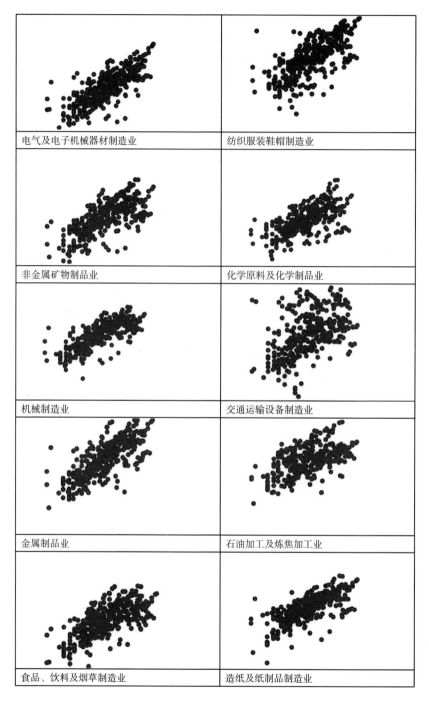

图 5-4   细分行业零制融合度与网站数的散点图

纸及纸制品制造业"的融合度与互联网发展的相关程度最强,相关系数大于0.7;"纺织服装鞋帽制造业""食品、饮料及烟草制造业""非金属矿物制品业""化学原料及化学制品业"的融合度与互联网发展的相关程度较强,相关系数在0.6~0.7;"石油加工及炼焦加工业""交通运输设备制造业"的融合度与互联网发展的相关程度相对较弱,相关系数分别为0.523和0.472。各细分行业零制融合度与互联网发展较高的相关系数,反映了互联网广泛应用与零制融合深化相伴而生的事实。

表 5-17 细分行业零制融合度与互联网发展的相关系数

行业	相关系数	行业	相关系数
电气及电子机械器材制造业	0.776	交通运输设备制造业	0.472
纺织服装鞋帽制造业	0.686	金属制品业	0.745
非金属矿物制品业	0.697	石油加工及炼焦加工业	0.523
化学原料及化学制品业	0.614	食品、饮料及烟草制造业	0.683
机械制造业	0.746	造纸及纸制品制造业	0.721

5.2.2.2 互联网情境下零制融合的市场绩效分析

前面分析已表明,随着互联网的迅速发展和广泛应用,零售服务业与制造业的融合程度不断加深。那么,零制融合深化带来了怎样的市场绩效?具体而言,零制融合深化是否有效促进了零售服务业和制造业的发展?在互联网普及的新情境下,零制融合深化对零售服务业和制造业的影响呈现出哪些新特征?为回答上述问题,本书研究构建实证模型并分析其回归结果。

(1)实证模型与变量说明。

为探讨零制融合深化的市场绩效,本书研究分别以零售服务业劳动生产率与制造业劳动生产率为被解释变量,以零售服务业与制造业融合度为关键解释变量,以互联网为调节变量,构建实证模型,此外,借鉴相关文献,我们还将零售业和制造业的工资水平、就业人数、产业增加值的 GDP 占比作为控制变量，构建的实证方程见式（5 – 14）和式（5 – 13）。各变量的含义见表 5 – 18。为降低数据的数量级，对各变量取自然对数。

$$\text{Lneffiret}_{i,t} = \beta_1 \text{Lnd}_{i,t} + \delta_1 \text{Lnquanweb} + \delta_2 \text{Lnd} \times \text{Lnquanweb} + \gamma_1 \text{Lnsalaret}$$
$$+ \gamma_2 \text{Lnempret} + \gamma_3 \text{Lnstruret} + u_i + v_t + \varepsilon_{i,t} \quad (5 – 14)$$

$$\text{Lneffiman}_{i,t} = \beta_1 \text{Lnd}_{i,t} + \delta_1 \text{Lnquanweb} + \delta_2 \text{Lnd} \times \text{Lnquanweb} + \gamma_1 \text{Lnsalaman}$$
$$+ \gamma_2 \text{Lnempman} + \gamma_3 \text{Lnstruman} + u_i + v_t + \varepsilon_{i,t} \quad (5 – 15)$$

其中，i 为省份，t 为年度；β 为解释变量的系数，γ 为控制变量的系数，δ 为调节变量的系数；u_i 为个体效应，v_t 为时间效应，$\varepsilon_{i,t}$ 为随机扰动项。

表 5 – 18 变量定义

项目	变量符号	变量名称	变量含义
被解释变量	effimret	零售业效率	零售业增加值/零售业从业人数
	effiman	制造业效率	制造业增加值/制造业从业人数
解释变量	d	零制融合度	零售业与制造业的耦合协调度
调节变量	quanweb	互联网发展水平	网站数量
控制变量	salaret	零售业工资水平	零售业从业人员平均工资
	empret	零售业就业人数	城镇单位、私营企业与个体经济零售业从业人数之和
	struret	零售业产业结构	社会消费品零售额/GDP
	salaman	制造业工资水平	制造业从业人员平均工资
	empman	制造业就业人数	城镇单位、私营企业与个体经济制造业从业人数之和
	struman	制造业产业结构	制造业增加值/GDP

（2）基于全国样本的回归结果及分析。

基于全国样本的分析针对 2005 ~ 2016 年 30 个省区市的数据进行。根据样本数据特征和 hausman 检验结果，研究利用固定效应模型、采用逐步回归法进行分析。以零售服务业效率为被解释变量的实证结果见表 5 – 19；以制造业效率为被解释变量的实证结果见表 5 – 20。

表 5 – 19　　　　　　　　零制融合对零售服务业效率的影响

变量	（1）	（2）	（3）	（4）	（5）	（6）
Lnd	1.02 *** (7.59)	0.73 *** (4.67)	– 0.41 (– 1.53)	0.78 *** (5.09)	0.87 *** (5.44)	0.86 *** (5.08)
Lnquanweb		0.05 *** (3.50)	0.03 * (1.75)	0.02 *** (2.95)	0.02 *** (2.69)	0.02 *** (2.69)
Lnsalaret			0.29 *** (5.09)	0.85 *** (22.73)	0.83 *** (20.50)	0.83 *** (18.92)
Lnempret				– 0.88 *** (– 27.64)	– 0.89 *** (– 27.60)	– 0.89 *** (– 27.55)
Lnstruret					0.16 * (1.65)	0.15 (1.60)
Lnd × Lnquanweb						0.08 * (1.78)
_cons	11.23 *** (134.70)	10.99 *** (103.56)	7.34 *** (10.14)	7.05 *** (17.78)	6.87 *** (16.89)	6.86 *** (16.70)
样本数	360	360	360	360	360	360
Within R^2	0.149	0.180	0.240	0.772	0.775	0.835
F 值	57.65	35.95	34.44	277.03	224.12	196.23

注：*** 、** 、* 分别表示在 1%、5% 和 10% 的水平上显著，括号内为 t 值。

表 5 – 20　　　　　　　　零制融合对制造业效率的影响

变量	（1）	（2）	（3）	（4）	（5）	（6）
Lnd	3.54 *** (30.16)	3.11 *** (20.49)	1.52 *** (6.07)	2.51 *** (14.01)	0.79 *** (4.74)	1.08 *** (6.46)
Lnquanweb		0.12 (0.83)	– 0.01 (– 0.82)	0.01 (0.26)	0.01 (0.76)	0.03 (0.53)
Lnsalaman			0.50 *** (8.56)	0.61 *** (15.14)	1.05 *** (26.46)	0.98 *** (23.87)
Lnempman				– 0.86 *** (– 19.28)	– 0.88 *** (– 26.45)	– 0.83 *** (25.77)

续表

变量	(1)	(2)	(3)	(4)	(5)	(6)
Lnstruman					0.87*** (16.67)	0.77*** (14.54)
Lnd × Lnquanweb						−0.15*** (−5.69)
_cons	14.45*** (198.33)	14.175*** (121.44)	8.13*** (11.17)	12.02*** (22.35)	3.29*** (5.01)	4.49*** (6.79)
N	360	360	360	360	360	360
Within R²	0.734	0.737	0.786	0.899	0.949	0.951
F 值	909.72	621.01	399.74	732.49	1139.34	1046.40

注：***、**、*分别表示在1%、5%和10%的水平上显著，括号内为t值。

由表5-19可知，在逐步引入解释变量和控制变量的过程中，回归拟合的within R²依次增大，模型（5）的within R²达到0.775。模型（6）进一步引入调节变量Lnd × Lnquanweb，Lnd × Lnquanweb的系数为正并在10%的水平上显著，within R²达到0.835，较模型（5）有所提高。鉴于本书重点关注的是互联网情境下零制融合的市场绩效，而调节变量正是融合度与网站的交互项，因而模型中保留Lnd × Lnquanweb。依据模型（6）的回归结果，Lnd的系数显著为正，表明零售服务业与制造业的融合有效促进了零售业效率的提升；Lnquanweb的系数显著为正，说明互联网发展是促进零售业效率提升的有利因素；交互项Lnd × Lnquanweb的系数为正且在10%水平上显著，反映了零制融合对零售业效率提升的促进作用受互联网发展水平的正向调节，即互联网发展水平越高，零制融合对零售业效率的促进作用越明显。

此外，对于模型中的控制变量，Lnsalaret显著为正，Lnempret的系数显著为负。表明高工资水平对提升零售业效率有激励作用，而就业规模对零售业效率则具有相反作用。Lnstruret的回归系数尽管为正，但在模型（6）中并不显著，表明零售业对经济增长的贡献与零售业效率没有明显的统计关系，在一定程度上表明零售业尚未实现规模扩大和效率提升的统一。

表5-20分析了制造业效率受零制融合及相关因素的影响。与前述分析一样，在逐步引入控制变量和调节变量的过程中，回归拟合的within R²显著

增大。Lnquanweb 并不显著，但鉴于其是互联网发展的重要指标而保留在模型中。依据模型（6）的回归结果，Lnd 的系数显著为正，表明零制融合有效促进了制造业效率提升；Lnquanweb 的系数为正但不显著，说明互联网发展没有明显促进制造业效率的提升，这一结果表明我国制造业数字化水平尚有较大的提升空间，目前来看互联网还没有对制造业效率起到应有的作用；交互项 Lnd×Lnquanweb 系数显著为负，表明随着互联网发展水平的提高，零制融合提升制造业效率的作用趋于减弱。研究结果表明，对于制造业而言，互联网并未发挥促进效率提升的作用，其对零制融合影响制造业效率的调节作用为负。行业层面的这一结果与微观层面相契合，企业视角的研究也表明对于已经实施了跨界的企业而言，互联网发展对制造企业的财务绩效没有明显作用，从行业角度解读，互联网发展水平对制造效率的提升也未表现出明显效果。从互联网应用的角度来看，我国工业互联网发展水平滞后于商业互联网，互联网在制造业中的应用范围和深度还处于一个较低的水平，利用数字赋能实施跨界的制造企业还比较少，这可能是造成互联网没有发挥其应有的效率促进作用的主要原因。

对于模型中的控制变量，Lnsalaman 和 Lnstruman 的系数均显著为正，Lnempman 的系数显著为负。Lnstruman 代表该省制造业对经济增长的贡献，其越大越有利于提高制造业效率。在全国性劳动力市场形成的条件下，Lnsalaman 代表制造业从业者的平均工资水平，其越高越有利于提高制造业效率。在生产力未发生明显变革的较短时期内，制造业人力资本水平 Lnempman 前的回归系数为负，表明制造业人力资本水平提高不利于效率提升。

（3）互联网情境下我国零制融合市场绩效的区域差异。

由于我国东、中、西部地区经济发展水平差异显著，零售服务业与制造业融合的市场绩效可能因地区而不同。为探讨互联网情境下我国零制融合市场绩效的区域差异，本书研究分别对三大地区零售业效率和制造业效率的影响因素进行回归分析。零售业的实证结果见表5-21；制造业区域分析的结果见表5-22。

表5－21　　　互联网情境下零制融合对零售业效率的影响：地区样本

变量	东部	中部	西部
Lnd	1.03 *** (3.76)	1.14 *** (3.90)	0.35 (1.16)
Lnquanweb	0.01 (0.93)	0.03 *** (3.17)	0.01 (0.90)
Lnsalaret	0.89 *** (13.44)	0.80 *** (12.15)	0.90 *** (13.24)
Lnempret	－0.90 *** (－16.20)	－1.02 *** (－15.57)	－0.82 *** (－16.16)
Lnstruret	0.15 (0.90)	0.13 (0.85)	0.21 (1.12)
Lnd × Lnquanweb	0.04 (0.544)	0.21 * (1.77)	－0.08 (－1.07)
_cons	7.42 *** (11.40)	8.71 *** (11.45)	5.52 *** (7.25)
N	132	96	132
Within R^2	0.800	0.814	0.784
F 值	93.01	72.69	75.20

注：*** 、** 、* 分别表示在1%、5%和10%的水平上显著，括号内为t值。

表5－22　　　互联网情境下零制融合对制造业效率的影响：地区样本

变量	东部	中部	西部
Lnd	1.55 *** (6.83)	1.46 *** (5.13)	1.14 *** (3.59)
Lnquanweb	0.01 * (1.80)	0.03 *** (3.10)	0.02 * (1.82)
Lnsalaman	0.84 *** (13.93)	0.80 *** (11.46)	1.08 *** (15.15)
Lnempman	－0.92 *** (－19.52)	－0.87 *** (－18.53)	－0.85 *** (－12.78)

续表

变量	东部	中部	西部
Lnstruman	0.57 *** (5.64)	0.84 *** (12.06)	0.73 *** (7.55)
Lnd × Lnquanweb	0.19 *** (5.18)	0.29 *** (3.19)	0.06 (1.01)
_cons	7.53 *** (6.85)	6.52 *** (6.30)	3.25 *** (2.69)
N	132	96	132
Within R²	0.951	0.977	0.958
F 值	373.15	587.54	447.02

注:***、**、*分别表示在1%、5%和10%的水平上显著,括号内为 t 值。

表 5 - 21 的实证结果显示,对于东部地区,Lnd 的系数显著为正,Lnquanweb 和 Lnd × Lnquanweb 的系数为正但不显著。这表明零售服务业与制造业的融合提升了东部地区的制造业效率,但互联网应用并没有对制造业效率提升发挥积极作用。这可能是因为东部地区的互联网发展较早、发展水平较高,其对零售业效率提升的影响已在早期得以发挥。对于中部地区,Lnd、Lnquanweb 的系数显著为正,Lnd × Lnquanweb 的系数也显著为正。这表明在中部地区,零售服务业与制造业的融合显著提升了零售业效率,互联网普及应用也明显促进了零售业效率提升。与此同时,交互项显著为正表明互联网发展在零制融合提升零售业效率的过程中发挥着正向调节作用,即随着互联网发展水平的提高,零制融合对零售业效率的促进作用明显增强。对于西部地区,Lnd、Lnquanweb 和 Lnd × Lnquanweb 的系数均不显著。这表明西部地区的零制融合及互联网发展均未明显提升零售业的效率。结合前面对三大地区零制融合度的比较可知,西部地区的零制融合明显滞后于东部和中部地区。由此可见,近十多年来,西部地区由于生产力水平落后且未能充分利用互联网发展的良好契机,零制融合未能显著提升零售服务业的效率。控制变量的估计结果与全国层面的估计结果基本一致,在此不再赘述。

接着,本书研究分别估计东部、中部、西部地区制造业效率的影响因素,见表 5 - 22。三大地区 within R^2 均大于 0.95，表明拟合效果优良。对于东部地区，Lnd 和 Lnquanweb 的系数均显著为正，而且 Lnd × Lnquanweb 的系数也显著为正。这表明零售服务业与制造业的融合显著提升了制造业效率，互联网发展也对提升制造业效率产生了正向作用。与此同时，互联网发展在零制融合促进制造业效率的过程中发挥了正向调节作用，即随着互联网发展水平的提高，零制融合对制造业效率的提升趋于增强。对于中部地区，Lnd、Lnquanweb 的系数显著为正，Lnd × Lnquanweb 的系数也显著为正。这表明在中部地区，不仅零制融合和互联网发展显著提升了制造业效率，而且零制融合对制造业效率的促进作用随着互联网的发展明显增强。对于西部地区，Lnd 和 Lnquanweb 的系数显著为正，Lnd × Lnquanweb 的系数为正但不显著。这表明西部地区的零制融合与互联网发展显著提升了制造业的效率，但互联网发展没有表现出明显的调节作用。控制变量的估计结果与全国样本的分析结果一致，在此不再赘述。

（4）互联网情境下我国零制融合市场绩效的行业差异。

如前所述，零售服务业与制造业细分行业的融合度存在明显差异，且制造业细分行业融合度与互联网发展的相关系数也存在一定差异。为揭示我国零制融合市场绩效的行业异质性，本书研究进一步分析零售业效率和制造业效率受细分行业零制融合度的影响。此时，分别以零售服务业效率与制造业细分行业效率为被解释变量，以细分行业零制融合度为关键解释变量，以互联网发展水平为调节变量，以工资水平、就业比重等指标为控制变量进行回归分析。实证模型见式（5 - 14）和式（5 - 15），各变量的含义同表 5 - 18。需要注意的是，零售业的相关指标同上述分析，但制造业的相关指标需要替换成制造业细分行业的数据。

首先，分析细分行业零制融合度对零售服务业效率的影响。由表 5 - 23 可知，回归分析的 R^2 和 F 值结果较理想，表明模型拟合效果良好。模型（1）~模型（10）的估计结果显示，各细分行业零制融合度的系数均显著为正，表明零售服务业与制造业细分行业的融合显著促进了零售服务业的效率提升；互联网发展的系数均显著为正，表明互联网发展是有利于零售服务业效率提升的因素；细分行业零制融合度与互联网发展交互项的估计系数在 10 个行业间存在明显差异。具体而言，"电气及电子机械器材制造业""纺织服装鞋帽制造业""造纸及纸制品制造业"的交互项在5%的显著性水平上为正；"金属制品业""石油加工及炼焦加工业"的交互项在10%的显著性水平上为正；其他行业的交互项不显著。这一结果揭示出，上述五个行业的零制融合度对零售服务业效率的促进作用呈现非线性特征。即，随着互联网的深入普及，上述行业零制融合促进零售服务业效率提升的作用逐渐增强。根据已有文献对制造业的分类，"纺织服装鞋帽制造业"属于劳动密集型行业，"造纸及纸制品制造业""金属制品业""石油加工及炼焦加工业"属于资本密集型行业，"电气及电子机械器材制造业"属于技术密集型制造业。由此可见，三大类制造业的零制融合对零售业效率的促进作用均随互联网发展而增强，且互联网的调节作用在资本密集型行业中最为突出。从细分行业的产品类型看，互联网的正向调节作用在消费品制造行业中更为明显。"电气及电子机械器材制造业""纺织服装鞋帽制造业""造纸及纸制品制造业"均是向消费者提供生活消费品的行业。这是因为互联网的迅速发展改变了消费者的购物习惯，线上购物因其便利、低价的优势吸引了越来越多的消费者，充分激发了消费者的购物需求，进而带动零售服务业的规模扩大和效率提升。控制变量的估计结果不再赘述。

表5-23 零售业效率影响因素的行业差异

变量	(1)	(2)	(3)	(4)	(5)
Lnd	0.39 *** (2.74)	0.24 ** (2.51)	1.04 *** (7.03)	1.15 *** (7.73)	0.57 *** (4.44)
Lnempret	-0.87 *** (-25.82)	-0.86 *** (-26.21)	-0.90 *** (-28.49)	-0.89 *** (-29.31)	-0.87 *** (-27.27)
Lnstruret	-0.06 (-0.68)	-0.08 (-0.38)	-0.07 (-0.90)	-0.06 (-0.82)	-0.05 (-0.60)
Lnsalaret	0.91 *** (22.47)	0.94 *** (25.63)	0.76 *** (17.67)	0.79 *** (19.85)	0.88 *** (23.20)
Lnquanweb	0.02 *** (2.99)	0.03 *** (3.24)	0.02 *** (3.25)	0.02 *** (2.65)	0.02 ** (2.5)

续表

变量	(1)	(2)	(3)	(4)	(5)
Lnd × Lnquanweb	0.06 ** (2.33)	0.06 ** (2.31)	0.03 (1.20)	0.01 (0.47)	0.04 (1.44)
_cons	6.29 *** (12.24)	5.85 *** (14.47)	8.30 *** (15.81)	8.10 *** (17.53)	6.62 *** (15.40)
样本数	360	357	360	360	360
Within R²	0.763	0.761	0.787	0.794	0.771
F 值	173.98	170.25	200.18	208.17	181.61
变量	(6)	(7)	(8)	(9)	(10)
Lnd	0.09 * (1.77)	0.54 *** (4.58)	0.71 *** (5.57)	0.92 *** (6.09)	0.51 *** (3.69)
Lnempret	-0.82 *** (-25.58)	-0.88 *** (-27.22)	-0.87 *** (-27.92)	-0.88 *** (-28.01)	-0.88 *** (-26.33)
Lnstruret	0.06 (0.74)	-0.05 (-0.60)	-0.05 (-0.66)	-0.04 (-0.57)	-0.03 (-0.44)
Lnsalaret	0.95 *** (27.34)	0.85 *** (20.74)	0.85 *** (22.59)	0.79 *** (18.29)	0.89 *** (22.78)
Lnquanweb	0.02 ** (2.37)	0.02 *** (2.67)	0.02 *** (2.92)	0.02 ** (2.42)	0.02 *** (2.85)
Lnd × Lnquanweb	0.02 (1.01)	0.04 * (1.66)	0.05 * (1.65)	0.01 (0.40)	0.05 ** (1.97)
_cons	4.97 *** (18.64)	6.92 *** (14.42)	7.03 *** (16.29)	7.80 *** (15.10)	6.46 *** (14.35)
样本数	360	360	360	360	355
Within R²	0.757	0.770	0.777	0.780	0.765
F 值	168.74	181.43	188.49	192.10	173.33

注：(1) 为"电气及电子机械器材制造业"，(2) 为"纺织服装鞋帽制造业"，(3) 为"非金属矿物制品业"，(4) 为"化学原料及化学制品业"，(5) 为"机械制造业"，(6) 为"交通运输设备制造业"，(7) 为"金属制品业"，(8) 为"石油加工及炼焦加工业"，(9) 为"食品、饮料及烟草制造业"，(10) 为"造纸及纸制品制造业"。*** 、** 、* 分别表示在1%、5%和10%的水平上显著，括号内为 t 值。

其次，分析细分行业零制融合度对制造业细分行业效率的影响。由表5-24可知，以制造业细分行业效率为被解释变量，以细分行业零制融合度为关键解释变量进行回归分析的 R^2 和 F 值结果理想，模型拟合效果优良。模型估计结果显示，各细分行业零制融合度的系数均在1%的显著性水平上为正，表明各制造业细分行业与零售服务业的融合显著促进了自身效率的提升。互联网发展系数仅对"纺织服装鞋帽制造业"的效率产生了显著的正向影响，这是因为消费者大量从网上购买服装鞋帽的行为明显扩大了该类商品的市场需求，进而提高了"纺织服装鞋帽制造业"的效率。细分行业零制融合度与互联网发展交互项的估计系数在"交通运输设备制造业"不显著，在其他9个行业均显著为负，说明互联网发展发挥了负向的调节作用。这表明随着互联网的发展，细分行业零制融合度对细分行业效率的促进作用逐渐减弱。这可能是因为在环境规制和产业结构优化调整的背景下，我国制造业正接近效率提升的瓶颈期。

表5-24　　　　　　　　　制造业效率影响因素的行业差异

变量	(1)	(2)	(3)	(4)	(5)
Lnd	0.47*** (3.87)	0.38*** (3.73)	0.50*** (3.29)	0.47*** (3.06)	0.37*** (2.85)
Lnempman	-0.85*** (-37.40)	-0.91*** (-61.29)	-0.87*** (-23.06)	-0.84*** (-23.61)	-0.87*** (-24.62)
Lnstruman	0.91*** (41.14)	0.92*** (58.40)	0.97*** (33.45)	0.81*** (24.20)	0.90*** (33.04)
Lnsalaman	1.09*** (33.89)	1.18*** (36.86)	1.11*** (29.15)	1.18*** (24.20)	1.20*** (38.40)
Lnquanweb	0.01 (0.06)	0.01** (2.29)	0.01 (0.83)	0.01 (0.56)	0.01 (0.24)
Lnd × Lnquanweb	-0.04** (-2.14)	-0.07*** (-3.53)	-0.04* (-1.89)	-0.06** (-2.42)	-0.08*** (-3.43)
_cons	6.99*** (18.71)	5.98*** (17.64)	6.85*** (13.79)	5.74*** (13.44)	5.79*** (14.49)

续表

变量	（1）	（2）	（3）	（4）	（5）
N	360	357	360	360	360
Within R^2	0.972	0.981	0.986	0.975	0.977
F 值	1878.82	2809.03	3828.58	2104.18	2367.09

变量	（6）	（7）	（8）	（9）	（10）
Lnd	0.27 *** (4.27)	0.57 *** (4.11)	0.40 *** (3.03)	0.49 *** (3.21)	0.37 *** (2.63)
Lnempman	−0.99 *** (−83.55)	−0.89 *** (−34.77)	−1.04 *** (−61.32)	−0.87 *** (−37.88)	−0.89 *** (−34.26)
Lnstruman	0.96 *** (80.25)	0.90 *** (34.31)	1.01 *** (92.52)	0.98 *** (34.84)	0.93 *** (33.99)
Lnsalaman	1.24 *** (59.27)	1.10 *** (30.40)	1.21 *** (41.11)	1.08 *** (31.09)	1.21 *** (35.36)
Lnquanweb	0.01 (0.82)	0.01 (0.08)	0.01 (−0.07)	−0.01 (−0.28)	0.01 (0.17)
Lnd × Lnquanweb	0.01 (0.65)	−0.05 *** (−2.95)	−0.11 *** (−4.16)	−0.04 * (−1.93)	−0.05 ** (−2.33)
_cons	5.68 *** (30.00)	7.00 *** (17.27)	6.42 *** (17.07)	7.37 *** (17.42)	5.88 *** (14.55)
N	360	360	360	360	355
Within R^2	0.980	0.979	0.982	0.968	0.981
F 值	2701.73	2568.52	3067.97	1649.46	2743.86

注：（1）为"电气及电子机械器材制造业"，（2）为"纺织服装鞋帽制造业"，（3）为"非金属矿物制品业"，（4）为"化学原料及化学制品业"，（5）为"机械制造业"，（6）为"交通运输设备制造业"，（7）为"金属制品业"，（8）为"石油加工及炼焦加工业"，（9）为"食品、饮料及烟草制造业"，（10）为"造纸及纸制品制造业"。*** 、** 、* 分别表示在1%、5%和10%的水平上显著，括号内为 t 值。

综合上述分析，细分行业零制融合度是促进零售业效率和制造业细分行业效率提升的重要因素。互联网发展显著促进了零售业效率的提升，但仅提升了"纺织服装鞋帽制造业"的效率，对其他制造行业效率未产生显著影响。互联网发展在零制融合促进零售业效率和制造业效率的过程中发挥着相反的调节作用。互联网发展对消费品制造行业融合度促进零售业效率发挥了正向调节作用，而对多个细分行业零制融合度促进自身效率发挥了负向调节作用。由此可见,零制融合对零售业效率与制造业细分行业效率均产生了有利影响,互联网情境下零制融合对零售业效率的积极影响大于制造业。这一结论佐证了互联网深入普及为零售业蓬勃发展提供了重大契机。未来,零售业应进一步充分利用互联网的发展机遇;与此同时,制造业也应积极挖掘并利用互联网发展带来的益处。

5.2.3 实证结论

(1)从行业样本来看,零制融合有效促进了零售业效率的提升,互联网对零制融合影响零售业效率发挥了正向调节作用;零制融合对制造业效率的提升也有明显的促进作用,但互联网的促进作用不明显,且其对零制融合影响制造业效率的调节作用为负。实证结果表明,互联网对制造业的作用不及预期,无论是直接作用于生产效率,还是间接通过影响零制融合发生作用,互联网均未发挥应有的正向效用。

(2)从地区样本来看,东部、中部地区零制融合有效促进了零售业效率的提升,西部地区不显著,互联网发展水平的提高有利于中部地区零售业生产率的提升,对东、西部地区零售业生产率的影响则不明显;同时,中部地区互联网发展水平越高,零制融合的效率促进效应越显著,东、西部地区则不存在此效应。零制融合和互联网发展水平都对东、中、西部三大地区制造业效率的提升具有正向作用,其中,东、中部地区互联网发展水平还对零制融合的效率促进效应具有正向调节作用,西部地区互联网的调节作用不显著。

(3)从细分行业样本来看,对零售业而言,制造业所有细分行业的零制融合度的回归系数均显著为正,互联网发展水平的系数也为正,表明各细分行业的零制融合水平越高越有利于提升零售业效率,各细分行业的互联网发展水平越高,其对零售业效率的提升作用也越强。此外,"电气及电子机械器材制造业""纺织服装鞋帽制造业""造纸及纸制品制造业""金属制品业""石油加工及炼焦加工业"这五个行业中互联网发展水平与零制融合度的交互项的系数显著为正,表明这五个行业中互联网发展水平越高,零售融合的效率促进作用越明显。对制造业而言,各细分行业零制融合度的系数均在1%的显著性水平上为正，表明各制造业细分行业与零售服务业的融合显著促进了制造业效率的提升，而互联网发展系数仅对"纺织服装鞋帽制造业"的效率产生了显著的正向影响；从交互项来看，细分行业零制融合度与互联网发展交互项的估计系数除了在"交通运输设备制造业"不显著，在其他9个行业均表现为负向调节作用。这一结果再次表明，我国制造业的互联网应用水平仍有很大的提升空间，互联网的效率促进的作用有待提高。

第6章 "互联网+"背景下促进零售服务业与制造业跨界融合的困境分析与路径探索

6.1 "互联网+"背景下零售服务业与制造业跨界融合需突破的困境分析

6.1.1 供应链主导权之争导致主动融合的意识不强

前面已经论述，基于产权的并购直接促成了产业融合，在并购过程中，难免会有企业被吸收甚至退出市场，企业的控制权发生转变，因此零制企业在实施跨界过程中必须评估企业控制权的丧失所带来的损失，从而影响其主动融合的意识。供应链上的收益分配与链上企业的主导权有关，主导权体现为企业的市场势力和渠道控制力，拥有主导权的企业必然在收益分配中占优，零售商与制造商之间双方的市场势力和对渠道的控制力决定了利益分配。大型零售商凭借其资金、信息、渠道等优势有可能成为整个供应链网络的协调中心，它通过制定供应链衔接规则、建立信用关系以及对供应链体系中成员企业的作业流程进行控制和引导，通过向制造商收取通道费、店庆费等各种额外的费用，以及以渠道要挟厂家降低采购价格等方式攫取利益；由于技术和政策垄断、客户指定等原因可能导致强势制造商，当制造商较为强势时，制造商可以采用规定最小订货量规模、提高出厂价格等手段攫取利益。在"互联网+"背景下，一方面，电商的出现挑战了传统零售商的生存空间，有利于制造商绕开渠道商实现去中间化；另一方面，电商平台的日益强大使得制造企业又同时面临再中间化的可能。互联网情境下，制造商与渠道商之间的关系更为复杂，制造商既想自己开通网络营销渠道，又担心线上渠道与传统分销商发生冲突而顾此失彼；传统零售商的线上触网和新兴电商的线下延伸使得越来越多的零售商成为线上线下全渠道零售商，市场势力进一步增强。对于制造商而言，要么自建全渠道线上线下铺开，但是可能会面临组织冲突的风险；要么选择和零售商合作，但需要承担未来有可能受制于对方的风险。对于零售商而言，掌握全渠道的零售通过兼并或参股实施的方式向制造商逆向延伸整合，对制造商进行控制，重新获得收益分配权。总之，互联网情境下供应链主导权的争夺将更加激烈，围绕着收益分配，零售企业和制造企业跨界融合的程度和效果取决于双方对未来发展的预期与各种可能风险的权衡，因此在实践中可能会导致企业主导融合的意识不强。

6.1.2 零制企业的信息化集成应用尚未完全建立，导致融合基础不强

信息系统的互联互通是零售服务业和制造业跨界融合的基础。现实中零售企业和制造企业由于在技术架构、技术标准、安全系统以及应用界面等方面的协同机制尚未完全建立起来，从而导致融合基础不强。

6.1.2.1 零售业将消费大数据共享给制造业存在障碍

"互联网＋"背景下，各大电商利用各种信息技术沉淀了海量的消费行为数据，消费者在网上处处留痕，交易过程中的每一条记录汇聚起来成为企业独有的数据资产，是企业无形资产的重要组成部分，具有巨大的市场价值。利用消费大数据零售企业可以为消费者精准画像，全面刻画消费者的选择过程、支付方式、使用体验和分享范围等，阿里、京东等电商巨头均耗费巨资构建云计算网络、优化算法，数据的潜在价值愈发彰显。"互联网＋"背景下零售业跨界制造，产业链向上延伸，存在消费大数据向上游制造企业共享的现实需求，但是数据作用生产要素的正外部性和排他性

在市场交易中尚不能被市场清晰定价，数据使用的隐私问题也一直没有得到有效解决，因此零售业向制造业的数据共享面临着共享方式选择、数据价值评估、成本补偿等许多新问题需要解决，从而形成零售业跨界制造的障碍因素。

6.1.2.2 制造业将工业大数据共享给零售业存在瓶颈

工业大数据是大数据在工业中的应用，具有数据量巨大、数据类型多、数据价值密度低和数据处理速度快的特点。包括企业内部生产经营数据、设备物联所产生的数据、企业活动产生的其他外部数据，涵盖了从订单采集、生产计划、研发设计、工艺制造、采购供应、库存管理、发货和交付、售后运维服务、报废或回收再制造等多个环节覆盖整个产品全生命周期所产生和使用的各类数据及相关技术和应用。工业大数据是驱动企业向创新型智能制造转型的重要基础性战略资源，对于加快信息在产品生产制造过程中的流动、提升企业运行效率具有举足轻重的作用。目前我国工业大数据的发展尚存在数据资源不甚丰富、工业数据资产管理滞后、工业数据孤岛普遍存在、工业数据应用场景有限等问题，缺乏统一的数据标准使得工业数据难以集成应用，数据管理和建模技术水平也不够高，对海量实时异构数据的挖掘能力不足，网络安全、系统安全、数据安全等问题也比较突出。除了工业内部大数据技术手段和应用场景相对匮乏之外，工业大数据与零售业的连通也存在瓶颈导致制造业无法将生产大数据及时共享给零售业，制造企业和零售企业信息系统的互联互通尚未实现，成为制造业跨界零售的重要障碍。

6.1.3 零售业线上线下融而不合，制造业柔性不足，导致融合深度不够

6.1.3.1 零售业线上线下融而不合导致零售业对制造业的影响有限，融合深度不够

"互联网＋"背景下新零售模式的一个重要表现是线上线下融合发展，

随着新零售模式的推进，很多电商依托线上渠道向线下拓展，比如阿里先后与银泰商业、百联集团、联华超市、亿果生鲜等企业均形成了战略合作，并高调入股高鑫零售，此外，阿里推出的线下新零售生态盒马鲜生近年来在多个城市连续开店，不断拓展线下版图；也有传统零售企业借助线下门店优势向线上拓展的模式，比如苏宁通过实施"电商＋店商＋零售服务商"的战略，打造双线同价，依托实体连锁和网上商城两个平台、两个网络，运用互联网和物联网的技术，全面转型发展成为全渠道零售商，腾讯也在通过收购和入股大举布局百货和连锁超市市场。同时涉足线上和线下零售可给企业带来的竞争优势是可以触及更多的消费者，获得全渠道优势，但是零售业在线上线下融合发展过程中仍存在着许多问题，比如大量资源盲目投放、商业模式过度模仿、"跑马圈地"式粗放化扩张，导致利益主体间矛盾重重，恶性竞争严重，成本居高不下。首先是价格冲突，由于同实体线下门店相比，网络虚拟门店不需要像线下实体门店那样支付门店租金、水电等成本，因而同样的商品线上价格通常更为优惠，因此会出现相同的产品线上线下价格却不同的尴尬局面，造成"左右手互搏"。其次是渠道冲突，如果线上线下两种渠道商品种类完全相同，则意味着两种模式下的目标顾客就会重叠，从而导致两种渠道之间展开对目标顾客的争夺，线上销售量提升却导致线下门店销售量下降。此外，零售企业实施O2O还面临着资源要素重新配置、渠道定位不明、成本与盈利难以预期、产品动态定价、物流配送体系需改变等方面的挑战，导致零售企业线上线下融而不合。融而不合的线上线下渠道不仅不利于提升消费者体验，缺乏消费场景的全集数据，反而拖累了企业资源利用效率，不利于品牌建设，削弱了对制造业的影响力，导致零售业实施跨界制造的深度不足。

6.1.3.2 制造业柔性不足导致对零售业的响应存在迟缓，融合深度不够

我国传统制造业在自动化升级改造过程中逐渐陷入了"刚性窘境"，即生产线缺乏柔性，对市场需求变化的调整应对能力不足。"刚性窘境"包括技术刚性、供应链刚性、管理刚性三个方面。技术刚性体现在产品的规模化生产方面，大规模标准化生产有利于成本的精准可控和产品质量提升，但柔

性也随之丧失，因为要依靠大量机器设备来完成生产，一旦市场需求、产品种类发生变化，固定资产的更换成本将会非常高昂。管理刚性体现在为适应大规模标准化生产设置过多管理层次，分工越细，就需要更多的管理人员来协调，一旦市场需求有变，产品设计发生改变，工厂就要调动大量的人员调整工序，导致管理成本陡增，从而形成管理刚性。供应链刚性体现为当市场需求改变时供应链无法立即做出改变的程度。在供应链当中，市场需求发生的微小变化会被连锁放大，像多米诺骨牌一样最终反映到供应链上各企业和制造商的库存中，导致生产速度和销售速度无法同步，带来库存积压和流动性危机，这便是供应链管理刚性的严重后果。供应链上各企业都想通过满足市场需求保持产品顺利地在系统中流通并避免损失，但因为制造商与消费者之间的层层阻隔，市场信息从需求端传递到生产环节缓慢而零散，制造商往往数月后才能从订单中看到消费者需求的变化，这就使得供应链管理的难度增加。

当前以互联网技术为基础的智能制造正是制造业逐渐由刚性自动化面向柔性自动化转变的持续调整、创新和演进过程，尽管互联网和电子商务精准描绘了市场需求图景，但是在未取得突破性技术进步前，制造业表现出的柔性不足使得其尚无法对零售业导入的个性化需求产生快速响应，未能通过互联网锁定用户（实现制造业与用户信息的打通）使得制造商的"零售能力"大打折扣，导致制造业跨界零售的融合深度不够。

6.1.4 存在影响互联网外部性发挥的制度性障碍，导致融合进程不畅

互联网外部性主要是指需求之间的相互依赖性，也就是需求的规模经济。在互联网上一种产品的消费者给其他消费者带来外部效应，或者一种产品的供求对其他产品的供求产生连带影响，即存在网络外部性。网络外部性可以分为直接网络外部性和间接网络外部性两种，前者是指需求之间的相互依赖性和效用在消费者之间的传递；后者是指基础产品与辅助产品之间技术上的辅助性，如果产品单独使用则丧失其功效。直接网络效应主要发生于通信网

络和互联网产业中如电力、电信、航空业，而间接网络效应主要发生于诸如 Apple Store 此类存在硬件/软件范式的产业中。无论是网络直接外部性还是间接外部性，都是需求方面规模经济的体现，前者意味着某个特定网络的用户能够联通的其他用户越多，则该网络越具有价值，照此循环下去，该网络也越能吸引更多的用户；后者意味着用户使用一种基础产品的价值取决于该产品的辅助产品的数量和质量，而辅助产品的数量和质量也反过来取决于对应的基础产品的销售量，基础产品的销售量越大，则与之配套的辅助产品的种类和数量就越多，用户使用该基础产品所获得的效用也越大（张磊，2011）。产业实践中存在着诸如体制机制不适应、产业管制、政策支撑体系不足等制度性障碍因素，不利于互联网网络外部性的发挥，也导致零售服务业与制造业融合进程不畅。

6.1.4.1 行业进入壁垒高，审批手续烦琐

目前，媒体、金融、电讯、电力等很多网络性行业的市场准入壁垒仍然较高，有些行业即使能够进去也存在着众多政策性约束条件。除此之外，审批手续烦琐，虽然国务院三令五申要求简化审批程序，但有些复杂冗长的行政审批方式仍然存在，而且有些审批只注重简化事前审批，而忽略了事中、事后监管，反而在一定程度上扰乱了正常的融合进程。

6.1.4.2 对平台限制竞争行为的反垄断规制缺失

具有市场优势地位的大型电商平台，往往利用市场支配地位实施横向共谋和纵向限制行为，不利于消费端集聚和数据共享的网络外部性发挥，导致零制融合进程不畅。近年来电商平台暴露出的一系列问题反映出当前我国在互联网经济领域有效实施反垄断规制手段的缺失，显然不利于零制之间的产业融合和渗透。

6.2 "互联网+"背景下促进零售服务业与制造业跨界融合的路径

6.2.1 培育供应链伙伴关系，强化融合意识

零售业和制造业处于产业链上下游，对某一具体产品而言，制造商和零售商本身则分别扮演了供应链上供应商和分销商的角色。"互联网+"背景下大数据共享和信息系统互联互通更加强调合作伙伴关系的重要性，因此增强合作意识，可以有效促进互联网情境下的零制融合。为此，一是要提高制造企业和零售企业对于互联网情境下信息跨行业流动重要性的认识，以及由此带来的零制企业伙伴关系建立的认同感；二是要避免企业间的短视行为，形成合理的利益分配机制，构建伙伴型渠道关系，互联网情境下制造企业与零售企业依托大数据融合发展，两者之间融合创新但又各有分工，形成互相推动、相互促进的新型伙伴关系。零售企业和制造企业需要进一步深化对融合发展的认识，整合资源，通过信息共享共存消除供应链中过量的库存，满足顾客多变的个性化需求，达到双赢的目的，最终实现企业发展壮大、产业链竞争力提升和经济转型升级的目标。

6.2.2 以互联网基础建设能力为支撑，搭建数据平台，改善融合基础

6.2.2.1 提升互联网建设能力，加快企业数字化进程

（1）加大互联网基础设施投资力度。互联网基础建设是企业信息化的基础。各级政府应加大基础设施投入，建设快速、移动、安全的新一代信息基础设施，构建适应万物互联、智能化社会的新一代"云网端"。第一，加大实现物与物之间通过"互联网+"连接的物联网基础设施建设投资。物联网

设备上的传感器自动采集企业的用电情况、机器的运作情况，从而判断企业的生产经营情况。第二，加大实现人与人之间通过微博、微信、App 等社会化媒体进行广泛连接的用户社区建设投资。这为企业拓宽了销售渠道的范围，是企业创新的保障。第三，加大场景与场景连接的产品生态网络投资。产品生态网络连接了产品来源、产地、生产环境、生产过程、辅料应用、包装材料和产品资质等，这为企业融合一体化发展提供了条件。

（2）重视大数据人才培养、加速大数据关键技术研发。

其一，改革人才培养方式，重视大数据人才培养，加大大数据人才引进力度。发挥高校、企业和科研机构力量，健全面向市场和产业发展的人才引进、培养机制。支持企业和高校联合培养大数据人才，鼓励大数据人才在高校、企业、科研机构之间转换，构筑多层次、多类型的大数据人才培养体系。建设大数据科学研究中心或实验室，培养大数据工程师和数据科技应用人才。

其二，出台相关激励政策加强大数据基础研究，发挥企业创新主体作用。整合产学研用资源优势联合攻关，研发大数据采集、传输、存储、管理、处理、分析、应用、可视化和安全等关键技术。支持将深度学习、类脑计算、认知计算等人工智能技术融入大数据技术研发。密切跟踪区块链、虚拟现实（VR）、增强现实（AR）等前沿技术。

（3）推进企业数字化进程。企业数字化进程是企业创新、发展和进步的重要内容。当前企业的创新进步和发展就是充分利用云计算、大数据、人工智能、移动互联网等新一代信息技术，对企业进行全面的革命和塑造，对内优化流程、提升效率，对外构建生态体系，互利成长，通过企业跨界的组合优化，在生产、管理、营销、服务和协作等方面全面提升效能。

其一，提升制造企业尤其中小制造企业数字化能力。首先，政府可以出台相关资金支持措施鼓励制造企业实施数字化改造。具体方式包括技术改造贷款贴息、搬迁补助、职工安置补助、加速折旧、产业引导基金投资等方式；通过政府购买服务等方式鼓励中小企业与服务平台合作，通过试点示范培育工业互联网平台，引导中小企业通过"上云"提升数字化水平。其次，推动工业数据标准制定与应用。统一的数据标准有利于加快公共数据开放进程，促进数据资源的高效使用。因此政府相关部门应加强标准体系与认证认可、检验检测体系的衔接，促进标准应用。最后，应发挥企业在数字化转型中的主体作用，推动供应链上各节点企业相关方共同推进数字化转型，力争横向整合从供应商、生产网络到客户的整条价值链，打通客户需求、供应不足等外部因素与内部生产之间的对接，利用更先进的跟踪系统加上与 ERP 系统的动态连接，能够使用数据分析来优化整条供应链的规划，实现真正的供应链同步。

其二，推动工业大数据全面采集，加强数据安全保护体系建设。工信部发布《关于工业大数据发展的指导意见》指出，全面推动数据采集应依托现有政策渠道，支持企业加快部署传感器、射频识别、数控机床、机器人、网关等数字化工具和设备，提升设备数据、产品标识数据、工厂环境数据等生产现场数据采集能力；推动工业大数据传输交互，推动 5G、NB-IoT 等技术在工业场景中的应用，推进 IPv6 规模部署，改造升级工业企业内外网络；推动工业大数据高质量汇聚，引导工业企业开展数据资源编目工作，加强数据清洗和预处理，支持企业建设工业大数据集成平台和大数据中心，实现多源异构数据的融合和存储。此外还应强化工业数据和个人信息保护，明确数据在使用、流通过程中的提供者和使用者的安全保护责任与义务；加强数据安全检查、监督执法，提高惩罚力度；严厉打击不正当竞争和违法行为。

其三，加强核心技术攻关，攻克"卡脖子"技术，夯实数字转型技术基础。一是要加强底层操作系统、嵌入式芯片、人机交互、核心工业软件、工业传感器等核心技术攻关；二是要征集一批数字化服务商、优秀数字化产品和服务，促进资源对接和推广应用，并且培育试点一些具有标杆性质的企业实践典型案例，发挥示范引领作用。

6.2.2.2 建立大数据共享平台，推进制造和零售信息系统互联互通

大数据共享是制造业和零售业融合发展的关键，没有数据共享，制造业和零售业的关系依旧难以摆脱以商品为中心的"零供关系"，建立大数据平台，形成消费大数据上行和商品生产大数据下行的双向数据通道是促进零售

业和制造业融合发展的关键一环。

其一，推动工业大数据合作共享，支持各地优势产业上下游企业与第三方机构加强合作，围绕数据合作共享形成战略伙伴关系；鼓励企业、研究机构等主体积极参与区块链、安全多方计算等数据流通关键技术攻关和测试验证；降低大数据流通的风险，建立健全社会数据采集、存储、交易等制度，保障数据有序、规范应用，探索大数据交易的市场机制构建，从交易系统、交易规则和交易监管三个方面推动建立大数据交易中心；推动形成数据资产目录和资产地图。

其二，加快工业企业和零售企业信息化建设，推动工业设备和零售设备数据接口开放，推动通信协议兼容，加快多源异构数据的融合和汇聚，形成完整贯通的高质量数据链。

6.2.2.3 推动数据共享流通，促进数据要素市场化配置

当前学界对数据生产要素的交易机制的设计有两种角度：一是"为隐私付费"，将数据初始产权交给企业；二是"私人数据经济"，将数据产权还给消费者。针对企业普遍反映的因数据权属界定不清、规则不明、难以定价等导致的跨企业、跨行业的数据共享流通难以开展的问题，考虑从技术手段、定价机制、交易规则三个方面着手激发工业数据市场活力，促进数据市场化配置。为此，一要强化区块链等技术在数据流通中的应用，激发数据要素市场活力；二要探索合理的定价机制，实现数据要素市场定价；三要制定符合市场规律的交易规则，建立基于大数据创新的知识产权框架，实施数据安全保护政策，保障交易秩序。

6.2.3 通过零售业线上线下深度协同和增强制造业柔性，加强融合深度

6.2.3.1 零售业线上线下深度协同加强零制跨界融合的深度

零售业直接触及消费者，具有天然的消费数据获取优势。但值得注意的

是，2014 ~ 2019 年，全国线上零售额从 27898 亿元增长至 106324 亿元①，线上零售总额虽然持续增长，但是高增长时代已经过去，近年来线上零售增速总体下滑，增速放缓，线上零售无法取代线下实体零售，线下零售占比虽然有所下降，但仍为社会消费的主体。因此，线上线下协同将是零售业满足未来竞争的必由之路。尽管线上交易更容易捕捉到消费者多维的消费数据，但线上消费占比还较低，需要零售业加大投入，线上线下同时部署以掌握更加全面的消费行为数据，从而利用贴近顾客的消费大数据优势正确引导生产，实现流通对制造业产品设计、技术开发、市场调研、市场推广、物流运输、品牌维护、售后服务等价值链上多个环节的嵌入，加强零制跨界融合的深度。促进零售业线上线下深度协同，一要充分发挥好区隔机制，线上线下提供差异化产品，锁定市场，防止渠道冲突导致的效率损失；二要积极引导线上线下相互补充发展，将线上引流和线下展示结合起来，线上线下互为依托，相互促进。

6.2.3.2 制造业增强柔性化能力以加强零制融合深度

制造业柔性化能力是其及时响应需求变化，跨界零售的主要能力。为此，需要从研发、生产、管理组织结构、人力资源四个方面入手。第一，提高制造企业研发柔性。在设计产品的过程当中，企业应该多听取客户的意见发挥自身的主观能动性，帮助客户完成他们想要得到的效果，企业应该拓展思路，大力开发，吸收客户的意见，结合企业的整体资源。除了加强研发单位自身的能力外，企业还可以及早与客户联系，了解客户的实际需求，设计满足客户需求的产品与工业。同时，应该加强与其他科研机构之间的合作，以及企业内部各个部门之间的合作。第二，提高制造企业生产柔性。在企业制造新型产品的过程当中，应当尽量降低资产的专用性，提高新产品研究的可塑性，减少产品开发的生产周期，才能更好地面向市场减少损耗。第三，提高制造企业组织结构柔性，减少管理的阶级层数，使经营决策者的理念及时上传下达，避免垂直式的官僚组织管理，严格企业规章制度，避免人情关系式的管

---

① 资料来源：国家统计局。

理模式，大胆探索富有柔韧性的组织结构与工作流程。第四，提高制造企业人力资源柔性。促进企业间共享用工机制的形成，通过人员的柔性化流动促进生产柔性的提高。对于企业内部而言，安排员工在不同时间段内去不同的工作岗位任职，提高员工对公司价值影响的单位价值量，对于技术和管理岗位的人员，安排他们适应广泛的工作环境，提高员工对工作环境的柔韧性，也有助于提高整个企业的柔韧性。

6.2.4 破除制度性障碍，优化零制融合进程

6.2.4.1 提供网络基础设施和知识产权保护，解决市场失灵

"互联网＋"背景下的零制融合，需要以相应的网络基础设施条件为基础。这些信息基础设施属于公共产品，需要由政府来提供。此外，还需要政府普及上网知识和互联网教育，提供信息化教育等方面的公共产品。在互联网经济日益深化的今天，数字市场发展的关键在于优质内容提供商的数量以及质量，内容提供将会是市场进入和进一步创新的瓶颈因素。然而，对于广大内容提供商而言，只有当知识产权得到充分保护时，他们才愿意创作并提供内容。因此，不充分的知识产权保护，已经成为对线上电子内容发展的严重阻碍，并进一步延伸到线下。这种知识产权保护不是市场所能解决的，为了解决由于市场失灵导致的网络知识产权失范问题，需要政府有所作为。

6.2.4.2 优化规制体系、简化审批手续，创造良好的融合环境

一是加快推进传统垄断性行业改革，取消行业审批准入制度，推行产业准入负面清单。对进入壁垒较大、市场竞争不充分的行业逐步推进市场化改革，放开自然垄断行业中的竞争性部分，营造公平、开放、透明的市场环境。二是破除传统产业之间的部门分割、行政垄断以及地区间的区域垄断，形成国内统一市场，促使资源能够在行业之间、地区之间自由流动，强化零售服务业和制造业产业间的联系与互动能力。三是简化企业事前审批手续和流程，加强事中、事后监管。加快市场经营主体的信用体系建设，健全依据标准和

企业市场竞争行为的监管模式。

此外,"互联网 +"背景下零制融合过程中的不确定性要求管制政策保持高度的灵活性。一方面,零制融合后厂商提供了新的服务和公共产品,同时也出现了诸如数据安全、交易安全等新的社会风险。另一方面,由于网络建设的巨额成本,产业内厂商数量很少,厂商实力的悬殊更加剧了市场的不均衡,需要加强管制以平衡融合后产业中在位厂商和潜在厂商的实力,严厉查处滥用市场支配地位和不正当竞争行为,加强竞争、保护消费者利益。

6.2.4.3 加强互联网平台反垄断监管力度,促进零制融合健康发展

近年来,中共中央多次强化反垄断和防止资本扩张,平台经济领域反垄断监管力度不断加强。在相关政策指导下,2021 年 2 月,国务院反垄断委员会发布了《关于平台经济领域的反垄断指南》,为执法过程扫除障碍。加强互联网平台反垄断监管有助于保护用户个人信息、保护平台商家合法权益、推动互联网产品或服务间的互联互通,促进创新。对零售服务业和制造业而言,加强平台反垄断监管,对于促进零制创新融合的健康发展也具有十分重要的意义。为此,一要出台相关政策限制超级平台进入的行业数量,尤其是教育、医疗等公共服务领域的准入要审慎;二要明确边界,严厉惩戒企业超越本分,操控公共领域的行为;三要进一步加强反垄断法等制度创新与突破,加强防范与制裁垄断行为的及时性和有效性,提升政府治理能力和执政能力。

附录1 2005～2016年零售服务业与制造业的耦合协调度

省区市	2005 年	2006 年	2007 年	2008 年	2009 年	2010 年
北京	0.50	0.49	0.50	0.49	0.50	0.51
天津	0.56	0.57	0.58	0.61	0.62	0.65
河北	0.53	0.54	0.55	0.57	0.59	0.59
山西	0.53	0.51	0.53	0.54	0.53	0.57
内蒙古	0.53	0.52	0.54	0.57	0.59	0.62
辽宁	0.54	0.55	0.57	0.59	0.61	0.63
吉林	0.51	0.51	0.54	0.57	0.58	0.61
黑龙江	0.50	0.50	0.51	0.53	0.52	0.55
上海	0.57	0.57	0.58	0.58	0.57	0.61
江苏	0.63	0.62	0.63	0.66	0.67	0.69
浙江	0.60	0.60	0.62	0.63	0.63	0.66
安徽	0.48	0.49	0.51	0.52	0.53	0.58
福建	0.54	0.54	0.55	0.56	0.57	0.60
江西	0.48	0.49	0.51	0.52	0.53	0.58
山东	0.62	0.61	0.62	0.64	0.65	0.67
河南	0.53	0.54	0.55	0.58	0.59	0.61
湖北	0.52	0.53	0.54	0.56	0.57	0.60
湖南	0.49	0.50	0.51	0.53	0.53	0.56
广东	0.60	0.61	0.62	0.63	0.64	0.65
广西	0.49	0.47	0.50	0.51	0.51	0.55
海南	0.39	0.41	0.40	0.41	0.39	0.43
重庆	0.49	0.49	0.52	0.54	0.54	0.58
四川	0.51	0.51	0.52	0.54	0.54	0.57
贵州	0.43	0.43	0.43	0.44	0.43	0.46
云南	0.44	0.45	0.47	0.48	0.47	0.51
陕西	0.52	0.50	0.51	0.53	0.53	0.55
甘肃	0.44	0.45	0.46	0.46	0.47	0.51
青海	0.46	0.44	0.45	0.47	0.46	0.49
宁夏	0.43	0.44	0.46	0.46	0.45	0.49
新疆	0.44	0.43	0.44	0.46	0.44	0.48

续表

省区市	2011 年	2012 年	2013 年	2014 年	2015 年	2016 年
北京	0.51	0.51	0.51	0.51	0.51	0.51
天津	0.68	0.69	0.71	0.71	0.73	0.73
河北	0.61	0.61	0.63	0.64	0.65	0.66
山西	0.58	0.57	0.58	0.58	0.55	0.56
内蒙古	0.65	0.65	0.67	0.69	0.67	0.67
辽宁	0.65	0.66	0.68	0.69	0.66	0.57
吉林	0.61	0.64	0.65	0.66	0.67	0.68
黑龙江	0.57	0.57	0.59	0.56	0.56	0.57
上海	0.61	0.60	0.60	0.60	0.59	0.60
江苏	0.70	0.69	0.73	0.74	0.76	0.78
浙江	0.67	0.68	0.70	0.71	0.72	0.73
安徽	0.59	0.60	0.61	0.63	0.63	0.64
福建	0.61	0.62	0.63	0.65	0.67	0.67
江西	0.57	0.57	0.60	0.61	0.62	0.63
山东	0.68	0.69	0.71	0.72	0.75	0.76
河南	0.62	0.63	0.63	0.65	0.65	0.67
湖北	0.62	0.63	0.64	0.65	0.66	0.67
湖南	0.59	0.58	0.60	0.61	0.62	0.63
广东	0.67	0.67	0.72	0.73	0.75	0.76
广西	0.55	0.56	0.57	0.58	0.59	0.60
海南	0.44	0.44	0.42	0.41	0.40	0.40
重庆	0.59	0.58	0.56	0.58	0.59	0.61
四川	0.60	0.60	0.61	0.60	0.59	0.60
贵州	0.48	0.49	0.49	0.50	0.49	0.52
云南	0.50	0.51	0.50	0.50	0.50	0.50
陕西	0.57	0.59	0.60	0.61	0.60	0.61
甘肃	0.51	0.51	0.51	0.52	0.49	0.50
青海	0.51	0.51	0.50	0.52	0.52	0.52
宁夏	0.52	0.51	0.51	0.52	0.51	0.53
新疆	0.50	0.49	0.49	0.50	0.48	0.49

附录 2 2005～2016 年零售服务业与制造业
细分行业^①的耦合协调度

年份	省区市	(1)	(2)	(3)	(4)	(5)	(6)	(7)	(8)	(9)	(10)
2005	北京	0.32	0.37	0.43	0.30	0.61	0.71	0.49	0.60	0.54	0.42
	天津	0.42	0.53	0.49	0.49	0.67	0.74	0.67	0.64	0.66	0.61
	河北	0.28	0.62	0.63	0.55	0.68	0.67	0.62	0.66	0.64	0.67
	山西	0.18	0.46	0.55	0.54	0.66	0.59	0.49	0.72	0.59	0.44
	内蒙古	0.25	0.55	0.56	0.44	0.57	0.53	0.38	0.58	0.47	0.50
	辽宁	0.32	0.53	0.61	0.52	0.71	0.72	0.59	0.73	0.66	0.58
	吉林	0.18	0.45	0.60	0.57	0.60	0.67	0.42	0.53	0.47	0.56
	黑龙江	0.23	0.48	0.54	0.38	0.66	0.67	0.43	0.71	0.55	0.60
	上海	0.42	0.59	0.48	0.49	0.74	0.77	0.70	0.61	0.65	0.59
	江苏	0.51	0.76	0.60	0.64	0.75	0.74	0.70	0.56	0.62	0.70
	浙江	0.43	0.76	0.59	0.55	0.75	0.74	0.70	0.57	0.63	0.73
	安徽	0.33	0.58	0.59	0.49	0.64	0.68	0.55	0.53	0.54	0.58
	福建	0.42	0.63	0.64	0.46	0.68	0.67	0.60	0.47	0.53	0.69
	江西	0.32	0.57	0.62	0.47	0.58	0.67	0.51	0.59	0.55	0.61
	山东	0.39	0.73	0.68	0.64	0.74	0.73	0.65	0.69	0.67	0.75
	河南	0.28	0.62	0.67	0.55	0.70	0.66	0.53	0.60	0.57	0.70
	湖北	0.32	0.62	0.61	0.55	0.65	0.70	0.56	0.59	0.58	0.62
	湖南	0.27	0.55	0.61	0.55	0.64	0.66	0.49	0.61	0.55	0.66
	广东	0.60	0.69	0.61	0.52	0.69	0.73	0.74	0.56	0.64	0.75
	广西	0.25	0.47	0.59	0.48	0.58	0.68	0.39	0.45	0.42	0.62
	海南	0.24	0.43	0.54	0.46	0.39	0.66	0.46	0.40	0.43	0.70
	重庆	0.29	0.49	0.61	0.49	0.64	0.69	0.51	0.48	0.49	0.52
	四川	0.35	0.57	0.63	0.58	0.67	0.69	0.53	0.58	0.55	0.65

---

① (1) 为"电气及电子机械器材制造业",(2) 为"纺织服装鞋帽制造业",(3) 为"非金属矿物制品业",(4) 为"化学原料及化学制品业",(5) 为"机械制造业",(6) 为"交通运输设备制造业",(7) 为"金属制品业",(8) 为"石油加工及炼焦加工业",(9) 为"食品、饮料及烟草制造业",(10) 为"造纸及纸制品制造业"。

续表

年份	省区市	（1）	（2）	（3）	（4）	（5）	（6）	（7）	（8）	（9）	（10）
2005	贵州	0.28	0.35	0.57	0.58	0.56	0.66	0.49	0.56	0.52	0.45
	云南	0.22	0.38	0.57	0.50	0.51	0.57	0.37	0.55	0.45	0.54
	陕西	0.31	0.54	0.53	0.48	0.66	0.69	0.43	0.68	0.54	0.60
	甘肃	0.27	0.45	0.64	0.55	0.62	0.60	0.47	0.67	0.56	0.56
	青海	0.33	0.49	0.63	0.64	0.61	0.58	0.58	0.54	0.56	0.65
	宁夏	0.23	0.58	0.62	0.60	0.65	0.49	0.54	0.70	0.62	0.67
	新疆	0.24	0.56	0.59	0.43	0.47	0.52	0.44	0.71	0.56	0.55
2006	北京	0.34	0.37	0.48	0.33	0.63	0.73	0.51	0.57	0.54	0.44
	天津	0.43	0.50	0.47	0.49	0.67	0.74	0.66	0.64	0.65	0.59
	河北	0.30	0.62	0.65	0.56	0.69	0.68	0.63	0.68	0.65	0.67
	山西	0.33	0.46	0.56	0.56	0.67	0.63	0.51	0.71	0.60	0.45
	内蒙古	0.23	0.55	0.58	0.46	0.59	0.55	0.37	0.56	0.46	0.50
	辽宁	0.33	0.53	0.63	0.54	0.72	0.72	0.62	0.73	0.67	0.59
	吉林	0.23	0.43	0.59	0.54	0.59	0.70	0.44	0.49	0.46	0.54
	黑龙江	0.26	0.47	0.58	0.50	0.66	0.67	0.42	0.71	0.55	0.59
	上海	0.42	0.57	0.48	0.48	0.75	0.78	0.70	0.58	0.64	0.59
	江苏	0.53	0.76	0.61	0.65	0.75	0.74	0.71	0.56	0.63	0.71
	浙江	0.46	0.75	0.60	0.57	0.75	0.75	0.71	0.57	0.64	0.73
	安徽	0.36	0.58	0.63	0.50	0.66	0.69	0.56	0.54	0.55	0.59
	福建	0.42	0.64	0.65	0.45	0.65	0.68	0.60	0.48	0.54	0.70
	江西	0.34	0.57	0.64	0.52	0.61	0.68	0.55	0.59	0.57	0.62
	山东	0.39	0.73	0.68	0.65	0.75	0.73	0.65	0.70	0.67	0.75
	河南	0.28	0.62	0.68	0.55	0.70	0.67	0.57	0.62	0.59	0.70
	湖北	0.30	0.62	0.60	0.53	0.65	0.71	0.56	0.58	0.57	0.62
	湖南	0.26	0.54	0.60	0.56	0.66	0.66	0.51	0.61	0.56	0.66
	广东	0.61	0.69	0.62	0.53	0.70	0.74	0.76	0.57	0.66	0.76
	广西	0.29	0.50	0.62	0.51	0.62	0.68	0.48	0.49	0.49	0.64
	海南	0.27	0.44	0.52	0.47	0.44	0.67	0.49	0.67	0.57	0.68
	重庆	0.26	0.47	0.57	0.46	0.63	0.71	0.50	0.44	0.47	0.50
	四川	0.35	0.57	0.64	0.58	0.68	0.69	0.55	0.57	0.56	0.65
	贵州	0.24	0.36	0.61	0.52	0.56	0.66	0.49	0.55	0.52	0.46
	云南	0.26	0.39	0.62	0.52	0.54	0.59	0.44	0.56	0.49	0.56
	陕西	0.28	0.52	0.55	0.45	0.64	0.70	0.44	0.70	0.55	0.57
	甘肃	0.28	0.46	0.60	0.55	0.63	0.59	0.49	0.69	0.58	0.54

续表

年份	省区市	(1)	(2)	(3)	(4)	(5)	(6)	(7)	(8)	(9)	(10)
2006	青海	0.31	0.39	0.56	0.58	0.55	0.56	0.38	0.51	0.44	0.25
	宁夏	0.26	0.57	0.63	0.58	0.66	0.64	0.54	0.70	0.61	0.67
	新疆	0.28	0.55	0.60	0.49	0.47	0.48	0.44	0.71	0.56	0.53
2007	北京	0.32	0.34	0.44	0.32	0.60	0.71	0.49	0.53	0.51	0.42
	天津	0.42	0.49	0.52	0.50	0.69	0.74	0.67	0.64	0.66	0.57
	河北	0.33	0.62	0.66	0.59	0.69	0.69	0.63	0.69	0.66	0.67
	山西	0.28	0.38	0.57	0.55	0.66	0.60	0.41	0.73	0.55	0.41
	内蒙古	0.22	0.56	0.59	0.48	0.59	0.54	0.47	0.56	0.52	0.49
	辽宁	0.35	0.53	0.64	0.54	0.72	0.73	0.64	0.73	0.68	0.61
	吉林	0.28	0.42	0.61	0.56	0.61	0.69	0.50	0.54	0.52	0.56
	黑龙江	0.27	0.45	0.58	0.42	0.67	0.67	0.43	0.71	0.56	0.58
	上海	0.44	0.56	0.46	0.49	0.75	0.79	0.71	0.58	0.64	0.60
	江苏	0.55	0.79	0.62	0.66	0.76	0.76	0.72	0.55	0.63	0.72
	浙江	0.44	0.81	0.57	0.55	0.77	0.77	0.74	0.52	0.62	0.74
	安徽	0.37	0.59	0.63	0.52	0.67	0.69	0.59	0.55	0.57	0.61
	福建	0.41	0.65	0.66	0.45	0.67	0.69	0.62	0.48	0.55	0.71
	江西	0.36	0.59	0.65	0.54	0.62	0.68	0.56	0.59	0.58	0.63
	山东	0.39	0.77	0.69	0.65	0.76	0.75	0.66	0.70	0.68	0.77
	河南	0.31	0.63	0.69	0.58	0.70	0.69	0.59	0.62	0.60	0.70
	湖北	0.32	0.62	0.62	0.55	0.67	0.70	0.57	0.58	0.58	0.62
	湖南	0.28	0.56	0.64	0.59	0.68	0.68	0.55	0.63	0.59	0.67
	广东	0.63	0.69	0.64	0.55	0.72	0.76	0.77	0.58	0.67	0.76
	广西	0.29	0.50	0.63	0.52	0.63	0.69	0.46	0.49	0.48	0.65
	海南	0.21	0.38	0.62	0.42	0.39	0.65	0.45	0.70	0.56	0.66
	重庆	0.29	0.50	0.62	0.50	0.65	0.70	0.53	0.52	0.52	0.53
	四川	0.38	0.59	0.66	0.59	0.69	0.69	0.58	0.59	0.58	0.66
	贵州	0.24	0.35	0.57	0.53	0.56	0.65	0.52	0.51	0.51	0.39
	云南	0.24	0.37	0.56	0.51	0.55	0.59	0.38	0.62	0.49	0.56
	陕西	0.31	0.53	0.59	0.49	0.66	0.70	0.63	0.70	0.67	0.59
	甘肃	0.28	0.42	0.60	0.52	0.62	0.61	0.46	0.70	0.57	0.51
	青海	0.38	0.43	0.63	0.63	0.58	0.62	0.51	0.64	0.58	0.36
	宁夏	0.27	0.57	0.62	0.56	0.64	0.56	0.54	0.68	0.60	0.68
	新疆	0.29	0.59	0.62	0.51	0.52	0.53	0.54	0.71	0.62	0.53

续表

年份	省区市	（1）	（2）	（3）	（4）	（5）	（6）	（7）	（8）	（9）	（10）
2008	北京	0.28	0.41	0.42	0.28	0.59	0.69	0.47	0.51	0.49	0.40
	天津	0.37	0.49	0.51	0.46	0.71	0.76	0.69	0.60	0.65	0.56
	河北	0.33	0.47	0.64	0.55	0.69	0.69	0.64	0.69	0.67	0.66
	山西	0.24	0.25	0.53	0.50	0.63	0.55	0.40	0.75	0.55	0.36
	内蒙古	0.19	0.23	0.55	0.44	0.55	0.52	0.39	0.53	0.45	0.42
	辽宁	0.33	0.59	0.64	0.52	0.75	0.74	0.67	0.74	0.70	0.60
	吉林	0.22	0.32	0.60	0.50	0.61	0.75	0.48	0.49	0.48	0.52
	黑龙江	0.25	0.21	0.54	0.37	0.66	0.65	0.45	0.71	0.56	0.51
	上海	0.39	0.58	0.41	0.43	0.75	0.80	0.71	0.53	0.62	0.55
	江苏	0.55	0.75	0.59	0.65	0.81	0.80	0.77	0.51	0.63	0.72
	浙江	0.45	0.72	0.58	0.56	0.77	0.78	0.74	0.54	0.63	0.75
	安徽	0.35	0.48	0.61	0.49	0.67	0.70	0.59	0.50	0.54	0.59
	福建	0.40	0.67	0.65	0.45	0.67	0.69	0.62	0.48	0.54	0.71
	江西	0.35	0.50	0.64	0.55	0.61	0.67	0.54	0.53	0.54	0.59
	山东	0.38	0.62	0.68	0.64	0.79	0.76	0.66	0.70	0.68	0.78
	河南	0.30	0.44	0.70	0.57	0.72	0.69	0.59	0.61	0.60	0.71
	湖北	0.32	0.52	0.62	0.53	0.65	0.74	0.58	0.55	0.56	0.60
	湖南	0.27	0.37	0.60	0.56	0.68	0.66	0.53	0.56	0.54	0.66
	广东	0.63	0.75	0.62	0.54	0.73	0.77	0.80	0.56	0.67	0.79
	广西	0.30	0.31	0.62	0.50	0.63	0.69	0.49	0.46	0.48	0.64
	海南	0.23	0.34	0.60	0.47	0.56	0.60	0.42	0.69	0.54	0.66
	重庆	0.26	0.31	0.59	0.47	0.65	0.74	0.51	0.48	0.49	0.57
	四川	0.35	0.36	0.65	0.57	0.70	0.70	0.60	0.64	0.62	0.65
	贵州	0.21	0.27	0.55	0.43	0.46	0.60	0.48	0.54	0.51	0.36
	云南	0.20	0.17	0.51	0.75	0.49	0.51	0.36	0.54	0.44	0.48
	陕西	0.27	0.21	0.55	0.41	0.63	0.71	0.42	0.67	0.53	0.53
	甘肃	0.26	0.26	0.63	0.50	0.62	0.57	0.51	0.71	0.60	0.49
	青海	0.27	0.40	0.59	0.60	0.58	0.38	0.46	0.67	0.55	0.31
	宁夏	0.26	0.21	0.61	0.55	0.62	0.51	0.50	0.69	0.58	0.69
	新疆	0.27	0.20	0.62	0.50	0.51	0.49	0.48	0.72	0.59	0.47

续表

年份	省区市	（1）	（2）	（3）	（4）	（5）	（6）	（7）	（8）	（9）	（10）
2009	北京	0.27	0.38	0.37	0.27	0.58	0.71	0.45	0.49	0.47	0.37
	天津	0.36	0.57	0.40	0.47	0.71	0.76	0.68	0.61	0.64	0.58
	河北	0.33	0.51	0.63	0.57	0.70	0.70	0.65	0.70	0.67	0.67
	山西	0.23	0.34	0.50	0.51	0.66	0.59	0.43	0.74	0.56	0.37
	内蒙古	0.25	0.36	0.56	0.50	0.61	0.58	0.51	0.58	0.54	0.50
	辽宁	0.36	0.60	0.66	0.58	0.73	0.73	0.67	0.74	0.70	0.64
	吉林	0.27	0.41	0.62	0.57	0.65	0.69	0.55	0.51	0.53	0.58
	黑龙江	0.21	0.29	0.48	0.38	0.63	0.65	0.40	0.71	0.53	0.49
	上海	0.39	0.59	0.38	0.45	0.75	0.81	0.69	0.54	0.61	0.56
	江苏	0.56	0.74	0.58	0.66	0.80	0.81	0.76	0.51	0.62	0.72
	浙江	0.44	0.71	0.54	0.57	0.77	0.78	0.73	0.52	0.62	0.75
	安徽	0.38	0.54	0.59	0.55	0.68	0.71	0.61	0.51	0.56	0.62
	福建	0.39	0.68	0.63	0.45	0.67	0.69	0.61	0.57	0.59	0.71
	江西	0.39	0.57	0.64	0.58	0.65	0.69	0.58	0.60	0.59	0.64
	山东	0.41	0.65	0.69	0.68	0.79	0.77	0.68	0.71	0.70	0.78
	河南	0.32	0.50	0.70	0.58	0.71	0.70	0.60	0.63	0.62	0.71
	湖北	0.38	0.57	0.62	0.58	0.68	0.71	0.61	0.57	0.59	0.65
	湖南	0.30	0.45	0.61	0.60	0.70	0.69	0.57	0.58	0.58	0.68
	广东	0.63	0.75	0.59	0.53	0.72	0.78	0.80	0.56	0.67	0.78
	广西	0.29	0.39	0.59	0.51	0.63	0.70	0.50	0.46	0.48	0.65
	海南	0.22	0.38	0.54	0.41	0.46	0.61	0.43	0.69	0.54	0.65
	重庆	0.27	0.36	0.53	0.47	0.65	0.74	0.53	0.44	0.48	0.59
	四川	0.39	0.46	0.66	0.60	0.70	0.70	0.62	0.58	0.60	0.68
	贵州	0.26	0.37	0.54	0.51	0.54	0.66	0.49	0.56	0.52	0.58
	云南	0.22	0.32	0.52	0.47	0.51	0.58	0.47	0.54	0.50	0.52
	陕西	0.29	0.36	0.57	0.44	0.66	0.71	0.48	0.69	0.58	0.57
	甘肃	0.30	0.34	0.58	0.51	0.60	0.57	0.53	0.71	0.61	0.47
	青海	0.26	0.47	0.62	0.63	0.58	0.63	0.54	0.60	0.57	0.24
	宁夏	0.37	0.46	0.64	0.59	0.65	0.63	0.57	0.68	0.63	0.66
	新疆	0.32	0.35	0.58	0.51	0.52	0.51	0.49	0.72	0.59	0.49

续表

年份	省区市	(1)	(2)	(3)	(4)	(5)	(6)	(7)	(8)	(9)	(10)
2010	北京	0.26	0.36	0.50	0.27	0.57	0.73	0.46	0.47	0.46	0.35
	天津	0.35	0.55	0.65	0.49	0.70	0.77	0.68	0.62	0.65	0.60
	河北	0.32	0.47	0.70	0.53	0.70	0.71	0.66	0.68	0.67	0.65
	山西	0.25	0.33	0.63	0.48	0.64	0.62	0.42	0.75	0.56	0.36
	内蒙古	0.24	0.35	0.69	0.51	0.60	0.58	0.50	0.63	0.56	0.51
	辽宁	0.36	0.59	0.72	0.56	0.75	0.74	0.68	0.74	0.71	0.64
	吉林	0.26	0.41	0.68	0.55	0.66	0.71	0.54	0.52	0.53	0.58
	黑龙江	0.23	0.33	0.69	0.42	0.65	0.65	0.46	0.72	0.58	0.52
	上海	0.40	0.53	0.52	0.45	0.74	0.83	0.67	0.53	0.60	0.56
	江苏	0.57	0.75	0.68	0.67	0.82	0.84	0.78	0.50	0.62	0.72
	浙江	0.44	0.72	0.65	0.55	0.79	0.80	0.74	0.50	0.61	0.76
	安徽	0.39	0.57	0.71	0.53	0.70	0.72	0.63	0.53	0.58	0.62
	福建	0.39	0.68	0.71	0.45	0.67	0.71	0.60	0.51	0.56	0.72
	江西	0.37	0.57	0.71	0.61	0.65	0.69	0.58	0.57	0.58	0.64
	山东	0.37	0.61	0.74	0.65	0.81	0.80	0.67	0.68	0.68	0.78
	河南	0.32	0.52	0.73	0.57	0.73	0.71	0.61	0.63	0.62	0.71
	湖北	0.30	0.56	0.67	0.56	0.67	0.76	0.61	0.52	0.56	0.61
	湖南	0.31	0.46	0.69	0.60	0.71	0.69	0.59	0.57	0.58	0.69
	广东	0.65	0.75	0.71	0.53	0.73	0.80	0.82	0.55	0.67	0.79
	广西	0.34	0.44	0.69	0.53	0.65	0.70	0.53	0.64	0.58	0.66
	海南	0.28	0.35	0.70	0.40	0.43	0.61	0.41	0.67	0.52	0.65
	重庆	0.32	0.40	0.68	0.48	0.66	0.74	0.55	0.43	0.48	0.60
	四川	0.38	0.44	0.70	0.59	0.71	0.71	0.61	0.60	0.61	0.68
	贵州	0.24	0.33	0.64	0.47	0.53	0.63	0.43	0.50	0.47	0.44
	云南	0.20	0.30	0.66	0.48	0.53	0.54	0.40	0.55	0.47	0.51
	陕西	0.28	0.35	0.70	0.42	0.65	0.73	0.44	0.69	0.55	0.53
	甘肃	0.38	0.39	0.68	0.53	0.62	0.56	0.55	0.71	0.62	0.50
	青海	0.24	0.40	0.69	0.58	0.52	0.52	0.40	0.53	0.46	0.21
	宁夏	0.30	0.38	0.68	0.56	0.64	0.58	0.51	0.71	0.60	0.68
	新疆	0.31	0.34	0.69	0.51	0.53	0.52	0.48	0.72	0.59	0.50

续表

年份	省区市	(1)	(2)	(3)	(4)	(5)	(6)	(7)	(8)	(9)	(10)
2011	北京	0.25	0.32	0.38	0.24	0.54	0.72	0.42	0.46	0.44	0.29
	天津	0.34	0.53	0.47	0.46	0.69	0.78	0.69	0.62	0.65	0.57
	河北	0.32	0.47	0.64	0.53	0.71	0.71	0.67	0.69	0.68	0.66
	山西	0.26	0.34	0.55	0.48	0.66	0.56	0.40	0.75	0.55	0.34
	内蒙古	0.22	0.34	0.60	0.54	0.60	0.57	0.46	0.63	0.54	0.50
	辽宁	0.33	0.55	0.67	0.53	0.76	0.75	0.68	0.75	0.71	0.63
	吉林	0.25	0.39	0.63	0.54	0.65	0.73	0.53	0.49	0.51	0.58
	黑龙江	0.20	0.36	0.57	0.39	0.62	0.60	0.39	0.72	0.53	0.47
	上海	0.37	0.45	0.38	0.41	0.70	0.84	0.62	0.50	0.56	0.51
	江苏	0.58	0.74	0.60	0.68	0.81	0.85	0.77	0.51	0.62	0.71
	浙江	0.41	0.67	0.55	0.54	0.77	0.80	0.73	0.50	0.60	0.74
	安徽	0.43	0.59	0.66	0.54	0.70	0.72	0.64	0.50	0.57	0.63
	福建	0.40	0.67	0.66	0.45	0.68	0.71	0.61	0.49	0.55	0.73
	江西	0.39	0.59	0.67	0.58	0.67	0.70	0.58	0.58	0.58	0.64
	山东	0.37	0.59	0.68	0.65	0.80	0.80	0.67	0.71	0.69	0.78
	河南	0.37	0.56	0.72	0.59	0.73	0.72	0.62	0.64	0.63	0.72
	湖北	0.34	0.57	0.63	0.55	0.68	0.75	0.61	0.53	0.57	0.64
	湖南	0.33	0.47	0.64	0.60	0.72	0.69	0.58	0.56	0.57	0.69
	广东	0.64	0.74	0.59	0.51	0.71	0.80	0.81	0.54	0.66	0.78
	广西	0.33	0.42	0.64	0.49	0.64	0.71	0.54	0.59	0.56	0.66
	海南	0.25	0.34	0.56	0.43	0.33	0.61	0.40	0.68	0.52	0.63
	重庆	0.34	0.40	0.59	0.47	0.64	0.75	0.55	0.45	0.49	0.56
	四川	0.41	0.48	0.68	0.60	0.71	0.71	0.63	0.57	0.60	0.69
	贵州	0.22	0.30	0.60	0.49	0.53	0.63	0.45	0.51	0.47	0.47
	云南	0.17	0.25	0.52	0.46	0.49	0.53	0.39	0.53	0.46	0.47
	陕西	0.29	0.35	0.60	0.46	0.66	0.72	0.50	0.71	0.60	0.56
	甘肃	0.26	0.36	0.58	0.46	0.55	0.51	0.48	0.72	0.59	0.41
	青海	0.32	0.44	0.61	0.63	0.56	0.46	0.46	0.64	0.54	0.32
	宁夏	0.35	0.37	0.61	0.58	0.62	0.68	0.54	0.71	0.62	0.67
	新疆	0.36	0.30	0.60	0.50	0.46	0.43	0.44	0.73	0.57	0.42

年份	省区市	(1)	(2)	(3)	(4)	(5)	(6)	(7)	(8)	(9)	(10)
2012	北京	0.63	0.34	0.39	0.25	0.53	0.49	0.43	0.45	0.44	0.29
	天津	0.66	0.54	0.47	0.44	0.70	0.69	0.69	0.60	0.64	0.58
	河北	0.65	0.49	0.64	0.54	0.70	0.61	0.69	0.70	0.69	0.67
	山西	0.64	0.31	0.55	0.48	0.62	0.52	0.60	0.74	0.67	0.36
	内蒙古	0.67	0.43	0.59	0.54	0.55	0.38	0.61	0.62	0.61	0.49
	辽宁	0.65	0.59	0.69	0.57	0.75	0.71	0.69	0.75	0.72	0.65
	吉林	0.65	0.40	0.64	0.54	0.66	0.68	0.54	0.49	0.51	0.57
	黑龙江	0.66	0.31	0.58	0.40	0.62	0.56	0.46	0.71	0.57	0.48
	上海	0.65	0.47	0.37	0.41	0.69	0.63	0.62	0.49	0.55	0.51
	江苏	0.74	0.76	0.62	0.70	0.82	0.79	0.79	0.52	0.64	0.71
	浙江	0.67	0.71	0.54	0.55	0.77	0.70	0.73	0.48	0.60	0.74
	安徽	0.65	0.60	0.65	0.54	0.71	0.62	0.65	0.46	0.55	0.62
	福建	0.66	0.68	0.66	0.45	0.68	0.60	0.61	0.50	0.56	0.73
	江西	0.63	0.62	0.68	0.59	0.68	0.60	0.60	0.61	0.61	0.64
	山东	0.66	0.64	0.69	0.67	0.81	0.64	0.75	0.72	0.74	0.80
	河南	0.65	0.57	0.72	0.59	0.74	0.63	0.64	0.63	0.64	0.72
	湖北	0.64	0.60	0.66	0.60	0.69	0.69	0.65	0.54	0.59	0.67
	湖南	0.65	0.46	0.65	0.60	0.72	0.63	0.60	0.57	0.58	0.69
	广东	0.77	0.76	0.58	0.49	0.72	0.62	0.81	0.54	0.66	0.77
	广西	0.63	0.46	0.65	0.52	0.65	0.61	0.54	0.63	0.58	0.68
	海南	0.64	0.33	0.56	0.42	0.43	0.40	0.41	0.69	0.53	0.66
	重庆	0.64	0.41	0.59	0.48	0.64	0.73	0.59	0.42	0.50	0.60
	四川	0.64	0.42	0.66	0.58	0.71	0.64	0.63	0.55	0.58	0.67
	贵州	0.62	0.37	0.62	0.53	0.55	0.60	0.50	0.55	0.53	0.47
	云南	0.70	0.37	0.55	0.47	0.49	0.38	0.42	0.53	0.47	0.49
	陕西	0.64	0.36	0.61	0.47	0.66	0.69	0.53	0.72	0.62	0.54
	甘肃	0.62	0.32	0.62	0.48	0.58	0.43	0.48	0.72	0.59	0.46
	青海	0.63	0.47	0.59	0.61	0.54	0.34	0.59	0.58	0.58	0.31
	宁夏	0.58	0.40	0.62	0.60	0.64	0.41	0.55	0.69	0.62	0.66
	新疆	0.64	0.43	0.61	0.53	0.52	0.34	0.46	0.72	0.58	0.46

续表

年份	省区市	(1)	(2)	(3)	(4)	(5)	(6)	(7)	(8)	(9)	(10)
2013	北京	0.28	0.36	0.45	0.25	0.58	0.47	0.47	0.48	0.47	0.32
	天津	0.41	0.58	0.51	0.49	0.74	0.68	0.73	0.67	0.69	0.62
	河北	0.36	0.56	0.71	0.62	0.73	0.63	0.72	0.73	0.72	0.70
	山西	0.30	0.34	0.61	0.53	0.65	0.58	0.59	0.74	0.66	0.39
	内蒙古	0.24	0.40	0.64	0.59	0.59	0.47	0.61	0.67	0.64	0.51
	辽宁	0.38	0.64	0.75	0.63	0.79	0.72	0.73	0.78	0.75	0.68
	吉林	0.27	0.46	0.69	0.62	0.69	0.64	0.60	0.57	0.58	0.62
	黑龙江	0.22	0.37	0.62	0.44	0.66	0.59	0.54	0.73	0.62	0.54
	上海	0.41	0.49	0.43	0.47	0.74	0.57	0.66	0.57	0.61	0.54
	江苏	0.69	0.86	0.75	0.79	0.91	0.83	0.89	0.61	0.74	0.78
	浙江	0.46	0.80	0.64	0.63	0.82	0.67	0.79	0.57	0.67	0.79
	安徽	0.49	0.65	0.71	0.61	0.73	0.57	0.68	0.55	0.61	0.66
	福建	0.45	0.72	0.72	0.52	0.72	0.59	0.65	0.54	0.60	0.75
	江西	0.46	0.65	0.71	0.64	0.70	0.60	0.63	0.65	0.64	0.68
	山东	0.45	0.74	0.83	0.79	0.90	0.67	0.86	0.82	0.84	0.87
	河南	0.46	0.63	0.76	0.65	0.76	0.67	0.69	0.68	0.68	0.74
	湖北	0.36	0.63	0.72	0.62	0.72	0.62	0.68	0.55	0.61	0.68
	湖南	0.38	0.50	0.72	0.65	0.75	0.67	0.65	0.61	0.63	0.72
	广东	0.73	0.87	0.73	0.58	0.80	0.63	0.91	0.65	0.77	0.84
	广西	0.35	0.45	0.69	0.54	0.67	0.55	0.56	0.64	0.60	0.70
	海南	0.25	0.16	0.55	0.42	0.44	0.35	0.42	0.66	0.53	0.66
	重庆	0.42	0.41	0.63	0.47	0.65	0.75	0.60	0.36	0.46	0.61
	四川	0.49	0.49	0.71	0.64	0.72	0.67	0.66	0.61	0.64	0.70
	贵州	0.21	0.38	0.65	0.50	0.55	0.52	0.49	0.45	0.47	0.46
	云南	0.21	0.36	0.61	0.51	0.53	0.41	0.42	0.56	0.49	0.51
	陕西	0.51	0.38	0.67	0.50	0.69	0.70	0.56	0.74	0.64	0.58
	甘肃	0.29	0.42	0.66	0.52	0.63	0.49	0.54	0.71	0.62	0.50
	青海	0.28	0.45	0.63	0.59	0.51	0.45	0.43	0.52	0.48	0.28
	宁夏	0.29	0.40	0.65	0.62	0.64	0.52	0.57	0.68	0.62	0.63
	新疆	0.32	0.31	0.62	0.55	0.53	0.34	0.49	0.74	0.60	0.47

续表

年份	省区市	（1）	（2）	（3）	（4）	（5）	（6）	（7）	（8）	（9）	（10）
2014	北京	0.24	0.31	0.36	0.24	0.51	0.44	0.41	0.41	0.41	0.28
	天津	0.35	0.55	0.46	0.44	0.70	0.68	0.70	0.58	0.63	0.58
	河北	0.32	0.50	0.64	0.56	0.71	0.60	0.70	0.68	0.69	0.66
	山西	0.30	0.33	0.55	0.48	0.60	0.53	0.47	0.73	0.58	0.36
	内蒙古	0.18	0.38	0.56	0.51	0.54	0.45	0.58	0.68	0.63	0.45
	辽宁	0.32	0.55	0.67	0.53	0.76	0.66	0.69	0.75	0.72	0.59
	吉林	0.25	0.43	0.67	0.57	0.68	0.62	0.56	0.53	0.54	0.59
	黑龙江	0.21	0.31	0.55	0.39	0.60	0.55	0.47	0.69	0.57	0.48
	上海	0.34	0.40	0.36	0.40	0.66	0.50	0.60	0.44	0.51	0.47
	江苏	0.59	0.77	0.63	0.70	0.83	0.75	0.81	0.53	0.65	0.71
	浙江	0.40	0.73	0.53	0.54	0.77	0.59	0.73	0.46	0.58	0.72
	安徽	0.46	0.63	0.67	0.56	0.72	0.56	0.66	0.52	0.58	0.63
	福建	0.39	0.69	0.66	0.50	0.69	0.56	0.62	0.54	0.58	0.73
	江西	0.43	0.64	0.69	0.61	0.69	0.51	0.62	0.60	0.61	0.66
	山东	0.36	0.64	0.70	0.69	0.83	0.59	0.78	0.73	0.75	0.78
	河南	0.42	0.61	0.74	0.60	0.76	0.62	0.67	0.62	0.64	0.72
	湖北	0.34	0.60	0.66	0.59	0.70	0.60	0.66	0.50	0.58	0.65
	湖南	0.36	0.47	0.67	0.62	0.72	0.64	0.63	0.55	0.59	0.70
	广东	0.64	0.78	0.60	0.49	0.73	0.52	0.84	0.49	0.64	0.75
	广西	0.35	0.46	0.67	0.52	0.67	0.58	0.57	0.59	0.58	0.68
	海南	0.17	0.13	0.55	0.44	0.44	0.38	0.40	0.67	0.52	0.63
	重庆	0.39	0.40	0.60	0.45	0.65	0.73	0.60	0.39	0.48	0.60
	四川	0.43	0.43	0.67	0.58	0.71	0.62	0.63	0.58	0.61	0.67
	贵州	0.34	0.45	0.66	0.52	0.62	0.66	0.55	0.55	0.55	0.52
	云南	0.20	0.34	0.56	0.46	0.50	0.42	0.44	0.51	0.47	0.47
	陕西	0.31	0.39	0.71	0.49	0.66	0.69	0.56	0.72	0.63	0.54
	甘肃	0.23	0.35	0.58	0.42	0.57	0.49	0.50	0.71	0.59	0.42
	青海	0.35	0.47	0.63	0.61	0.54	0.62	0.37	0.44	0.40	0.33
	宁夏	0.29	0.40	0.64	0.61	0.64	0.62	0.56	0.69	0.62	0.61
	新疆	0.28	0.36	0.65	0.56	0.56	0.48	0.50	0.71	0.60	0.50

续表

年份	省区市	（1）	（2）	（3）	（4）	（5）	（6）	（7）	（8）	（9）	（10）
2015	北京	0.23	0.31	0.35	0.23	0.51	0.45	0.41	0.39	0.40	0.28
	天津	0.33	0.53	0.46	0.42	0.69	0.68	0.69	0.62	0.66	0.56
	河北	0.33	0.50	0.64	0.57	0.71	0.59	0.70	0.68	0.69	0.66
	山西	0.28	0.36	0.52	0.45	0.57	0.53	0.48	0.73	0.59	0.34
	内蒙古	0.22	0.36	0.56	0.52	0.56	0.45	0.58	0.67	0.63	0.45
	辽宁	0.25	0.47	0.61	0.47	0.73	0.65	0.64	0.74	0.69	0.51
	吉林	0.25	0.43	0.66	0.55	0.68	0.63	0.57	0.51	0.54	0.58
	黑龙江	0.20	0.30	0.54	0.38	0.58	0.54	0.45	0.67	0.55	0.44
	上海	0.33	0.38	0.35	0.39	0.65	0.50	0.58	0.43	0.50	0.44
	江苏	0.59	0.78	0.63	0.71	0.83	0.74	0.82	0.52	0.65	0.71
	浙江	0.40	0.72	0.51	0.51	0.76	0.58	0.72	0.43	0.56	0.72
	安徽	0.45	0.63	0.67	0.55	0.72	0.56	0.66	0.47	0.56	0.63
	福建	0.39	0.69	0.67	0.45	0.56	0.65	0.53	0.59	0.73	
	江西	0.44	0.65	0.69	0.61	0.70	0.51	0.63	0.60	0.61	0.66
	山东	0.37	0.65	0.70	0.69	0.83	0.60	0.78	0.73	0.75	0.79
	河南	0.42	0.62	0.75	0.59	0.78	0.63	0.68	0.58	0.63	0.72
	湖北	0.35	0.60	0.67	0.59	0.70	0.61	0.65	0.49	0.56	0.65
	湖南	0.37	0.48	0.68	0.62	0.72	0.66	0.63	0.55	0.59	0.69
	广东	0.64	0.78	0.61	0.50	0.74	0.52	0.84	0.47	0.63	0.76
	广西	0.38	0.46	0.67	0.54	0.67	0.59	0.58	0.57	0.57	0.68
	海南	0.19	0.28	0.50	0.35	0.41	0.32	0.34	0.65	0.47	0.64
	重庆	0.41	0.40	0.61	0.45	0.65	0.72	0.62	0.36	0.47	0.61
	四川	0.41	0.43	0.67	0.56	0.71	0.61	0.62	0.55	0.59	0.65
	贵州	0.34	0.45	0.65	0.52	0.63	0.64	0.55	0.54	0.55	0.55
	云南	0.19	0.32	0.54	0.45	0.49	0.44	0.41	0.46	0.44	0.47
	陕西	0.31	0.35	0.62	0.50	0.67	0.68	0.54	0.71	0.62	0.55
	甘肃	0.25	0.36	0.61	0.45	0.62	0.54	0.54	0.71	0.62	0.47
	青海	0.32	0.49	0.62	0.62	0.55	0.50	0.48	0.44	0.46	0.49
	宁夏	0.31	0.48	0.63	0.64	0.65	0.53	0.57	0.66	0.62	0.63
	新疆	0.32	0.57	0.61	0.56	0.56	0.60	0.51	0.71	0.60	0.48

续表

年份	省区市	（1）	（2）	（3）	（4）	（5）	（6）	（7）	（8）	（9）	（10）
2016	北京	0.23	0.30	0.47	0.21	0.50	0.46	0.40	0.36	0.38	0.28
	天津	0.30	0.53	0.57	0.41	0.66	0.70	0.69	0.58	0.63	0.54
	河北	0.33	0.50	0.65	0.55	0.70	0.60	0.71	0.66	0.69	0.64
	山西	0.31	0.33	0.61	0.46	0.58	0.51	0.47	0.72	0.58	0.35
	内蒙古	0.21	0.36	0.54	0.50	0.54	0.37	0.47	0.66	0.56	0.44
	辽宁	0.24	0.41	0.53	0.43	0.67	0.66	0.57	0.73	0.64	0.43
	吉林	0.24	0.43	0.62	0.53	0.67	0.60	0.58	0.48	0.53	0.57
	黑龙江	0.18	0.29	0.49	0.35	0.56	0.41	0.41	0.66	0.52	0.41
	上海	0.31	0.36	0.57	0.38	0.63	0.49	0.57	0.42	0.49	0.42
	江苏	0.59	0.78	0.82	0.71	0.83	0.73	0.82	0.51	0.64	0.71
	浙江	0.40	0.70	0.67	0.51	0.75	0.59	0.72	0.44	0.56	0.72
	安徽	0.46	0.64	0.71	0.55	0.72	0.56	0.66	0.46	0.55	0.64
	福建	0.39	0.69	0.70	0.45	0.69	0.53	0.65	0.49	0.56	0.73
	江西	0.45	0.65	0.71	0.61	0.70	0.52	0.63	0.59	0.61	0.66
	山东	0.36	0.67	0.72	0.69	0.82	0.59	0.78	0.72	0.75	0.78
	河南	0.41	0.62	0.75	0.58	0.79	0.62	0.69	0.56	0.62	0.72
	湖北	0.35	0.60	0.68	0.59	0.71	0.60	0.66	0.48	0.56	0.65
	湖南	0.38	0.47	0.69	0.61	0.72	0.63	0.64	0.52	0.58	0.69
	广东	0.64	0.77	0.87	0.48	0.74	0.51	0.85	0.43	0.60	0.75
	广西	0.37	0.45	0.68	0.52	0.67	0.58	0.58	0.55	0.57	0.67
	海南	0.16	0.28	0.46	0.42	0.45	0.41	0.36	0.63	0.48	0.62
	重庆	0.42	0.40	0.68	0.45	0.67	0.72	0.62	0.37	0.48	0.61
	四川	0.41	0.44	0.69	0.57	0.72	0.61	0.63	0.53	0.58	0.65
	贵州	0.31	0.42	0.66	0.50	0.62	0.61	0.55	0.44	0.49	0.55
	云南	0.23	0.32	0.57	0.45	0.49	0.48	0.45	0.47	0.46	0.47
	陕西	0.32	0.35	0.64	0.48	0.67	0.69	0.54	0.70	0.62	0.55
	甘肃	0.27	0.34	0.60	0.41	0.59	0.49	0.53	0.70	0.61	0.43
	青海	0.32	0.50	0.63	0.64	0.56	0.56	0.45	0.56	0.50	0.33
	宁夏	0.32	0.43	0.64	0.63	0.64	0.44	0.54	0.68	0.61	0.60
	新疆	0.26	0.43	0.61	0.53	0.48	0.42	0.45	0.71	0.57	0.47

参 考 文 献

[1] 安建伟. 互联网与传统产业的跨界与融合：观点，方法，经验 [J]. 互联网周刊，2014 (2)：40 – 42.

[2] 曹晖. 智能制造为不确定性而生 [J]. 中国工业评论，2017 (5)：106 – 107.

[3] 曹卫，郝亚林. 产业融合对我国产业结构调整的启示 [J]. 经济体制改革，2003 (3)：15 – 17.

[4] 陈阿兴、赵黎. 基于供应链管理的新型工商关系博弈分析 [J]. 全国商情（经济理论研究），2006 (2)：14 – 17.

[5] 陈俊红，孙明德，余军. 北京市乡村旅游产业融合度测算及影响因素分析 [J]. 湖北农业科学，2016 (9)：2433 – 2437.

[6] 陈柳钦. 产业发展的集群化、融合化和生态化分析 [J]. 华北电力大学学报（社会科学版），2006 (1)：16 – 22.

[7] 陈钦兰. 基于供应链结构的网络零售模式类型研究 [J]. 中国流通经济，2016 (1)：37 – 43.

[8] 陈晴晴. 跨界合作行为对创新绩效的影响机制研究 [D]. 天津：天津理工大学，2017.

[9] 陈树桢，熊中楷，梁喜. 补偿激励下双渠道供应链协调的合同设计 [J]. 中国管理科学，2009 (1)：64 – 75.

[10] 陈晓春. 物流企业跨界经营绩效影响因素研究 [D]. 北京：北京物资学院，2017.

[11] 崔向林，罗芳. "互联网＋" 背景下上海市生产性服务业与制造业协调发展研究 [J]. 上海经济研究，2017 (11)：68 – 74.

［12］董华，江珍珍．大数据驱动下制造企业服务化战略：基于"服务悖论"克服的视角［J］．南方经济，2018（10）：132－144.

［13］杜丹清．大数据时代的零售市场结构变迁——基于电商企业规模扩张的思考［J］．商业经济与管理，2015（2）：12－17.

［14］杜丹清．大数据时代电商多元化与零售市场变革［J］．经济学家，2014（11）：102－104.

［15］杜两省，刘发跃．线上与线下，联动还是竞争？——基于ISPI和CPI的线上线下价格差异收敛性分析［J］．投资研究，2014（7）：56－69.

［16］杜晓君，杨勃，任晴阳．基于扎根理论的中国企业克服外来者劣势的边界跨越策略研究［J］．管理科学，2015（2）：12－26.

［17］段海燕，赵瑞君，佟昕．现代装备制造业与服务业融合发展研究——基于"互联网＋"的视角［J］．技术经济与管理研究，2017（1）：119－123.

［18］冯文娜．互联网经济条件下的企业跨界：本质与微观基础［J］．山东大学学报（哲学社会科学版），2019（1）：107－117.

［19］冯燕芳，陈永平．"互联网＋"环境下零售企业营销效率影响因素研究——基于消费体验需求的分析［J］．价格理论与实践，2018（5）：143－146.

［20］高智，鲁志国．系统耦合理论下装备制造业与高技术服务业融合发展的实证研究［J］．系统科学学报，2019（2）：63－68.

［21］巩永华，郝艺，张敏．双向搭便车下双渠道零售商服务努力水平决策［J］．统计与决策，2020（1）：162－166.

［22］顾国建．电子商务催生真正的流通变革［J］．商业时代，2013（29）：12.

［23］顾乃华，李江帆．中国服务业技术效率区域差异的实证分析［J］．经济研究，2006（1）：46－56.

［24］郭馨梅，张健丽．我国零售业线上线下融合发展的主要模式及对策分析［J］．北京工商大学学报（社会科学版），2014（5）：44－48.

［25］胡汉辉，邢华．产业融合理论以及对我国发展信息产业的启示

[J]. 中国工业经济, 2003 (2): 23 - 29.

[26] 胡俊. 地区互联网发展水平对制造业升级的影响研究 [J]. 软科学, 2019 (5): 6 - 10, 40.

[27] 黄浩. 互联网驱动的产业融合——基于分工与纵向整合的解释 [J]. 中国软科学, 2020 (3): 19 - 31.

[28] 黄嘉涛. 移动互联网环境下跨界营销对共创体的影响 [J]. 预测, 2017 (2): 37 - 43.

[29] 黄启斌, 熊曦, 张为杰, 曹润凯. 湖南省互联网发展与制造业转型协同演化关系实证研究 [J]. 经济地理, 2019 (11): 134 - 141.

[30] 黄群慧, 余泳泽, 张松林. 互联网发展与制造业生产率提升: 内在机制与中国经验 [J]. 中国工业经济, 2019 (8): 5 - 23.

[31] 黄赛, 张艳辉. 创意产业与制造业的融合发展——基于泛长三角区域投入产出表的比较研究 [J]. 软科学, 2015 (12): 40 - 44.

[32] 黄天龙, 罗永泰. 互联网服务业平台式泛服务化创新内涵与模型构建 [J]. 财经问题研究, 2015 (3): 24 - 32.

[33] 计国君, 陈静. 基于产品差异化双渠道供应链的零售商横向并购决策 [J]. 控制与决策, 2017 (12): 2201 - 2209.

[34] 李飞, 李达军, 孙亚程. 全渠道零售理论研究的发展进程 [J]. 北京工商大学学报 (社会科学版), 2018 (5): 37 - 44.

[35] 李冠艺, 徐从才. 互联网时代的流通组织创新——基于演进趋势、结构优化和效率边界视角 [J]. 商业经济与管理, 2016 (1): 5 - 11.

[36] 李金城, 周咪咪. 互联网能否提升一国制造业出口复杂度 [J]. 国际经贸探索, 2017 (4): 24 - 38.

[37] 李瑾, 郭美荣. 互联网环境下农业服务业的创新发展 [J]. 华南农业大学学报 (社会科学版), 2018 (2): 11 - 21.

[38] 李君, 邱君降. 工业互联网平台的演进路径、核心能力建设及应用推广 [J]. 科技管理研究, 2019 (3): 182 - 186.

[39] 李骏阳. 对"互联网 + 流通"的思考 [J]. 中国流通经济, 2015 (9): 6 - 10.

[40] 李琳，周一成．"互联网＋"是否促进了中国制造业发展质量的提升？——来自中国省级层面的经验证据 [J]．中南大学学报（社会科学版），2019（5）：71－79．

[41] 李美云．服务业的产业融合与发展 [M]．北京：经济科学出版社，2007．

[42] 李佩等，考虑不同经营模式的零售商纵向整合策略择：前向，后向还是不整合？ [J]．中国管理科学，2020（9）：86－92

[43] 李晓静，艾兴政，唐小我．创新驱动下竞争供应链的纵向整合决策 [J]．管理工程学报，2018（2）：156－163．

[44] 李晓钟，何晨琳．"互联网＋"对制造业创新驱动能力的影响——基于浙江省数据的分析 [J]．国际经济合作，2019（5）：36－47．

[45] 李燕．工业互联网平台发展的制约因素与推进策略 [J]．改革，2019（10）．

[46] 厉无畏．产业融合与产业创新 [J]．上海管理科学，2002（4）：4－6．

[47] 刘川．产业转型中现代服务业与先进制造业融合度研究——基于珠三角地区的实证分析 [J]．江西社会科学，2014（5）：59－65．

[48] 刘川．互联网跨界经营的三种隔绝机制 [J]．江汉论坛，2019（4）：22－27．

[49] 刘明宇，芮明杰，姚凯．生产性服务价值链嵌入与制造业升级的协同演进关系研究 [J]．中国工业经济，2010（8）：66－75．

[50] 刘鹏程，孙新波，张大鹏，等．组织边界跨越能力对开放式服务创新的影响研究 [J]．科学学与科学技术管理，2016，37（11）：136－151．

[51] 刘文纲，郭立海．传统零售商实体零售和网络零售业务协同发展模式研究 [J]．北京工商大学学报（社会科学版），2013（4）：38－43．

[52] 刘文纲．网络零售商与传统零售商自有品牌战略及成长路径比较研究 [J]．商业经济与管理，2016（1）：12－20．

[53] 刘向东，陈成漳．互联网时代的企业价值网构建——基于某网络公司的案例分析 [J]．经济管理，2016（9）：47－60．

[54] 刘向东. 移动零售下的全渠道商业模式选择 [J]. 北京工商大学学报（社会科学版），2014（3）：13－17.

[55] 刘小明. 以"互联网＋"促进运输服务业转型升级 [J]. 宏观经济管理，2015（10）：18－21.

[56] 卢安文，唐丹. 中国互联网信息服务业管制策略研究 [J]. 湖南科技大学学报（自然科学版），2013（2）：70－75.

[57] 卢福财，徐远彬. 互联网对生产性服务业发展的影响——基于交易成本的视角 [J]. 当代财经，2018（12）：92－101.

[58] 鲁彦，曲创. 互联网平台跨界竞争与监管对策研究 [J]. 山东社会科学，2019（6）：112－117.

[59] 陆立军，于斌斌. 传统产业与战略性新兴产业的融合及政府行为：理论与实证 [J]. 中国软科学，2012（5）：28－39.

[60] 陆小成. 生产性服务业与制造业融合的知识链模型研究 [J]. 情报杂志，2009，28（2）：117－120.

[61] 罗序斌. "互联网＋"驱动传统制造业创新发展的影响机理及提升路径 [J]. 现代经济探讨，2019（9）：78－83.

[62] 吕文晶，陈劲，刘进. 智能制造与全球价值链升级——海尔 COS-MOPlat 案例研究 [J]. 科研管理，2019（4）：145－156.

[63] 马健. 产业融合论 [M]. 南京：南京大学出版社，2006.

[64] 马文聪. 供应链整合对企业绩效影响的实证研究 [D]. 广州：华南理工大学，2012.

[65] 孟金环. 论电子商务对物流模式构建的影响——以 B2C 电商企业为例 [J]. 商业经济研究. 2015（4）：69－71.

[66] 牛全保. 中国工商关系的演变历程与特点 [J]. 商业经济与管理，2006（4）：3－7.

[67] 彭本红，马铮，张晨. 平台型企业开放式服务创新跨界搜索模式研究：以百度为例 [J]. 中国科技论坛，2017（8）：152－158.

[68] 平新乔. "互联网＋"与制造业创新驱动发展 [J]. 学术研究2019（3）：76－80，177.

［69］齐永智，张梦霞．互联网时代的无边界零售［J］．中国流通经济，2015（5）：61 – 67．

［70］祁欢．"互联网 +"视域下农村现代服务业发展研究［J］．农业经济，2017（2）：45 – 47．

［71］邱均平，段宇锋，颜金莲．我国互联网信息服务业的价格问题研究［J］．图书情报工作，2001（5）：65 – 68．

［72］邱泽奇，由入文．差异化需求，信息传递结构与资源依赖中的组织间合作［J］．开放时代，2020（2）．

［73］曲道钢，郭亚军．分销商需求与其努力相关时混合渠道供应链协调研究［J］．中国管理科学，2008（3）：89 – 94．

［74］荣朝和，韩舒怡．互联网对零售企业经营能力的影响［J］．商业经济与管理，2018（10）：19 – 28．

［75］石喜爱，李廉水，程中华，刘军．"互联网 +"对中国制造业价值链攀升的影响分析［J］．科学学研究，2018（8）：1384 – 1394．

［76］司晓甜，郭建南，朱伟明．基于马斯洛需求层次理论的服饰时尚跨界合作研究——以品牌 H&M 与 VERSACE 跨界合作为例［J］．浙江理工大学学报，2013（2）：288 – 292．

［77］孙红霞，李晓芳，周珍．双渠道零售商和传统零售商的定价策略［J］．中国管理科学，2020（6）：104 – 111．

［78］孙军，高彦彦．"互联网 +"时代产业融合的理论范式与路径选择［J］．江海学刊，2017（5）：228 – 233．

［79］孙军．互联网引领下的我国产业融合模式、困境与摆脱［J］．现代经济探讨，2016（12）：49 – 53．

［80］孙玥璠，宋迪．"互联网 +"对我国制造业的影响探析：基于组织双元能力理论［J］．经济研究参考，2016（14）：38 – 41．

［81］佟家栋，杨俊．互联网对中国制造业进口企业创新的影响［J］．国际贸易问题，2019（11）：1 – 15．

［82］童有好．"互联网 + 制造业服务化"融合发展研究［J］．经济纵横，2015（10）：62 – 67．

[83] 汪芳,潘毛毛. 产业融合、绩效提升与制造业成长——基于1998~2011年面板数据的实证 [J]. 科学学研究, 2015 (4): 530-538.

[84] 汪涛武, 王燕. 基于大数据的制造业与零售业融合发展: 机理与路径 [J]. 中国流通经济, 2018 (1): 20-26.

[85] 汪旭晖, 陈佳琪. 流通业助推制造业转型升级战略与作用机制: 一个多案例研究 [J]. 中国软科学, 2021 (2): 22-33.

[86] 汪旭晖, 张其林, WANG 等. 多渠道零售商线上线下营销协同研究——以苏宁为例 [J]. 商业经济与管理, 2013 (9): 37-47.

[87] 汪旭晖, 赵博, 刘志. 从多渠道到全渠道: 互联网背景下传统零售企业转型升级路径——基于银泰百货和永辉超市的双案例研究 [J]. 北京工商大学学报 (社会科学版), 2018 (4): 22-32.

[88] 汪潋, 仲伟俊, 梅姝娥. 合作型企业间电子商务中信任机制设计研究 [J]. 系统工程学报, 2006 (1): 38-43.

[89] 汪潋, 仲伟俊, 梅姝娥. 卖方推动下电子商务平台交易费定价策略分析 [J]. 清华大学学报 (自然科学版), 2006 (s1).

[90] 王宝义. 电商与快递跨界经营的理论基础与现实分析 [J]. 西部论坛, 2015 (6): 32-43.

[91] 王惠芬, 蔡占奎. 制造业企业和服务业企业商业模式趋同分析 [J]. 商业时代, 2010 (33): 79-80.

[92] 王可, 李连燕. "互联网+" 对中国制造业发展影响的实证研究 [J]. 数量经济技术经济研究, 2018 (6): 3-20.

[93] 王丽平, 陈晴晴. 跨界合作行为、外部创新搜寻对创新绩效的影响——战略柔性的调节作用 [J]. 科技进步与对策, 2016 (3): 22-28.

[94] 王琳, 魏江, 饶扬德, 等. 知识密集服务关系嵌入与制造企业服务创新: 探索性学习的中介作用和技术能力的调节作用 [J]. 研究与发展管理, 2017 (1): 30-37.

[95] 王诗桴. "互联网+" 还是 "回归实体"? ——消费模式与零售企业战略选择 [J]. 商业经济与管理, 2019 (3): 20-28.

[96] 王素娟. 商业模式匹配跨界搜索战略对创新绩效的影响 [J]. 科

研管理, 2016 (9): 113 - 122.

[97] 王婷. 互联网服务业的内涵和创新模式研究 [J]. 科研管理, 2012 (7): 24 - 32, 105.

[98] 王翔, 肖挺. 产业融合视角下服务业企业商业模式创新绩效分析 [J]. 技术经济, 2015 (5): 48 - 57.

[99] 王旭超, 郭琦, 闫永芳. 跨界搜索行为对企业创新绩效的影响——基于互联网企业的扎根研究 [J]. 科技管理研究, 2018, 38 (5): 124 - 134.

[100] 魏津瑜, 李翔. 基于工业互联网平台的装备制造企业价值共创机理研究 [J]. 科学管理研究, 2020 (1): 103 - 109.

[101] 魏艳秋. "互联网 +" 制造业与现代物流服务业互动发展研究——基于浙江省的实证分析 [J]. 现代管理科学, 2020 (2): 37 - 40.

[102] 吴琴, 巫强. "互联网 +" 驱动传统产业跨界融合的作用机制研究 [J]. 学海, 2020 (4).

[103] 吴伟萍. 我国省际互联网服务业竞争力指数评价研究 [J]. 广东社会科学, 2018 (1): 38 - 47.

[104] 吴增源, 谌依然, 伍蓓. 跨界搜索的内涵、边界与模式研究述评及展望 [J]. 科技进步与对策, 2015 (19): 153 - 160.

[105] 武芙蓉. 新时期制造业与零售业的利益关系趋向研究 [J]. 湖北经济学院学报, 2006 (6): 62 - 63.

[106] 夏春玉. 营销渠道的冲突与管理 [J]. 当代经济科学, 2004 (6): 73 - 79.

[107] 肖丁丁. 跨界搜寻对组织双元能力影响的实证研究 [D]. 广州: 华南理工大学, 2013.

[108] 肖静华, 谢康, 吴瑶等. 从面向合作伙伴到面向消费者的供应链转型——电商企业供应链双案例研究 [J]. 管理世界, 2015 (4): 137 - 154.

[109] 肖静华, 谢康, 吴瑶等. 企业与消费者协同演化动态能力构建: B2C 电商梦芭莎案例研究 [J]. 管理世界, 2014 (8): 134 - 151, 179.

[110] 谢莉娟, 庄逸群. 互联网和数字化情境中的零售新机制——马克

思流通理论启示与案例分析 [J]. 财贸经济, 2019 (3): 84 – 100.

[111] 谢莉娟, 王晓东. 数字化零售的政治经济学分析 [J]. 马克思主义研究, 2020 (2): 102 – 112.

[112] 谢莉娟. 互联网时代的流通组织重构——供应链逆向整合视角 [J]. 中国工业经济, 2015 (4): 44 – 56.

[113] 熊磊, 胡石其. 制造业与互联网融合发展的路径研究——基于产业链重构的视角 [J]. 当代经济管理, 2018 (9): 65 – 71.

[114] 胥爱欢. 互联网金融创新挑战: 大数据、跨界经营与权利异化 [J]. 西南金融, 2016 (6): 14 – 18.

[115] 徐振宇, 杨婷竹, 徐丹丹. 电子商务与快递业跨界经营动因——以京东商城与顺丰为例的研究 [J]. 商业时代, 2014 (15): 64 – 67.

[116] 许剑雄, 余慧. 浅析跨界经营策略——基于 LH 公司案例研究 [J]. 江苏商论, 2014 (1): 10 – 13.

[117] 薛会娟. 国外团队跨界行为研究回顾与展望 [J]. 外国经济与管理, 2010 (9): 10 – 15.

[118] 晏妮娜, 黄小原. 基于电子市场的供应链退货问题模型 [J]. 系统工程理论方法应用, 2005 (6): 492 – 496.

[119] 杨蕙馨, 吴炜峰. 用户基础、网络分享与企业边界决定 [J]. 中国工业经济, 2009 (8): 88 – 98.

[120] 杨仁发, 刘纯彬. 生产性服务业与制造业融合背景的产业升级 [J]. 改革, 2011 (1): 40 – 46.

[121] 余东华. 产业融合与产业组织结构优化 [J]. 天津社会科学, 2005 (3): 72 – 76.

[122] 袁博, 李永兵. 产业政策对企业跨界经营行为的影响 [J]. 技术经济, 2017 (2): 22 – 28.

[123] 张伯旭, 李辉. 推动互联网与制造业深度融合——基于"互联网+"创新的机制和路径 [J]. 经济与管理研究, 2017 (2): 87 – 96.

[124] 张虹. 理性消费视角下时尚品牌跨界合作研究 [J]. 学术探索, 2014 (8): 50 – 54.

[125] 张建军，赵启兰. 基于"互联网+"的产品供应链与物流服务供应链联动发展的演化机理研究——从"去中间化"到"去中心化"[J]. 商业经济与管理，2017（5）：5-15.

[126] 张捷，陈田. 产业融合对制造业绩效影响的实证研究——制造业与服务业双向融合的视角 [J]. 产经评论，2016，7（2）：17-26.

[127] 张磊. 产业融合与互联网管制 [M]. 上海：上海财经大学出版社，2001.

[128] 张文红，陈斯蕾，赵亚普. 如何解决制造企业的服务创新困境：跨界搜索的作用 [J]. 经济管理，2013（3）：139-151.

[129] 张骁，吴琴，余欣. 互联网时代企业跨界颠覆式创新的逻辑 [J]. 中国工业经济，2019（3）：156-174.

[130] 张晓涛，李芳芳. 生产性服务业与制造业的互动关系研究——基于 MS-VAR 模型的动态分析 [J]. 吉林大学社会科学学报，2012（3）：102-109.

[131] 张旭梅，邓振华，陈旭. "互联网+" 生鲜电商跨界合作商业模式创新——基于易果生鲜和海尔合作的案例研究 [J]. 重庆大学学报（社会科学）. 2019（6）：50-60.

[132] 张余. 数字经济促进产业融合的机理研究 [J]. 北方经济，2020（9）：47-50.

[133] 赵霞，朱启航. "互联网+" 背景下零售业与制造业跨界融合研究综述 [J]. 商业经济研究，2017（1）：182-184.

[134] 赵霞. 流通服务业与制造业互动融合研究 [D]. 成都：西南财经大学，2011.

[135] 赵彦云，车明佳. 互联网时代工业企业统计研究 [J]. 数量经济技术经济研究，2020（5）：157-177.

[136] 赵振，彭毫. "互联网+" 跨界经营——基于价值创造的理论构建 [J]. 科研管理，2018，39（9）：124-136.

[137] 赵振. "互联网+" 跨界经营：创造性破坏视角 [J]. 中国工业经济，2015（10）：146-160.

[138] 郑明亮. 产业融合模式下的中小企业竞争战略选择 [J]. 潍坊学院学报, 2007 (3): 95 - 97.

[139] 植草益. 信息通讯业的产业融合 [J]. 中国工业经济, 2001 (2): 24 - 27.

[140] 周殿昆. 渠道冲突频发原因及治理路径分析 [J]. 财贸经济, 2008 (4): 90 - 99.

[141] 周飞, 孙锐. 基于动态能力视角的跨界搜寻对商业模式创新的影响研究 [J]. 管理学报, 2016 (13): 1674 - 1680.

[142] 周勤, 朱有为. 中国制造业和商业关系演化: 总量分析 [J]. 中国工业经济, 2005 (8): 50 - 55.

[143] 周文辉, 邱韵瑾, 金可可等. 电商平台与双边市场价值共创对网络效应的作用机制——基于淘宝网案例分析 [J]. 软科学, 2015 (4): 83 - 89.

[144] 周振华. 论信息化中的产业融合类型 [J]. 上海经济研究, 2004 (2): 11 - 16.

[145] 周振华. 信息化与产业融合 [M]. 上海: 上海人民出版社, 2003.

[146] 朱翠玲, 卫琳, 浦徐进. 制造商构建多渠道零售模式的判断模型研究 [J]. 中国科学技术大学学报, 2006 (7): 788 - 792.

[147] 朱惠斌, 李贵才. 区域联合跨界合作的模式与特征 [J]. 国际城市规划, 2015 (4): 67 - 71.

[148] 朱惠斌. 联合跨界合作演进特征及驱动机制研究 [J]. 人文地理, 2014 (2): 90 - 95.

[149] 朱如梦, 樊秀峰. 零售商与制造商合作双赢的经济学分析 [J]. 商业经济与管理, 2004 (4): 19 - 22.

[150] 朱益霞, 周飞, 沙振权. 跨界搜寻与商业模式创新的关系——吸收能力的视角 [J]. 经济管理, 2016 (11): 92 - 104.

[151] 朱宗乾, 尚晏莹, 张若晨. 基于工业互联网的制造企业商业模式: 如何从无到有? ——以海尔为例 [J]. 科技管理研究, 2019 (10).

[152] 卓乘风, 邓峰. 互联网发展如何助推中国制造业高水平"走出

去"? ——基于出口技术升级的视角 [J]. 产业经济研究, 2019 (6): 102 - 114.

[153] AFUAH A. Redefining firm boundaries in the face of the internet: Are firms really shrinking? [J]. Academy of Management Review, 2003, 28 (1): 34 - 53.

[154] ALDER L. Symbiotic marketing [J]. Harvard Business Review, 1966, 44 (6): 59 - 71.

[155] ALDRICH H, HERKER D. Boundary spanning roles and organization-structure [J]. Academy of Management Review, 1977, 2 (2): 217 - 230.

[156] ANDERSEN P H, KRAGH H, LETTL C. Spanning organizational boundaries to manage creative processes: The case of the LEGO group [J]. Industrial Marketing Management, 2013, 42 (1): 125 - 134.

[157] ASHKENAS R, ULRICH D, et al. The boundaryless organization: Breaking the chains of organizational structure [M]. USA: Jossey Bass, 2002.

[158] BAKOS J Y. Reducing buyer search costs: Implications for electronic marketplaces [J]. Management Science, 1997, 43 (12): 1676 - 1692.

[159] BONNER J M, CALANTONE R J. Buyer attentiveness in buyer-supplierrelationships [J]. Industrial Marketing Management, 2005, 34 (1): 53 - 61.

[160] BROWN J R, ROBERT E, CAMLYN Y. Power and relationship commitment: Their impact on marketing channel member performance [J]. Journal of Retailing, 1995, 71 (4): 137 - 152.

[161] BRUSONI S A, PRENCIPE, PAVITT K. Knowledge specialization, organizational coupling, and the boundaries of the firm: Why do firms know more than they make [J]. Administrative Science Quarterly, 2001, 46 (4): 597 - 621.

[162] CARLILE P R. Transferring, translating, and transforming: An integrative framework for managing knowledge across boundaries [J]. Organization Science, 2004, 15 (5): 555 - 568.

［163］CASCIARO, TIZIANA, MIKORAJ J. Power imbalance, mutual dependence, and constraint absorption: A closer look at resource dependence theory ［J］. Science Quarterly, 2005, 50 (2): 167 – 199.

［164］COFFEY W J, BAILLY A. Producer services and systems of flexible production ［J］. Urban Studies, 1992, 29 (3): 857 – 868.

［165］COHEN M D, LEVINTHAL D A. Absorptive capacity: A new perspective on learning and innovation ［J］. Administrative Science Quarterly, 1990, 35 (2): 128 – 152.

［166］DAVIES A. Moving base into high-value integrated solutions: A value stream approach ［J］. Industrial & Corporate Change, 2004, 13 (5): 727 – 756.

［167］ELSENMANN T, PARKER G, VANALSTYNE M. Platform envelopment ［J］. Strategic Management Journal, 2011, 32 (12): 1270 – 1285.

［168］EVANS D S. Attention platforms, the value of content and public policy ［J］. Review of Industrial Organizational, 2019, 4 (4): 775 – 792.

［169］GALLOUJ C. Asymmetry of information and the service relationship: Selection and evaluation of the service provider ［J］. International Journal of Service Industry Management, 1997, 8 (1): 42 – 64.

［170］GEBAUERH, FLESCHE, FRIEDLIT. Overcoming the service paradox in manufacturing companies ［J］. European Management Journal, 2005, 23 (1): 14 – 26.

［171］GREENSTEINA, KHANNA. What does industry convergence mean? ［M］ In: Yoffie, D. B (ed.). Competing in the age of digital convergence. Boston, 1997: 201 – 226.

［172］HACKLIN F, ADAMSSON N, MARXT C. Design for convergence: Managing technological partnerships and competencies across and within industries ［C］. Engineers Australia, 2005.

［173］HACKLIN F, MARXT C, FAHRNI F. An evolutionary perspective on convergence: Inducing a stage model of interindustry innovation ［J］. International

Journal of Technology Management, 2010, 49 (3): 220 – 249.

[174] HEIDE, JAN B. Interorganizational governance in marketing channels [J]. Journal of Marketing, 1994 (58) (January): 71 – 85.

[175] HERNES T. Studying composite boundaries: A framework of analysis [J]. Human Relations, 2004, 57 (1): 9 – 29.

[176] HIRSCHHORNL, GILMORE T. The new boundaries of the "boundaryless" company [J]. Harvard Business Review, 1992, 70 (3): 104 – 115.

[177] HULT G T M. Toward a theory of the boundary-spanning marketing organization and insights from 31 organization theories [J]. Journal of the Academy Marketing Science, 2011, 39 (4): 509 – 536.

[178] KARAOMERIOGLU B, CARLAAON. Manufacturing in decline? A matter of definition [J]. Economy, Innovation, New Technology, 1999 (8): 175 – 196.

[179] KATILA, R, AHUJA, G. Something old, something new: A longitudinal study of search behavior and new product introduction [J]. Academy of Management Journal, 2002, 45 (6): 1183 – 1194.

[180] KIM AND HSIEH. Connecting power with locus of control in marketing channel relationships: A response surface approach [J]. International Journal of Research in Marketing, 2006 (23): 13 – 29.

[181] KOCH H. Developing dynamic capabilities in electronic marketplaces: A cross-case study [J]. Journal of Strategic Information Systems, 2010, 19 (1): 28 – 38.

[182] LEHTONEN P, MARTINSUO M. Change program initiation: Defining and managing the program-organization boundary [J]. International Journal of Project Management, 2008, 26 (1): 21 – 29

[183] LEI, D. T. Industry evolution and competence development: The imperatives of technological convergence [J]. International Journal of Technology Management, 2000, 19 (7 – 8): 726.

[184] LEVINA N, VAASTE E. The emergence of boundary spanning compe-

tence in practice: Implications for information systems' implementation use [J]. MIS Quarterly, 2005, 29 (2): 335 – 363.

[185] LI Y, VANHAVERBEKE W, SCHOENMAKERS W. Exploration and exploitation in innovation: Reframing the interpretation [J]. Creativity & Innovation Management, 2010, 17 (2): 107 – 126.

[186] LIN Y, PARLAÜTURK A K, SWAMINATHAN J M. Vertical integration under competition: Forward, backward, or integration? [J]. Production an Operations Management, 2014. 23 (1): 19 – 35.

[187] LUSCH R F, JAMES B. Interdependence, contracting, and relation behaviors in marketing channels [J]. Journal of Marketing, 1996 (60): 19 – 38.

[188] MARCH J G. Exploration and exploitation in organizational learning [J]. Organization Science, 1991, 2 (2): 71 – 87.

[189] MARRONE J A, TESLUK P E, CARSON J B. A multilevel investigation of antecedents and consequences of team member boundary-spanning behavior [J]. Academy of Management Journal, 2007, 50 (6): 1423 – 1439.

[190] MATHIEU V. Product services : From a service supporting the product to a service supporting the client [J] . The Journal of Business & Industrial Marketing, 2001, 16 (1): 39 – 41.

[191] MILILER E J, RJCE A K. Systems of organization: The control of task and sentient boundaries [M]. London: Tavistock Publications, 1967.

[192] PAN Z. Pricing and inventory control in dual-channel network with one manufacturer and retailer [J]. Dissertations & Theses-Gradworks, 2010.

[193] PAPPAS N, SHEEHAN P. The new manufacturing: Linkage between production and service activities in P. Sheehen and G. Tegart (eds) Working for the future [M]. Melbourne: Victoria University Press, 1998.

[194] PARKER G, VAN ALSTYNE M W. Two-sides network effects: A theory of information product design [J]. Management Science, 2005, 51 (10): 1494 – 1504.

[195] PENROSE, B. E. The theory of the growth of the firm [J]. Managerial & Decision Economics, 2009, 2 (3): 192 – 193

[196] PENTTINEN E, PALMER J. Improving firm positioning through enhanced offerings and buyer-seller relationships [J]. Industrial Marketing Management, 2007, 36 (5): 552 – 564.

[197] PRESCHITSCHEK N, et al. Anticipating industry convergence: Semantic analyses vs IPC co-classification analyses of patents [J]. Foresight, 2013, 15 (6): 446 – 464.

[198] RAPP A, TRAINOR K, AGNIHOTRI R. Understanding the role of information communication in the buyer-seller exchange process: Antecedents and outcomes [J]. Journal of Business & Industrial Marketing, 2009, 24, (7): 474 – 486.

[199] REHM S V, GOEL L. The emergence of boundary clusters in inter-organizational innovation [J]. Information and Organization, 2015, 25 (1): 27 – 51.

[200] RICHARD L, ANDRE D. Organizational/environmental interchange: A model of boundary spanning activity [J]. Academy of Management Review, 1978, 3 (1): 40 – 50.

[201] RIITTA K, GAUTAM A. Something old, something new: A longitudinal study of search behavior and new product introduction [J]. Academy of Management Journal, 45 (6): 1183 – 1194.

[202] ROB M, MICHAEL G, et al. Making information technologies work at the end of the road [J]. Journal of Information Policy, 2015, 4 (1): 250 – 269.

[203] ROBICHEAUX, EL-ANSARY. A general model for understanding channel member behavior [J]. Journal of Retailing, 1975, 52 (4): 90 – 94.

[204] ROSENBERG N. Technological change in the machine tool industry: 1840 – 1910 [J]. The Journal of Economic History, 1963, 23 (2): 414 – 446.

[205] ROSENKOPF L, NERKAR A. Beyond local search: Boundary span-

ning, exploration, and impact on the optical disk industry [J]. Strategic Management Journal, 2001, 22 (4): 287 – 306.

[206] SANTOS F M, EISENHARDT K M. Organizational boundaries and theories of organization [J]. Organization Science, 2005, 16 (5): 491 – 508

[207] SAWHNEY, et al. Creating growth with services [J] . MIT Sloan Management Review, 2004, (2) .

[208] SCOTT J T. Purposive diversification as a motive for merger [J]. International Journal of Industrial Organization, 1987, 7 (1): 120 – 134.

[209] SCOTT W R. Organizations-rational, natural, and open systems (3rd Edition) [M]. Prentice Hall, Englewood Cliffs, NJ, USA, 1992.

[210] STAR S L, GRIESEMER J R. Institutional ecology, translations' and boundary objects: Amateurs and professionals in Berkeley's Museum of Vertebrate Zoology, 1907 – 1939 [J]. Social Studies of Science, 1989, 19 (3): 387 – 420.

[211] STIEGLITZ N. Digital dynamics and types of industry convergence: The evolution of the handheld computers market in the 1990s and beyond [M]. In: J. F. Christensen and Maskell. The industrial dynamics of the new digital economy. Cheltenham: Edward Elgar, 2003.

[212] SUBRAMANIM, WALDEN E. The impact of e-commerce announcements on the market value of firms [J]. Information Systems Research, 2001, 12 (2): 135 – 154.

[213] THOMPSON J D. Organizations in action [M]. New York: Mc Graw-Hill, 1967.

[214] TUSHAMN M. L. Special boundary roles in the innovation process [J]. Administratively Science Quarterly, 1977, 22 (5).

[215] VANDERMERWE S, BUTTERWORTH H. From tin soldiers to Russian dolls: Creating added value through services [J]. Columbia Journal of World Business, 1993, 28 (4): 96.

[216] VANDERMERWE S, RADA. Servitization of business: Adding value

by adding services ［J］. European Management Journal, 1988, 6 (4): 314 –
324.

［217］ WHITFORD J, ZIRPOLI F. Pragmatism, practice, and the bounda-
ries of organization ［J］. Organization Science, 2014, 25 (6): 1823 – 1839.

［218］ YAO D Q, YUE X, LIU J. Vertical cost information sharing in a sup-
ply chain with value-adding retailers ［J］. Omega, 2008, 36 (5): 838 – 851.